[제2판]

하루만에 끝내는
김은수의
한국실용글쓰기

JN356929

Preface

'한국실용글쓰기' 검정시험은 '국가공인'을 받은 국내 유일의 글쓰기 자격시험입니다.

많은 수험생들이 논술이라고 하면 어렵다는 선입견을 가지고 있습니다. 그러나 실용글쓰기는 논술 시험과는 확연히 다릅니다. 논술이 한 편의 글을 창작하는 것이라면 실용글쓰기는 주어진 조건 속의 내용을 출제자가 원하는 방향으로 조화롭게 재배열하는 것입니다. 즉 문제에 이미 답이 나와 있고, 수험생은 그것을 글로 풀어내는 것입니다. 그래서 단기간 학습을 통해 좋은 결과를 기대할 수 있는 것입니다.

'지피지기백전불태(知彼知己百戰不殆)'라는 말이 있습니다. '적을 알고 나를 알면 백번 싸워도 위태롭지 않다는 말입니다.' 모든 시험 준비의 시작은 기출 문제의 분석에서부터입니다. 기출 분석을 통해 출제자의 의도와 문제의 원리만 파악하면 얼마든지 좋은 점수를 받을 수 있습니다. 자신감을 가지십시오. 그리고 일주일만 투자하십시오. 여러분이 원하는 것을 얻을 수 있습니다.

마지막으로 이 책이 나올 수 있게 도움을 주신 모든 분들께 감사의 말씀 드립니다. 특히 중앙경찰학원 이병한 대표님과 도서출판 참다움 김진연 대표님, 관계자 분들께도 감사 인사 올립니다.

김은수

Contents

서문 / 3

PART 01 | 실용글쓰기 이론편

제1장 국가 공인 한국실용글쓰기 검정 시험 개요 ... 6
1. 국가공인 '한국실용글쓰기' 검정의 목적 ... 6
2. 국가공인 '한국실용글쓰기' 검정의 성격 ... 6
3. 실용글쓰기 검정에서 평가하는 직무 글쓰기 능력이란 ... 6
4. 출제 기준 ... 7
5. 문항구성 ... 9
6. 배점/시간 ... 9

제2장 직무 글쓰기 ... 10
1. 기안서 ... 10
2. 품의서 ... 11
3. 사내 제안서 ... 11
4. 보고서 ... 11
5. 기획서 ... 12
6. 프레젠테이션(presentation) ... 13
7. 홍보문 ... 14
8. 광고문 ... 14
9. 기사문 ... 15
10. 계약서 ... 15
11. 특허명세서 ... 16
12. 특허출원서 ... 16

제3장 글쓰기 윤리 ... 17
1. 직업 윤리 ... 17
2. 글쓰기 윤리 ... 18

제4장 어휘와 문장 ... 19
1. 우리말 바로 쓰기 ... 19

Contents

PART 02 | 실용글쓰기 문제편

1. 말 다듬기   46
2. 문장 다듬기   52
3. 글 다듬기   59
4. 어 휘   70

PART 03 | 실용글쓰기 정답 및 해설

정답 및 해설   80

PART 04 | 실용글쓰기 검정 기출문제

객관식 영역			
제1회	94	제3회	154
제2회	125	제4회	182

주관식 영역			
제1회	212	제3회	235
제2회	223	제4회	247

PART 05 | 실용글쓰기 검정 기출문제 정답 및 해설

객관식 영역 정답 및 해설   260
주관식 영역 정답 및 해설   284

PART 01

실용글쓰기
〈이론편〉

1. 국가 공인 한국실용글쓰기 검정 시험 개요
2. 직무 글쓰기
3. 글쓰기 윤리
4. 어휘와 문장

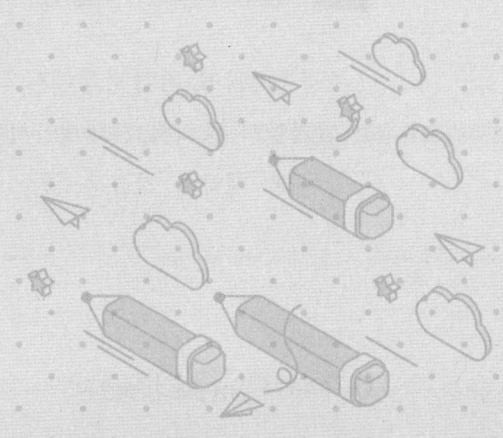

CHAPTER 01 국가 공인 한국실용글쓰기 검정 시험 개요

이론편

'한국실용글쓰기' 검정 시험은 2007년 12월 '국가공인'을 받은 국내 유일의 글쓰기 자격시험이다.

1 국가공인 '한국실용글쓰기' 검정의 목적

* 자격기본법 제19조에 의거한 국가공인 '한국실용글쓰기' 검정은 국어사용능력을 바탕으로 한 전국민의 '직무능력' 향상과 '의사소통 능력' 증진을 목적으로 한다.

* 국가공인 '한국실용글쓰기' 검정은 국어기본법 제1조 '국어사용을 촉진하고 국어 발전과 보전의 기본을 마련하여 국민의 창조적 사고력 증진'을 목적으로 한다.

2 국가공인 '한국실용글쓰기' 검정의 성격

* 국가공인 '한국실용글쓰기' 검정 시험은 자격기본법 제5조(국가직무능력표준)에 따른 '작업기초능력'을 국어기본법 제14조에 따라 '공공기관 등의 문서는 어문규번에 맞추어 한글로 작성'하는 '직무능력'과 '국어사용능력', '의사소통능력'을 종합적으로 평가하는 시험이다.

3 실용글쓰기 검정에서 평가하는 직무 글쓰기 능력이란

* 공공기관 및 기업체 등에서 직무와 관련하여 작성하는 글(문서 작성)쓰기 능력이다.
  (기안서, 품의서, 사내제안서, 보고서, 기획서, 사외제안서, 프레젠테이션, 홍보·광고문, 거래·계약서, 기술문 등)

4 출제 기준

검정 과목	평가영역		출제영역
	대영역	중영역	
글쓰기 원리	글 구상과 표현 (어휘와 문장)	계획하기	의사소통의 과정을 이해하고 있는가? 주제를 설정할 수 있는가? 자료를 수집 및 선택할 수 있는가? 구성 및 개요 작성을 할 수 있는가?
		표현하기	단어, 문장, 문단을 제대로 쓸 수 있는가? 구성 및 전개 방식을 활용하여 쓸 수 있는가? 표현 및 서술 방식을 활용하여 쓸 수 있는가?
		글다듬기	단어를 다듬을 수 있는가? 문장을 다듬을 수 있는가? 문단을 다듬을 수 있는가?
글쓰기 실제	직무 글쓰기	문서 이해	문서를 이해하고 있는가? 문서를 분류할 수 있는가?
		공문서	공문서를 이해하고 있는가? 공문서를 작성할 수 있는가?
		입사 문서	채용 공고문을 이해하고 있는가? 직무능력 기술서를 작성할 수 있는가? 직무중심 자기소개서를 작성할 수 있는가?
		기안서 품의서 사내 제안서 사외 제안서	기안서를 이해하고 있는가? 기안서를 작성할 수 있는가?
		보고서	보고서 이해를 이해하고 있는가? 보고서를 작성할 수 있는가?
		기획서	기획서를 이해하고 있는가? 기획서를 작성할 수 있는가?
		프레젠테이션	프레젠테이션을 이해하고 있는가? 프레젠테이션을 작성할 수 있는가?
		홍보·광고	홍보·광고문을 이해하고 있는가? 홍보·광고문을 작성할 수 있는가?
		기사문, 보도문	기사문, 보도문을 이해하고 있는가? 기사문, 보도문을 작성할 수 있는가?
		거래 문서 계약서	거래 관련 문서를 이해하고 있는가? 계약서를 작성할 수 있는가?

검정과목	평가영역		출제영역
	대영역	중영역	
	공학·기술 글쓰기	공학·기술 설명서	공학·기술 설명서 공학·기술 설명서 작성
		공학·기술 조사 보고서	공학·기술 보고서 공학·기술 보고서 작성
		공학·기술 실험 보고서	공학·기술 실험 보고서 공학·기술 실험 보고서 작성
		특허 명세서	특허 출원서 명세서 작성
사고력	직업기초능력 (독해와 글쓰기, 화법과 글쓰기)	조직이해	경영이해, 업무이해 등 조직이해 관련 지문을 독해하고 관련 글을 쓰기 위해 사고할 수 있는가?
		대인관계	팀워크, 리더십, 코칭, 갈등관리, 협상, 고객 서비스 등 대인관계 관련 지문을 독해하고 관련 글을 쓰기 위해 사고할 수 있는가?
		자원관리	자원관리, 시간관리, 예산관리, 물적자원관리, 인적자원관리 등 자원관리 관련 지문을 독해하고 관련 글을 쓰기 위해 사고할 수 있는가?
		수리·자료 활용	기초연산, 통계해석, 도표해석 등 수리·자료 관련 지문을 독해하고 관련 글을 쓰기 위해 사고할 수 있는가?
		문제해결	문제유형, 사고전략, 문제해결과정 등 관련 지문을 독해하고 관련 글을 쓰기 위해 사고할 수 있는가?
글쓰기 윤리	직업윤리 글쓰기윤리	직업윤리	직업윤리의 기본 원칙을 이해하고 있는가? 직업인의 기본자세를 이해하고 있는가?
		글쓰기 윤리	저작권과 표절, 인용 및 출처 등 글쓰기 윤리를 이해하고 있는가?

5 문항구성

과목(분야)명	출제 문항 수		
	객관식	서술형	계
글쓰기 원리	14	2	16
글쓰기 실제	22	5	27
사고력	12	2	14
글쓰기 윤리	2	1	3
문항합계	50	10	60
배점합계	400점	600점	1,000점

6 배점/시간

교시	시간	문제		배점		
		문제 유형	문항 수	문항 당 배점	소계	계
1교시	90분	객관식	50	8점	400점	500점
		서술형(단답형)	5	20점	100점	
2교시	90분	서술형(문장형)	2	50점	100점	500점
		서술형(문단형)	2	100점	200점	
		서술형(논술형)	1	200점	200점	
계	180분		60문항	1000점		

CHAPTER 02 직무 글쓰기

> **⊃ 문서의 필요성**
> - 사무 처리의 형식 또는 업무 체제를 갖춰야 할 경우, 책임 소재를 분명히 할 때
> - 내용이 복잡하여 단순한 구두 보고나 지시로는 처리하기 곤란할 때
> - 대화를 통한 의사소통이 불충분하거나 불가능할 때
> - 업무와 관련된 보고를 신속히 할 때
> - 사무 처리 결과를 일정 기간 보존할 때
> - 사무 처리 결과를 증빙하기 위해

1 기안서

기업활동 중 어떤 사항의 문제해결을 위해 해결 방안을 작성하여 결재권자에게 의사결정을 요청하는 문서

기안서는 품의서 보다는 좀 더 포괄적인 의미로 쓰인다. 어떤 안건에 대해여 발의하는 것으로 어떤 일을 추진하고 싶다고 가정하면 발의 안건에 대하여 안건내용 및 예상결과까지를 개략적으로 기술해야 한다.

기안은 의사를 결정하기 위하여 문서를 작성하여 결재를 올리는 것을 의미하므로 해당 업무를 담당하는 사람은 직급 등에 관계없이 기안처리를 할 수 있으며, 의사결정이 필요한 분야라면 언제든지 기안서를 작성할 수 있다.

기안문서는 기업의 형태, 종류, 업무내용에 따라 다를 수 있으나 통상 상급자의 지시사항을 처리하거나 자신의 업무발안, 규정의 변경 등에 이용되고 있다.

기안서의 작성목적으로는 자신의 업무를 진행하거나 제안하기 위한 발안, 접수한 문서를 처리하기 위한 경우, 상급자의 지시사항을 처리하기 위한 경우, 법령이나 각종 규정 등이 근거에 의하여 필요한 경우이다.

> **구성항목**
> 분류기호 및 문서번호, 기안자, 기안일자, 수신기관, 발신, 보존기간, 기안제목, 기안내용

2 품의서

어떠한 일의 집행을 시행하기에 앞서 결재권자에게 특정한 사안을 승인해 줄 것을 요청하는 문서

업무상 진행해야할 안건에 관하여 관계부서의 의견을 물은 다음 상사에게 제출하여 결재를 받게 되는데 이때 품의서를 작성하여 일정한 절차를 거쳐 업무를 진행하게 된다.

품의서는 어떠한 양식이 정해져 있는 것은 아니며 상황에 따라 여러 형태로 작성하여 사용할 수 있다. 품의서 작성이 필요한 경우로는 업무를 진행하기 위한 결제서류 작성, 접수한 문서를 처리하기 위한 경우, 상급자의 지시사항을 처리하기 위한 경우, 법령이나 각종규정 등의 근거에 의하여 필요한 경우이다.

품의서는 대부분 비용과 관련된 사안에 결재를 받기 위해 작성을 하게 된다. 품의서는 구매 물품, 수량, 비용, 구입 계획 등 내용을 구체적으로 기술해야 하며 인력 채용, 업무 제휴, 진급 상신, 기존 업무의 확대나 추가 등의 사안에 대해 의사 결정자나 상급자의 동의를 구하기 위한 내용으로 작성된다.

> **구성항목**
> 문서번호, 결재란, 품의부서, 협조부서, 처리기간, 문서제목, 품의내용

3 사내 제안서

사내 제안서는 회사에 대한 새로운 아이디어나 개선점 등을 상사에게 제시하는 문서로 제안 내용에 따라 도면 내지는 사진 등의 자료를 첨부해서 작성을 하게 된다.

회사 내에서 공모하는 사내 제안서의 경우는 서식이 정해져 있는 경우도 있지만, 일반적으로는 형식이 정해져 있지 않은 경우가 많기 때문에 제안명을 기재하고 제안 이유와 제안 내용, 실시 효과 등의 항목들을 중심으로 작성하는 것이 좋다.

4 보고서

특정 업무 현황을 보고하기 위해 작성하는 문서

보고서는 특성한 일에 관한 현황이나 그 진행사항 또는 연구, 검토결과 등을 보고하거나 건의하고자 할 때 작성하는 문서이다. 보고는 법규, 지시, 명령 등에 의하여 구두·전화·서면 등의 방법으로 일정한 의사 또는 자료를 전달하는 것으로 일반적으로 상향적 정보흐름의 형태를 갖는다.

보고서 작성자는 상대방에게 보고 내용을 정확히 전달해야 하며, 정확한 보고를 위해서는 불필요한 내용의 보고는 억제하고 주관적인 생각을 적기보다는 사실에 입각하여 공정하게 사실을 작성해야한다. 보고서를 제출함으로써 진행상황을 파악할 수 있고, 보고자에게 적절한 지시나 조언을 해줄 수 있다. 또한 문서화된 보고서는 업무 진행에 있어 지속적인 자료로 활용할 수 있다.

보고서의 용도는 작성하는 문서의 목적과 기능에 따라 분류된다. 매일의 업무를 보고하는 일일업무보고서, 한주간 동안 진행된 업무를 보고하는 주간업무보고서, 영업실적을 보고하는 영업보고서, 진행되었던 사안의 결과를 보고하는 결산보고서, 회사업무로 인해 외부에 다녀와서 보고하는 출장보고서, 회의의 결과를 정리하는 회의보고서 등 다양한 용도의 보고서를 작성할 수 있다.

> **구성항목**
> 보고서의 개요, 보고서의 목적, 현재 상황과 문제점, 개선 및 제안, 최종결과

5 기획서

기업에서 일어날 수 있는 다양한 일들에 대해 구체적으로 계획을 수립하여 제출하는 문서

기획이란 어떠한 문제점이나 과제에 대해 현황을 분석하고 문제점을 검증하여 해결방법을 제시하고 해결을 위한 구체적인 실행계획을 세우는 과정을 말한다. 지금까지 회사에 도입되지 않았던 새로운 제도나 업무개선을 위한 제안, 신제품의 개발 및 판매를 위한 마케팅 계획, 인사 및 총무에 대한 개선책 등 다양한 분야에 기획서를 제출할 수 있다.

기획서는 크게 회사의 업무나 자사의 판매상품 등을 대상으로 기획하는 사내대상기획서와 거래처나 관계기관의 업무를 대상으로 하는 사외대상기획서가 있다.

기획서는 안건에 대한 개선이나 문제점을 해결하기 위해 방향성을 제시하면서 개선안에 대한 구체적인 방안을 모색하여 방법을 제시한다. 개념적으로 제안에 대한 방향을 제시하는 것에 그치지 않고 나아가 그 제안을 실행할 수 있는 구체적인 방안을 정리하여 문서화하는 것이다. 제안 내용으로는 특별한 규정이 있진 않으나 정해진 항목에 의해서 작성하는 것이 좋다.

기획서를 작성할 때에는 격식에 맞도록 구성하며 제안서보다 좀 더 구체적인 사안을 기재해야 효과적인 성과를 거둘 수 있다.

> **구성항목**
> 기획명, 시행목적, 개요 및 추진방향, 시행 후 개선점, 기획기간, 소요예산, 제안 및 요구사항

6 프레젠테이션(presentation)

시청각설명회(視聽覺說明會), 발표, PT.

특정 사업이나 업무에 대한 계획안, 신상품에 대한 소개를 관련자들에게 브리핑하는 일. 일반적으로 발표자(presenter)가 차트나 슬라이드 등의 보조자료를 이용하여 계획안을 소개하거나 특정 사안의 논점을 설득하는 방식으로 이루어진다.

프레젠테이션의 주제 및 방향이 결정되면 필요한 자료를 수집하고, 이를 바탕으로 전반적인 구성을 설계한 후 내용을 알기 쉽게 제작한다. 이 때 시각적 보조 자료로 사용하는 대표적인 소프트웨어로 파워포인트가 있다.

파워포인트는 프레젠테이션을 효과적으로 작성·발표할 수 있다는 장점이 있으며, 파워포인트를 사용해 만든 화면을 스크린에 띄워 사용할 경우 프레젠테이션의 효과를 극대화할 수 있다. 파워포인트 화면에는 프레젠테이션하려는 내용과 어울리는 사진이나 이미지 등을 사용하며, 화려한 이미지보다는 깔끔하고 집중할 수 있는 이미지를 사용하는 것이 좋다.

애플사가 주최하는 신제품 브리핑을 위한 스티브 잡스(Steve jobs)의 프레젠테이션은 세계 언론의 취재 대상일 뿐만 아니라 온라인으로 생중계되는 한편 스타일과 내용 측면에서도 누구도 따라갈 수 없는 열광적인 반응을 이끌어내는 것으로 유명하다. 연설이 끝날 즈음 "아직 말하지 않은 게 한 가지 있다"고 장난스럽게 말하고 가장 중요한 소식을 공개하는 방식, 리바이스 청바지와 검은색 터틀넥, 뉴밸런스 운동화를 착용한 예술가 이미지, 신제품에 대한 소비자의 기대를 고조시키기 위한 비밀 유지 정책 등이 스티브 잡스 프레젠테이션의 특성이다.

광고업계에서도 다양한 형태의 프레젠테이션을 실시하는데 가장 일반적인 것이 광고대행사가 광고주에게 실시하는 프레젠테이션이다. 광고주를 영입하기 위해 다른 대행사와 경합하는 경쟁 프레젠테이션이 가장 중요하지만 정기적으로 광고계획 전반에 대해 브리핑하거나, 특정 광고계획의 입안, 광고물 제작 시 협의, 이벤트 및 피아르(PR) 활동 등을 위해 상시적으로 프레젠테이션을 실시한다. 회사 철학과 업무수행 능력이 드러나는 중요한 행사이기 때문에 광고대행사는 전문 발표자를 양성하고 다양한 프레젠테이션 기법을 개발하는 등 많은 노력을 기울인다.

7 홍보문

홍보는 기관이나 기업에서 대내외적으로 선호 도와 인지도를 상승시키거나 투자 가치를 향상시키기 위해 시행하는 것으로 소비자의 지지 반응을 불러일으키기 위해 사업 내용이나 목적, 제품 특성, 비교 우위성 등을 알리고 공익적인 행사나 캠페인 안내, 참여 등을 유도하는 것이다.

〈홍보 매체에 따른 분류〉

포스터	광고나 선전 따위의 대중 전달을 목적으로 제작한 간단한 그림이나 표
카탈로그	상품 따위를 일목요연하게 제시하여 소개하는 책. 대개 사진과 간략한 설명을 넣는데, 주로 선전을 목적으로 한다.
리뷰	홍보 대상의 제품 특성, 서비스를 상세하게 평가하고 소개한 글
팸플릿	간단한 설명이나 선전, 계몽 등을 위해 만든 다양한 형태의 작은 책자
브로슈어	설명이나 광고 등을 위하여 만든 얇은 책자
전단	선전이나 광고를 하기 위해 글 따위를 적어 사람이 많이 다니는 곳에 뿌리거나 붙이는 종이
웹진	책의 형태로 발행되지 않고 인터넷을 통해 제작되고, 보급되는 잡지

8 광고문

광고란 상품이나 서비스에 대한 정보를 여러 가지 매체를 통하여 소비자에게 널리 알리는 것을 말하며 광고가 글로 표현된 것을 광고문이라 한다. 광고하고자 하는 내용의 주제가 어떤 것이든 간에 읽는 독자의 관심을 끌어 광고를 행한 목적을 달성하는 것을 목표로 한다. 광고는 상품의 출시와 정보를 알리는 상업성 광고, 기업의 이미지를 좋게 알리기 위한 기업 광고, 공공 기관 및 정부의 주요 시책과 정책 등을 알리는 공익성 광고 등이 있다. 광고문은 표제와 본문으로 이루어지는데, 표제는 독자의 관심과 흥미를 끌기 위해 핵심내용을 간결하고 명확하게 강조하며, 본문은 광고의 구체적인 내용을 서술하여 독자의 이해를 돕고 정보를 제공한다. 광고문을 읽을 때에는 허위 광고, 과장 광고 등에 유의하고 광고주의 지나친 주관적 평가가 들어 있지 않는지 확인해야 한다.

9 기사문

　기사란 신문, 방송, 잡지 등에서, 어떠한 사실을 수용자에게 전달하기 위해 보도의 원칙과 문체에 맞게 쓴 문장을 말한다. 기사문은 직접 보고 듣고 조사한 사실을 객관적이고 사실적으로 써서 다른 사람에게 전달하는 글이다. 따라서 객관적이고 정확한 사실을 시의 적절하고 신속하게 전달해야 한다. 기사문은 사실을 알리는 것이 일차적인 목적이므로 장황한 수식이나 설명을 줄이고 간단명료하게 표현해야 한다. 기사문은 크게 제목, 전문, 본문으로 구성되는데, 제목은 기사의 머리 부분에 해당하며 전문은 기사 내용을 육하 원칙에 따라 간략하게 요약한 것이다. 기사의 구체적인 내용은 본문에 서술된다.
　기사문은 방송 보도문과 신문 보도문으로 구분되는데, 먼저 방송 보도문의 경우에는 전달되는 내용뿐만 아니라 소리, 이미지, 영상 등이 의미 전달에 있어서 중요한 역할을 하기 때문에 현장성과 감각적인 표현이 주도적으로 나타난다. 또한 시청각적 영상을 통해 시청자에게 전달되기 때문에 가급적 짧은 문장을 통해 구성되는 경향이 있다. 한편 신문 보도문의 경우에는 해당 사건과 관련하여 '육하원칙(누가, 언제, 어디서, 무엇을, 어떻게, 왜)에 따라 기사를 구성하고, 간결하고 명료한 문장으로 작성하되, 기사만으로 독자의 이해를 돕기 어려울 경우, 도표나 그림, 사진 등을 추가로 넣기도 한다.
　육하원칙에 속하는 6가지 요소는 누가(who), 언제(when), 어디서(where), 무엇을(what), 어떻게(how), 왜(why)이며, 각각의 알파벳 앞 글자를 따서 '5W1H'라고도 부른다. 육하원칙은 기사문, 보도문과 같이 신뢰성을 담보로 하는 글에는 반드시 포함되어야 하는 요소이다.

10 계약서

　계약은 대상과 대상을 교환하는 계약을 말한다. 주로, 한측이 물품을 제공하게 되면, 다른 한측이 이에 대한 대가를 지불하는 것이 매매계약의 일반적인 모습이라 할 수 있다. 매매계약은 매도인과 매수인 사이에서 합의만 되면 유효하게 계약으로써 성립하게 된다. 또한 매매계약을 하겠다는 의사표시는 서면, 구두 등 다양한 방법으로 가능하다.
　예컨대, 근로계약이나 임대차계약, 매매계약 등 우리 생활 전반에 걸쳐 모든 것이 계약으로 이루어졌다고 해도 과언이 아니다. 계약은 복수 당사자의 의사표시가 있어야 성립하며, 권한을 위임받은 대리인에 의하여도 가능하다. 계약이 성립하려면 반드시 각 당사자의 의사표시에 대한 합의가 있어야 한다.

11 특허명세서

특허명세서란 특허청구하는 내용을 공개하고, 이를 보호받고자 하는 내용을 기재한 문서를 말한다. 특허명세서에는 발명의 내용을 간명하게 표시할 수 있는 발명 명칭과 영문 명칭을 함께 기재하고, 발명의 목적 및 구성, 효과 등을 상세히 기재해야 한다.

또 발명이 속하는 기술분야 및 그 분야의 종래기술과 발명이 이루고자 하는 기술적 과제 등에 대해 해당 발명의 기술 분야에 대한 통상의 지식을 가진 사람이라면 누구나 발명자가 의도한 것을 실시할 수 있을 정도로 구체적으로 기재하도록 한다.

구성항목
발명의 명칭, 도면의 간단한 설명, 발명의 상세한 설명, 특허청구범위

12 특허출원서

특허출원서란 특허출원을 위해 작성하는 신청서 형식의 문서를 말한다. 특허 심사 결과 해당 특허출원이 특허법에서 정하는 특허 요건을 충족하면 출원인에게 특허를 결정하게 된다.

특허출원서에는 특허출원과 관련한 내용을 구체적으로 상세히 기재해야 하며, 출원인 또는 대리인이 기명을 한 후 서명 또는 날인하도록 한다. 그 밖에 특허출원에 대한 요약서와 명세서, 도면 및 기타 첨부서류 등도 함께 첨부하도록 한다.

구성항목
출원 구분, 참조번호, 출원인, 대리인, 발명의 국문명칭?영문명칭, 발명자, 기타사항, 첨부서류

CHAPTER 03 글쓰기 윤리

1 직업 윤리

(1) 직업 윤리의 의미

특정한 직업을 가진 사람들에게 요구되는 윤리이다.

(2) 직업 윤리의 두 가지 측면

① 사회적 측면 : 어떤 전체 사회에서 공인된 행동 규범으로 보는 관점
② 개인적 측면 : 직업관이나 노동 정신으로 보는 관점

(3) 직업윤리의 기본 원칙

① 소명 의식과 천직 의식 : 직업을 하늘이 자신에게 부여한 일로서 성스럽게 받아들여 그 일에 열성을 가지고 성실히 임하려는 직업관이다.
② 직분 의식과 봉사 정신 : 사람은 일정한 직업을 가지고 활동함으로써 조직 사회의 기능을 분담하여 직접 간접으로 직분을 수행하며 사회의 유지 및 발전에 참여한다. 또한, 사람들은 직업을 통해서 사회에 봉사한다.
③ 책임 의식 : 자기 직업에 애정을 가지고 자신이 맡은 일을 자율적, 자주적으로 행하며, 성실하게 책임을 다하려는 자세가 필요하다.
④ 전문가 정신 : 자신의 직무와 관련된 기술과 지식을 습득하여 자기 분야를 책임질 수 있는 전문가가 되어야 한다.
⑤ 각종 행동 강령이나 규범의 준수 : 단체 이익을 위해 조합이나 협회가 제정한 각종 행동 강령이나 규범을 준수해야 함
⑥ 인간애와 연대 의식 : 사람은 남과 더불어 살아가야 하는 존재이기 때문에 자신이 속해 있는 직업공동체를 건강하게 가꾸어야 함

2 글쓰기 윤리

(1) **표절** : 다른 사람이 창작한 저작물의 일부 또는 전부를 도용하여 사용하는 행위
　　　　다른 사람의 창작물을 자신의 것처럼 이용하는 경우
　　　　남의 표현이나 아이디어를 출처를 표시하지 않고 사용하는 경우
　　　　사진, 그림, 표 등을 허락 없이 사용한 경우
　　　　자신의 저작이라 하더라도 출전을 밝히지 않고 상당 부분을 그대로 인용한 경우

(2) **주석** : 한 편의 글을 쓸 때 인용한 부분의 출처를 밝히거나 본문 내용을 보충하기 위해 쓰는 글

(3) **인용** : 남의 말이나 글에서 필요한 부분을 빌려 쓰는 것
　　　　직접 인용 : 다른 사람의 말. 글을 그대로 따와서 쓰는 것.
　　　　간접 인용 : 다른 사람의 말이나 글을 자기의 말로 바꿔 나타내는 것.

(4) **참고 문헌** : 저서를 집필하거나 리포트를 작성할 때, 핵심이 된 참고 자료에 대하여 정확한 출처를 밝히는 것으로 저서의 제일 마지막에 작성.

CHAPTER 04 어휘와 문장

1 우리말 바로 쓰기

1. '가엾다'와 '가엽다' 바른 표현

'마음이 아플 만큼 안되고 처연하다.'라는 뜻을 나타내는 말로, '가엾다'와 '가엽다'를 모두 쓸 수 있다.

2. '갈께'와 '갈게' 바른 표현

어떤 행동을 할 것을 약속하는 뜻을 나타내는 종결 어미는 '-ㄹ게'이므로, '갈게'와 같이 적는다.

3. '같은'의 띄어쓰기

형용사 '같다'의 활용형 '같은'은 '백옥 같은 피부/양 귀비 같은 얼굴/우리 선생님 같은 분은 세상에 또 없을 거야./여행을 할 때엔 반드시 신분증 같은 것을 가지고 다녀야 한다./말 같은 말을 해야지./사람 같은 사람이라야 상대를 하지./그는 군인 같은 군인이다.'와 같이 앞말과 띄어 적는다. 다만 '감쪽같다, 금쪽같다, 꿈같다, 목석같다, 불꽃같다, 실낱같다, 주옥같다, 찰떡같다, 한결같다'와 같은 합성 형용사의 어간 뒤에 어미 '-은'이 붙어 활용할 적에는 '감쪽같은, 금쪽같은, 꿈같은, 목석같은, 불꽃같은, 실낱같은, 주옥같은, 찰떡같은, 한결같은'과 같이 적는다.

4. '갑절'과 '곱절'의 차이

'곱절'은 '배(倍)'라는 뜻으로도 쓰이고 '일정한 수나 양이 그 수만큼 거듭됨'을 뜻하기도 하지만 '갑절'에는 전자의 뜻은 있어도 후자의 뜻은 없다. 따라서 갑의 재산이 을보다 '갑절은 많다'는 가능하지만 '세 갑절은 많다', '몇 갑절은 많다' 등으로는 써서는 안 되며 '세 곱절은 많다', '몇 곱절은 많다' 등으로 써야 한다. '곱절'은 두 경우 모두 쓰일 수 있다.

5. '갯수'와 '개수'의 바른 표기

합성어로 볼 수 있는 두 음절로 된 한자어 "곳간(庫間), 셋방(貰房), 숫자(數字), 찻간(車間), 툇간(退間), 횟수(回數)"에만 사이시옷을 받치어 적는다.(관련 규정: '한글 맞춤법' 제4장, 제4절, 제30항.) '個數'는 이에 속하지 않으므로, 사이시옷을 받치어 적지 않고, '개수'로 쓴다.

6. '결제'와 '결재'의 차이

'증권 또는 대금을 주고받아 매매 당사자 사이의 거래 관계를 끝맺는 일'을 이르는 경제 용어는 '결제(決濟)'를 써야 한다. '결재(決裁)'는 '결정할 권한이 있는 상관이 부하가 제출한 안건을 검토하여 허가하거나 승인함.'이라는 뜻을 나타내는 말이다.

7. '구별하다'와 '구분하다'의 차이

'구분하다'는 '일정한 기준에 따라 전체를 몇 개로 갈라 나누다.'라는 뜻이고, '구별하다'는 '성질이나 종류에 따라 나타나는 차이를 갈라놓다.'라는 뜻이다. 이처럼 '구분하다'는 하나의 어떤 것을 몇 개로 나눈다는 것에 초점이 놓여 있고, '구별하다'는 나누어진 각각의 것들에서 차이를 인식한다는 것에 초점이 놓여 있다고 할 수 있다. '차별'은 둘 이상의 대상을 각각 등급이나 수준 따위의 차이를 두어서 구별하는 것을 말하고, '차이'는 서로 같지 아니하고 다름 또는 서로 같지 아니하고 다른 정도나 상태를 말한다. '차이'가 '서로 같지 않고 다른 정도나 상태'만을 뜻하는 것이라면, '차별'은 그러한 차이를 두어서 구별한다는 의미까지 나타낸다.

8. '그러므로'와 '그럼으로'

'그러므로'와 '그럼으로'는 의미가 다른 말이다. 이들은 발음으로는 구별이 되지 않지만 다음과 같이 형태, 의미적인 차이가 있다.

'그러므로'는 '그렇다' 또는 '그러다'의 어간에 까닭을 나타내는 어미 '-므로'가 결합한 말로, '그러니까, 그렇기 때문에, 그러하기 때문에, 그리하기 때문에'라는 뜻이 있다.

   (1) ㄱ. 그는 부지런하다. 그러므로 잘산다(그러니까).
       ㄴ. 그는 훌륭한 학자다. 그러므로 존경을 받는다(그렇기 때문에).
       ㄷ. 규정이 그러므로 이를 어길 수 없다(그러하기 때문에).
       ㄹ. 그가 스스로 그러므로 만류하기가 어렵다(그리하기 때문에).

반면에 '그럼으로'는 '그러다'의 명사형 '그럼'에 조사 '으로'가 결합한 말로, '그렇게 하는 것으로써'라는 수단의 의미가 있다. 무엇보다도 '그럼으로'와 '그러므로'가 구별되는 기준으로는 '그럼으로' 다음에는 '그러므로'와는 달리 '써'가 결합할 수 있다는 점을 들 수 있다. 이 기준에 따르면 아래의 경우 '그럼으로(써)'가 됨을 알 수 있다.

(2) 그는 열심히 일한다. 그럼으로(써) 삶의 보람을 느낀다(그렇게 하는 것으로써).

9. '금세'와 '금새'의 바른 표현

'얼마 되지 않는 짧은 시간 안에'를 의미하는 '금세'는 본래 '금시'(今時)와 조사 '에'가 결합된 '금시에'가 줄어든 형태이다. 따라서 이 말의 본래 의미는 '지금' 혹은 '현재'였음을 알 수 있다. 현대 국어에서 '금시에'를 '금새'로 잘못 쓰는 일이 많은데 이는 한편으로 '애'와 '에'의 발음이 혼동되면서 나타난 현상으로 볼 수도 있고 다른 한편으로 '금세'의 '세'를 '어느새'의 '새'와 같이 '사이'[隔]가 줄어든 말로 잘못 인식했기 때문인 것으로 볼 수도 있다.

예 그 많은 과일을 나는 금세 먹어 치웠다.

10. '꽤나'와 '깨나'

'그곳까지는 꽤나 멀다'와 같이, 부사어로 쓰이는 말은 '꽤나'로 적는다. '꽤나'는 부사 '꽤' 뒤에, 수량이나 정도를 나타내는, 받침 없는 체언이나 부사어 뒤에 붙어 수량이 크거나 많음, 또는 정도가 높음을 강조하는 보조사 '-나'가 붙은 것이다. 한편, 어느 정도 이상의 뜻을 나타내는 보조사 '깨나'가 있으며, 이는 '돈깨나 있다고 남을 깔보면 되겠니?/얼굴을 보니 심술깨나 부리겠더구나.'와 같이 쓰인다.

11. '기술하다'와 '서술하다'의 차이

'기술(記述)'은 '어떤 것을 기록한다'는 의미인 반면 '서술(敍述)'은 '차례대로 적음'을 말한다. '記'는 '적는다', '敍'는 '차례'라는 의미가 있다. "표준국어대사전"에 '기술(記述)'은 '대상이나 과정의 내용과 특징을 있는 그대로 열거하거나 기록하여 서술함. 또는 그런 기록.'으로, '서술(敍述)'은 '사건이나 생각 따위를 차례대로 말하거나 적음.'으로 뜻풀이되어 있으며, '기술'과 '서술'이 모두 어떠한 것을 기록한다는 의미가 있으나 '서술'은 '기술'과 달리, 그것을 차례에 따라 기록한다는 의미가 있다.

12. '난도', '난이도'

'난이도'는 '어려움과 쉬움의 정도'를 뜻하는 말이므로 "난이도를 조정하다."와 같이 쓰이고, '난도'는 '어려움의 정도'를 뜻하는 말이므로 "난도가 높다."와 같이 쓰인다.

13. '남세스럽다'와 '남사스럽다'의 바른 표현

"남에게 놀림과 비웃음을 받을 듯하다."라는 뜻을 나타내는 말로, '남사스럽다', '남세스럽다'를 모두 쓸 수 있다. 참고로, '남사스럽다', '남세스럽다', '남우세스럽다'는 동의어이다.

14. '낫다'와 '났다'의 쓰임

'병 따위가 발생하다.'의 뜻을 나타내는 '나다'의 어간 뒤에 '-아, -았-'이 붙으면 '나아, 나았다'가 아닌, 준말 '나, 났다'와 같이 활용한다. 한편 '병이나 상처 따위가 고쳐져 본래대로 되다.'의 뜻을 나타내는 시옷 불규칙 용언인 '낫다'는 어간의 끝소리 'ㅅ'이 모음으로 시작하는 어미 앞에서 탈락하므로, '나아, 나았다'와 같이 활용한다. 'ㅅ' 불규칙 용언의 어간에서 'ㅅ'이 줄어진 경우에는 '아/어'가 줄어지지 않는 게 원칙이다.(관련 규정: '한글 맞춤법' 제34항.)

15. '너머'와 '넘어'

〈한글맞춤법〉 제4장 제3절 제19항의 "어간에 '-이'나 '-음' 이외의 모음으로 시작된 접미사가 붙어서 다른 품사로 바뀐 것은 그 어간의 원형을 밝히어 적지 않는다."라는 단서 조항에 따라 사물의 저쪽이나 공간을 나타내는 부사는 '너머'로 쓰고, "산을 넘어 간다."와 같이 동작을 나타낼 때에는 '넘어'로 쓴다.

16. '늑장'과 '늦장'

"표준국어대사전"은 '느릿느릿 꾸물거리는 태도'를 이르는 말인 '늑장'과 '늦장'을 동의어로 보고 있다. 따라서 '늑장을 피우다'의 '늑장' 대신 '늦장'을 쓰는 것도 가능하다.

17. '늘이다'와 '늘리다'의 구분

'늘이다'는 자동사 '늘다'(양이나 길이가 더 커지다.)에 사동 접미사 '-이-'가 결합한 것이다. 이 단어는 어떤 물건의 길이나 분량을 더 증가시키거나 길게 하다는 뜻을 표현한다. '늘리다'는 17세기 문헌부터 나타난다. 15, 16세기 문헌에 '늘다'는 있지만 '늘이다'가 없는 것은 사동접미사 '-

이-'가 '늘-'에는 결합하지 않았기 때문이라 할 수 있다. 국어에서 사동 접미사가 붙을 수 있는 어간은 일정한 규칙을 갖지 않고 있다. 현대 국어에서 '늘이다'는 '길이를 길게 하다.'라는 뜻으로 쓰고, '늘리다'는 '수효, 부피, 무게 등을 더 많거나 크게 하다.'라는 뜻으로 구별하여 쓰고 있으나 이것은 맞춤법 규정에 의한 편의적 조치일 뿐, 역사적 근거는 없다. 역사적으로 '늘리다'와 '늘이다'는 별다른 구별 없이 공존하며 쓰였던 것이다. '늘리다'는 '늘이다'에서 표기상의 중철로 인해 생겨난 것일 가능성이 높다. 경상 방언에서는 '늘이다' 대신에 '늘쿠다'가 널리 쓰인다. 사동 접미사 '-쿠-'는 '질쿠다'(길게 하다) 등에도 쓰인다.(출처: 21세기 세종계획 누리집 한민족 언어 정보, 국어 어휘의 역사.)

18. '다르다'와 '틀리다'의 뜻

'다르다'는 '비교가 되는 두 대상이 서로 같지 아니하다.'라는 뜻이고, '틀리다'는 '셈이나 사실 따위가 그르게 되거나 어긋나다.'라는 뜻이다. '그것은 사실과 다르다'는 '그것'과 '사실' 두 대상을 서로 비교하고 있고, 그 둘이 서로 같지 아니하다는 뜻을 나타내므로, '다르다'를 써야 한다.

19. '담그다', '잠그다'의 활용

김치·술·장·젓갈 따위를 만드는 재료를 버무리거나 물을 부어서, 익거나 삭도록 그릇에 넣어 두다.'라는 뜻을 나타내는 '담그다'와 '물, 가스 따위가 흘러나오지 않도록 차단하다.'라는 뜻을 나타내는 '잠그다'는 어간 '담그-', '잠그-' 뒤에 모음으로 시작하는 어미 '-아/-아서'가 붙으면 '담가, 담가서', '잠가, 잠가서'와 같이 활용하는 용언이다. 따라서 '잠가, 담가'와 같이 쓰는 것이 맞다.

20. '던지'와 '든지'의 구분

'-던지'는 막연한 의문이 있는 채로 그것을 뒤 절의 사실이나 판단과 관련시키는 데 쓰는 연결 어미입니다.

예 얼마나 춥던지 손이 곱아 펴지지 않았다./아이가 얼마나 밥을 많이 먹던지 배탈 날까 걱정이 되었다.

그리고 '-든지'는 나열된 동작이나 상태, 대상들 중에서 어느 것이든 선택될 수 있음을 나타내거나 실제로 일어날 수 있는 여러 가지 중에서 어느 것이 일어나도 뒤 절의 내용이 성립하는 데 아무런 상관이 없음을 나타내는 연결 어미입니다.

예 집에 가든지 학교에 가든지 해라./노래를 부르든지 춤을 추든지 간에 네 맘대로 해라.

21. '떨어뜨리다'와 '떨어트리다'

'가지고 있던 물건을 빠뜨려 흘리다.'라는 뜻을 나타낼 때, '떨어뜨리다'와 '떨어트리다'를 모두 쓸 수 있다. 한 가지 의미를 나타내는 형태 몇 가지가 널리 쓰이며 표준어 규정에 맞으면, 그 모두를 표준어로 삼는데, '떨어뜨리다'와 '떨어트리다'가 이에 해당한다. (관련 규정: '표준어 규정-표준어 사정 원칙' 제3장, 제5절 복수 표준어, 제26항.)

22. '돋우다', '돋구다'

"감정이나 기색 따위를 생겨나게 하다."라는 뜻을 나타내는 '돋우다'가 있고, "안경의 도수 따위를 더 높게 하다."라는 뜻을 나타내는 '돋구다'가 있는데, 이들은 모두 '사동'의 뜻을 더하는 접미사 '-우-', '-구-'가 붙어 만들어진 사동사이다.

   예) 이번에도 낙방한 그로서는 실망이 클 텐데 용기를 잘 돋우어 주어라.
        눈이 침침한 걸 보니 안경의 도수를 돋굴 때가 되었나 보다.

23. '돼'와 '되'의 구분

용언은 어간 홀로 쓰일 수 없고, 어간 뒤에 어미가 붙어 쓰인다. 그러므로 동사 '되다'는 '되'와 같이 어간 홀로 쓰이지 못하고, '되-' 뒤에 어미 '-어'가 붙어 '되어'와 같이 쓰이든지, '되어'가 줄어든 '돼'의 형태로 쓰인다.

   예) 내년에 서른 살이 돼./사업은 그럭저럭 돼./이 일은 오늘 안으로 끝내야 돼.

24. '되려', '되레'의 바른 표기

"예상이나 기대 또는 일반적인 생각과는 반대되거나 다르게"라는 뜻을 나타내는 '도리어'의 준말로, 표준어는 '되레'이다. '되려'도 쓰이지만, 이는 '도리어'의 방언(강원, 경상, 전남, 충남)이다.

25. '뒤풀이'와 '뒷풀이', '윗층'과 '위층'

'뒤풀이, 뒤통수, 위층, 위쪽'으로 적는다. 된소리나 거센소리 앞에서는 사이시옷을 쓰지 않기로 한 한글 맞춤법의 규정에 따라 된소리나 거센소리 앞에서는 '위-'로 적는다.(관련 규정: 〈표준어 규정-표준어 사정 원칙〉 제2장, 제2절 모음, 제12항, 다만 1.) 물건의 위가 되는 부분은 '위통'으로 적고, '몸에서 허리 위의 부분 또는 윗옷'을 이르는 말은 '웃통'으로 적는다.

26. '띄다'와 '띠다'

'띄다'는 '뜨이다'의 준말로 '원고에 가끔 오자가 눈에 띈다./빨간 지붕이 눈에 띄는 집/요즘 들어 형의 행동이 눈에 띄게 달라졌다./귀가 번쩍 띄는 이야기'와 같이 쓰인다.

'띠다'는 "띠나 끈 따위를 두르다./물건을 몸에 지니다./용무나, 직책, 사명 따위를 지니다./빛깔이나 색채 따위를 가지다./감정이나 기운 따위를 나타내다./어떤 성질을 가지다."라는 뜻으로, '치마가 흘러내리지 않게 허리에 띠를 띠다/추천서를 띠고 회사를 찾아가라./중대한 임무를 띠다/붉은빛을 띤 장미/노기를 띤 얼굴/보수적 성격을 띠다'와 같이 쓰인다.

27. '-ㄹ걸'과 '걸'의 띄어쓰기

'-ㄹ걸'은 구어체로 혼잣말에 쓰여, 그렇게 했으면 좋았을 것이나 하지 않은 어떤 일에 대해 가벼운 뉘우침이나 아쉬움을 나타내는 종결 어미이므로, "차 안에서 미리 자 둘걸.", "내가 잘못했다고 먼저 사과할걸.", "그렇게 할걸."과 같이 어간에 붙여 적는다. 그러나 의존 명사 '거' 뒤에 조사 'ㄹ'이 붙은 '걸'은, '거'가 의존 명사이므로, "소리가 들린 걸 알고", "일에 몰두할 수 없다는 걸 알기 때문에", "그는 너와 함께 사는 걸 안타까워했다."와 같이 앞말과 띄어 적는다.

28. '로서'와 '로써'의 차이

'로서'는 주로 직위를 나타내는 명사 다음에 붙어 그 사람의 자격이나 지위를 나타내고 '로써'는 기타의 명사 뒤에 붙어 수단이나 재료임을 나타내거나 셈에 넣는 기준을 나타낸다. '로서'의 예로는 '부모로서 의무를 다하다' 등이 있고, '로써'의 예로는 '칼로써 흥한 자는 칼로써 망하다, 사업을 시작한 지 올해로써 30년이 되다' 등이 있다.

29. '렬, 률'과 '열, 율'

모음이나 'ㄴ' 받침 뒤에 결합되는 '렬(列, 烈, 裂, 劣), 률(律, 率, 栗, 慄)'은 '나열[나열], 비율[비 : 율], 선열[서녈], 운율[우 : 뉼]' 등에서와 같이 [열], [율]로 소리 나므로 소리대로 '열, 율'로 적는다.

'率'은 모음이나 'ㄴ' 받침 뒤에서는 '이자율(利子率)[이 : 자율], 회전율(回轉率)[회전 뉼/훼전 뉼]'처럼 '율'로 적고 그 외의 받침 뒤에서는 '능률(能率)[능뉼], 합격률(合格率)[합껵뉼]'처럼 '률'로 적는다. 외래어에서도 동일하게 모음이나 'ㄴ' 받침 뒤에서는 '율'로 적고 그 외의 받침 뒤에서는 '률'로 적는다.

30. '맞히다'와 '맞추다'의 차이

정확하게 틀림없도록 답안을 작성하는것은 '맞히는' 것이고 나의 답과 정답이 맞았는지 비교해 보는 것을 '맞추어' 본다라고 말할 수 있다. 즉 정답을 틀리지 않게 골라내든지 작성하는 것은 '맞히다'이며 정답과 비교해 보는 것은 '맞추다'이다.

더 쉬운 방법으로 설명하면 나의 선택과 정답이 맞았는지 비교하여 보는 것은 '맞추어' 보는 것이며 정답을 정확하게 작성한 것은 정답을 '맞힌' 것이다.

31. '만듦', '줄어듦' 명사형

'만들다', '줄어들다'와 같이 'ㄹ' 받침인 용언의 어간 뒤에는 명사형 어미 '-ㅁ'이 붙으며, 이때 '만듦', '줄어듦'과 같은 형태로 쓰인다.

32. '메다'와 '매다'

'메다'는 '어깨에 걸치거나 올려놓다'라는 뜻으로, "어깨에 배낭을 메다."와 같이 쓰인다. 그리고 '매다'는 '끈이나 줄 따위의 두 끝을 엇걸고 잡아당기어 풀어지지 아니하게 마디를 만들다'라는 뜻으로, "신발 끈을 매다/옷고름을 매다."와 같이 쓰인다. 따라서 '넥타이를 매다'와 '가방을 메다'로 쓸 수 있다.

33. '며칠'과 '몇일'

'며칠'이 맞다. 《한글 맞춤법》 제27항 [붙임 2]에서는 "어원이 분명하지 아니한 것은 원형을 밝히어 적지 아니한다."라고 규정하고 '며칠'을 용례로 들고 있다. 그런데 '며칠'의 경우는 '몇 개, 몇 사람' 등에서의 '몇'과, '날'을 나타내는 '일(日)'이 결합된 '몇 + 일'로 분석하여 그 표기가 '몇일'이 된다고 생각하기 쉽다. 그렇지만 '며칠'은 '몇 + 일'로 분석되는 구조가 아니다. 만약 '며칠'이 '몇+일'로 분석이 되는 구조라면 '몇 년', '몇 월'과 발음과 비교해 볼 때 [며칠]이라고 발음하는 것을 설명할 수가 없다. 즉 '며칠'이 '몇+일'로 분석이 되는 구조라면 '몇월[며둴]'처럼 [며딜]로 소리가 날 가능성이 높다. 그러므로 [며칠]로 소리 나는 표준어는 '며칠'로 적어야 함을 알 수 있다.

34. '뭐예요'와 '뭐에요' 바른 표기

'뭐' 뒤에, '-이에요'의 준말 '-예요'가 붙으므로, '뭐예요'로 적는다.

35. '바람'과 '바램'

'바람'이 표준어이다. '바라다'에서 온 말이므로 '바람'으로 적어야 한다. '바라다'는 '생각한 대로 이루어지기를 원한다'는 뜻의 말이다. 흔히 '바램'이라고 하는 일이 있지만 이는 잘못이다. '바래다'는 '볕이나 습기를 받아 색이 변하다. 볕에 쬐거나 약물을 써서 빛깔을 희게 하다.'는 뜻의 말이다. 그러므로 '바라다'에서 파생된 명사는 '바람'이라고 해야 한다.

36. '반드시'와 '반듯이'

'반드시'와 '반듯이'는 서로 구별해서 써야 하는 말이다. '반드시'는 '꼭, 틀림없이'라는 뜻이고 '반듯이'는 '반듯하게'라는 뜻이다. 《한글 맞춤법》 제25항에서는 '-하다'가 붙는 어근에 '-히'나 '-이'가 붙어서 부사가 되거나, 부사에 '-이'가 붙어서 뜻을 더하는 경우에는 그 어근이나 부사의 원형을 밝히어 적는다."라고 하고 있습니다. '반듯이'는 '반듯하다'의 원래 의미가 살아 있으므로 '반듯'에 접미사 '-이'가 결합한 것으로 보아 원형태를 살려 적은 것입니다.

그러나 '반드시'의 '반듯'은 '반듯하다'의 '반듯'과는 의미가 다른 말로 '반듯하다'의 어근 '반듯'과의 관련성이 없습니다. 그런 까닭에 '반드시'와 같이 소리 나는 대로 적습니다.

'일찌기'를 '일찍이'로 적는 것도 이 규정과 관계됩니다. '일찍'이라는 부사가 따로 있고 의미도 '일찍이'와 유사하므로 부사 '일찍'에 접미사 '-이'가 결합된 구성이라 판단하여 '일찍이'로 적는 것입니다. 이렇게 적으면 '일찍'과의 연관성을 보여 준다는 효율성이 있습니다. 이런 유형의 예로는 '더욱이', '오뚝이' 등이 있습니다.

'지긋이'와 '지그시' 또한 '지긋하다(나이가 꽤 듬직하다)'와 관련이 있는 '지긋이'와 그렇지 않은 '지그시'가 서로 구별이 됩니다. (1) ㄱ. 나이가 지긋이 든 반백의 신사. ㄴ. 나이가 지긋하게 든 반백의 신사. (2) 눈을 지그시 감았다.

37. '바치다'와 '받치다'와 '받히다'

'받치다'와 '받히다'는 서로 뜻을 구별해서 써야 하는 말이다. '받치다'는 '받다'에 강세를 나타내는 접미사 '-치-'가 결합한 말이고, '받히다'는 '받다'에 피동접미사 '-히-'가 결합해서 만들어진 피동사이다. '받치다'에는 '우산이나 양산 등을 펴 들다', '밑에서 괴다'라는 의미가 있다.

(1) ㄱ. 우산을 받치다.
　　ㄴ. 그릇을 받쳐 들다.
　　ㄷ. 두 손으로 머리를 받치고 누워 있다.

반면에 '받히다'에는 '머리나 뿔 따위로 세차게 부딪히다', '머리나 뿔 따위에 받음을 당하다'의 의미가 있다.

(2) ㄱ. 자동차에 받히다.
　　ㄴ. 소뿔에 받혀 다쳤다.

'바치다'는 위에 든 '받다'와는 아무런 상관이 없는 별개의 단어이다. '바치다'는 '윗사람에게 물건을 드리다', '무엇을 위하여 모든 것을 아낌없이 내놓거나 쓴다'는 의미의 말이다.

(3) ㄱ. 임금님께 예물을 바치다.
　　ㄴ. 나라와 겨레를 위하여 목숨을 바쳤다.

38. '벌리다'와 '벌이다'

'벌리다'에는 '사이를 넓히거나 연다'는 뜻이고 '벌이다'는 '일을 계획하여 시작하거나 펼쳐 놓다'는 뜻이다.

(1) 벌리다
　　ㄱ. 줄 간격을 벌리다
　　ㄴ. 가랑이를 벌리다
　　ㄷ. 입을 벌리고 하품을 하다
　　ㄹ. 하늘을 향해 두 팔을 벌리다
　　ㅁ. 자루를 벌리다

(2) 벌이다
　　ㄱ. 잔치를 벌이다
　　ㄴ. 장기판을 벌이다

ㄷ. 좌판을 벌이다
ㄹ. 친구와 논쟁을 벌이다
ㅁ. 가게 주인과 입씨름을 벌이다

특히 '벌이다'를 써야 할 자리에 '벌리다'를 잘못 쓰는 일이 많으므로 주의해야 한다. '잔치를 벌리다', '논쟁을 벌리다'가 대표적인 예이다. '잔치를 벌이다', '논쟁을 벌이다'가 맞는 말이다.

39. 보조 용언의 띄어쓰기

(1) 기억해 두다, 음식을 해 주다, 생각해 봐, 공부해 봐'의 '해'는 '하- + -여'가 준 형태이다. 어미 '-아/-어/-여'는 하나의 형태소이며, 이형태(異形態)이다. 하나의 형태소가 주위 환경에 따라 음상을 달리하는 경우가 있는데, 이때 달라진 한 형태소의 여러 모양을 가리켜 이형태(異形態)라고 한다. 보조 용언은 본용언과 띄어 적는 것이 원칙이지만, '-아/-어/-여' 뒤에 연결되는 보조 용언은 붙여 적을 수 있으므로, '기억해 두다/음식(을) 해 주다/생각해 봐./공부해 봐.(원칙)', '기억해두다/(음식을) 해주다/생각해봐./공부해봐.(허용)'와 같이 적을 수 있다. (2) '가 보다, 써 보다'의 '가, 써'는 '가- + -아, 쓰- + -어'가 준 형태이다. 그러므로 보조 용언의 띄어쓰기에 따라 '가 보다/써 보다(원칙)', '가보다/써보다(허용)'와 같이 적을 수 있다.

40. '뵈요'와 '봬요'

'뵈다'는 '뵈어' 또는 '봬'가 되므로, 그 뒤에 보조사 '요'가 붙을 때, '뵈어요.' 또는 '봬요.'의 형태로 쓴다.

41 '부숴뜨리다'와 '부서뜨리다'

'부서뜨렸다'가 맞다. '부수다'에 '-어 뜨리다'가 연결된 '부숴뜨리다'로 생각하기 쉽지만 '부서뜨리다'가 맞는 말이다. 그런데 이러한 현상은 '부수다'와의 관계를 생각하면 매우 예외적인 것이다.

(1) ㄱ. 장난감을 부숴(←부수어) 버렸다.
ㄴ. 철수가 내 장난감을 부쉈어(←부수었어).

다른 경우에는 '부수다'의 활용형으로 보아 '부숴'로 적으면서 '부서뜨리다'는 '부서'로 적고 있기 때문입니다. '부서뜨리다/부서트리다, 부서지다'의 세 단어가 예외이다.

'부서뜨리다/부서트리다'와 '부서지다'를 '부서'로 적는 것은 역사적으로 설명할 수 있다. 옛말 '븟어디다'를 보면 '부수다'가 생겨 나기 이전에 이미 '부서지다'가 만들어졌음을 알 수 있다. 즉 '부서지다'는 '부수다' 이전에 만들어진 말로 '부수다'에서 나올 만한 '부숴지다'의 자리에 이미 자리를 잡고 있는 말이라고 설명할 수 있다.

42. '부치다'와 '붙이다'

'부치다'와 '붙이다'는 의미에 따라 구별해야 하는 말이다. '붙이다'는 '붙다'에 사동의 의미를 더하는 파생접사 '-이-'가 결합한 단어이다. '부치다' 역시 역사적으로는 '붙이다'와 어원이 같다. 그렇지만 '붙이다'는 '붙다'의 의미가 살아 있고 '부치다'는 그렇지 않다는 차이가 있다.

《한글 맞춤법》제22 항 '다만' 조항에서는 동사 어간에 '-이-'가 붙어 이루어진 단어는 원칙적으로 구별하여 적지만 '드리다, 바치다' 등과 같이 본뜻에서 멀어진 것은 소리대로 적도록 하고 있다. 그러므로 '붙다'의 의미가 살아 있으면 '붙이다'로 적고, 그렇지 않으면 '부치다'로 적는다.

(1) ㄱ. 이 일은 힘에 부치는 일이다.
ㄴ. 소포를 부치다.
ㄷ. 이 문제는 회의에 부치도록 하자.
ㄹ. 원고를 인쇄에 부쳤다.
ㅁ. 밝은 달에 부쳐 읊은 시조.
ㅂ. 이 한 몸 부칠 곳이 없으랴.
ㅅ. 식목일에 부치는 글.
ㅇ. 밭을 부치다.
ㅈ. 빈대떡을 부쳐 먹는다.
ㅊ. 부채를 부친다.

(2) ㄱ. 봉투에 우표를 붙였다.
ㄴ. 담배에 불을 붙였다.
ㄷ. 자꾸 이러저러한 조건을 붙인다.
ㄹ. 이 땅에 뿌리를 붙이고 살아가는 식물.

ㅁ. 전문 용어에는 각주를 붙여서 설명했다.
ㅂ. 내기에 1000원을 붙이다.
ㅅ. 말을 밭에 붙이다.
ㅇ. 가구를 벽에 붙이다.
ㅈ. 환자에게 간호사를 붙이다.
ㅊ. 다리에 힘을 붙이다.
ㅋ. 이름을 붙이다.
ㅌ. 취미를 붙이다.
ㅍ. 농담을 붙이다.

43. '붓다'와 '붇다'의 쓰임

'살가죽이나 어떤 기관이 부풀어 오르다.'의 뜻을 나타낼 때에는 '붓다'를 쓰고, '물에 젖어서 부피가 커지다.'의 뜻을 나타낼 때에는 '붇다'를 쓴다. '붓다', '붇다'의 뜻에 따라, '붓다'는 '얼굴이 붓다/병으로 간이 붓다/울어서 눈이 붓다/다리가 퉁퉁 붓다/벌에 쏘인 자리가 붓다/편도선이 부어서 말하기가 어렵다.'와 같이 쓰이고, '붇다'는 '콩이 붇다/북어포가 물에 불어 부드러워지다./오래되어 불은 국수는 맛이 없다.'와 같이 쓰인다.

44. '생각건대'와 '생각컨대'

'생각건대'가 맞는 말이다. 'ㅇㅇ하다'가 줄어들 때는 '하'가 통째로 줄어드는 경우와 '하'의 'ㅏ'만 줄고 'ㅎ'이 남아 다음 음절의 첫소리와 결합하는 경우가 있다.

(1) ㄱ. 거북하지 → 거북지
 ㄴ. 생각하건대 → 생각건대
 ㄷ. 답답하다 못해 → 답답다 못해
 ㄹ. 깨끗하지 않다 → 깨끗지 않다

(2) ㄱ. 간편하게 → 간편케
 ㄴ. 다정하다 → 다정타
 ㄷ. 흔하다 → 흔타

(1)은 통째로 준 경우이고 (2)는 '하'에서 'ㅏ'가 줄고 'ㅎ'이 남아 다음 음절의 첫소리가 거센소리가 된 경우이다. '하다' 앞의 받침이 'ㄱ, ㄷ, ㅂ'로 소리가 날 경우에는 (1)처럼 '하'가 통째로 줄고 그 외의 소리일 경우에는 (2)와 같이 'ㅎ'이 남아 다음 음절의 첫소리가 거센소리가 된다.

45. '서슴지'와 '서슴치'의 바른 표현

'서슴지 않고, 서슴지 말고'와 같이 '서슴지'로 적는다. '서슴지'는 '서슴다'의 어간 '서슴-' 뒤에 어미 '-지'가 붙은 형태이다.

46. '설거지'와 '설겆이'

'설겆이'로 적지 않고 '설거지'로 적는 것은 '설겆'과 '이'로 더 이상 분석하기 어렵기 때문이다. '설겆다'는 더 이상 '설겆어라, 설겆으니, 설겆더니'와 같이 활용하는 일이 없다. 따라서 '설겆-'이란 어간은 현재에는 없어졌다고 할 수 있다. 《표준어》 제20 항에서는 이와 같이 사어(死語)가 되어 쓰이지 않게 된 단어는 고어로 처리하고 현재 널리 사용되는 단어를 표준어로 쓰도록 규정하고 있다. '설겆-'은 표준어라고 할 수 없으므로 '설겆-'을 염두에 두고 '설겆이'로 적는 것을 인정하지 않는다. 따라서 '설거지'로 적는 것이 옳고 '설겆이'는 옳지 않다고 할 수 있다. '설거지'를 하는 행위를 나타낼 때는 '설거지하다'로 쓰면 된다.

47. '설렘', '설레임' 바른 표기

'설레이다, 설레임'을 쓰기도 하지만, 표준어는 '설레다'이므로, 명사형도 '설렘'이 표준어이다.

48. '소고기'와 '쇠고기'

'쇠고기'와 '소고기' 둘 다 맞다. 《표준어》에서는 비슷한 발음을 가진 두 형태가 모두 널리 쓰이고 각각 국어의 일반적인 음운 현상으로 설명되는 경우에는 두 형태 모두 표준어로 삼고 있다.

'쇠고기'는 '쇠'는 '소+ㅣ'로 분석할 수 있다. 옛말에서 'ㅣ'는 현대의 '의'에 해당하는 말이다. 따라서 '쇠'는 '소의'라는 뜻이고 '쇠고기', '쇠가죽', '쇠기름' 등은 '소의 고기', '소의 가죽', '소의 기름'과 같은 의미의 말임을 알 수 있다. 그런데 명사 '소'에 '고기', '가죽', '기름' 등을 직접 결합한 형태가 널리 쓰이게 되었다.

'쇠고기'와 '소고기'가 모두 널리 쓰이는 형태일뿐더러, 각각의 발음 차이가 합당한 이론으로 설명될 수 있는 것들이다. 이러한 점을 인정하여《표준어》제18항에서는 '쇠-'의 형태를 원칙으로 하고 '소-'의 형태도 허용함으로써 둘 다 표준어로 규정하고 있다.

49. '아는 척'과 '아는 체'의 바른 표현

'알은척하다(=알은체하다)'와 '아는 척하다(=아는 체하다)'를 모두 쓸 수 있다. 그런데 '알은척하다(=알은체하다)'는 "어떤 일에 관심을 가지는 듯한 태도를 보이다./사람을 보고 인사하는 표정을 짓다."라는 뜻을 나타내고, '아는 척하다(=아는 체하다)'는, 앞말이 뜻하는 행동이나 상태를 거짓으로 그럴듯하게 꾸밈을 나타내는 보조 용언 '척하다(=체하다)'가 쓰여, 알지 못하면서 아는 것처럼 거짓으로 그럴듯하게 꾸민다는 뜻을 나타낸다. 따라서 표현의 본뜻에 따라, '알은척하다(=알은체하다)' 또는 '아는 척하다(=아는 체하다)'를 쓸 수 있다

50. '안'과 '않'의 구분

부정이나 반대의 뜻을 가진 문장을 만드는 방법으로, 부사 '아니'의 준말인 '안'을 용언 앞에 놓는 방법과 용언의 어간 뒤에 '(-지) 아니하다'의 준말인 '(-지) 않다'를 붙이는 방법, 두 가지가 있다.

아래 보기와 같이, 용언 앞에는 용언을 수식하는 부사 '안'이 오고, 용언 뒤에는 보조 용언 구성인 '-지 않다'가 온다.

(1) 부사 '안' 뒤 용언

    안 벌고 안 쓰다

    안 춥다.

    비가 안 온다.

    이제 다시는 그 사람을 안 만나겠다.

    안 먹고는 살 수가 없다.

    마치 석고상 모양으로 앉아서 꼼짝을 안 했다.

(2) 용언의 어간 뒤 '-지 않다'

　　가지 않다
　　책을 보지 않다
　　그는 이유도 묻지 않고 돈을 빌려 주었다.
　　아이가 밥을 먹지 않아서 걱정이다.
　　예쁘지 않다
　　옳지 않다
　　일이 생각만큼 쉽지 않다.

51. '알맞는'과 '알맞은'

　'알맞은'이 맞다. 이는 '알맞다'가 형용사라는 것을 알면 쉽게 알 수 있다. 형용사와 동사는 관형사형 어미를 취할 때 차이가 있다. 형용사에 결합하는 현재 관형사형 어미는 '-은'이고 동사와 결합하는 관형사형 어미는 '-는'이다. 예를 들어 형용사인 '작다, 올바르다'는 '작은 집, 올바른 자세' 등과 같이 활용하고, 동사인 '먹다, 잠자다'는 '먹는 물, 잠자는 공주'와 같이 활용한다. 잘못된 형태인 '알맞는'이 많이 쓰이고 있는데, 이는 동사인 '맞다'의 활용형 '맞는'에서 유추된 것으로 보인다. 형용사인 '알맞다'는 '알맞은 운동, 알맞은 차림새' 등과 같이 활용하고, 동사인 '맞다'는 '입에 맞는 음식, 맞는 답'과 같이 활용해서 써야 한다. 비슷한 예로 '걸맞다' 또한 "내게 걸맞는 일이 있을까?"처럼 '걸맞는'으로 쓰는 일이 있지만 형용사이므로 '걸맞은'으로 써야 한다.

52. '애달프다'와 '애닯다' 표준어

　〈표준어 규정〉 제3장 제1절 제20항 "사어(死語)가 되어 쓰이지 않게 된 단어는 고어로 처리하고, 현재 널리 사용되는 단어를 표준어로 삼는다."라는 규정에 따라 '애달프다'만을 표준어로 인정하고 '애닯다'는 표준어로 인정하지 않았다.

53. '양'과 '량'의 쓰임

　분량이나 수량을 나타내는 말로, 고유어와 외래어 명사 뒤에는 '양'을 쓰고, 한자어 명사 뒤에는 '량'을 쓴다.
　　예 양: 구름양/알칼리양.
　　　　량: 가사량/노동량/작업량.

54. 어미 '-에요'와 '-예요'의 쓰임

'-에요'는 어미로서, '이다', '아니다'의 어간 뒤에 붙어 쓰이므로, '책이에요, 아니에요'와 같이 쓴다. 다만 받침이 없는 체언 '어디', '거' 등 뒤에는 서술격 조사 어간 '이'가 붙고 그 뒤에 어미 '-에요'가 붙은 '-이에요'의 준말 '예요'가 쓰이므로, '어디예요/보내지 않을 거예요.'와 같이 쓰게 된다.

55. '양지하다'와 '양해하다'

'양지(諒知)하다'는 '살피어 알다.'라는 뜻이고, '양해(諒解)하다'는 '남의 사정을 잘 헤아려 너그러이 받아들이다.'라는 뜻이다. 따라서 '양지하다'는 상대방에게 무엇을 알고 있으라는 뜻을 전달하는 경우에 쓰고, '양해하다'는 상대방에게 어떤 사정을 마음이 넓고 아량이 있게 이해해 달라는 뜻을 전달하는 경우에 쓴다. 따라서 표현 의도에 맞게 '양지하다' 또는 '양해하다'를 쓰면 된다.

예 날씨 관계로 경기가 취소되었으니 이 점 널리 양지하시기 바랍니다.
　　일이 바빠서 그러니 좀 늦더라도 양해해 주세요.

56. '어떻게'와 '어떡해'

'어떻게'는 '어떻다'의 부사형이고, '어떡해'는 '어떻게 해'가 줄어든 말이다. 이에 따라, '요즈음 어떻게 지내십니까?', '오늘도 안 오면 어떡해.'와 같이 쓰인다. '어떻게'는 문장의 앞이나 중간에 쓰이고, '어떡해'는 문장의 끝에만 쓰인다.

57. '어쨋든'과 '어쨌든'

'어쨌든'으로 적어야 한다. '어찌했든' 등의 'ㅎ'이 줄어들어 '어째, 어쨌든'으로 나타나는 것이다. '어쨌든'의 경우 발음은 [어쩯든]이지만 준말을 적을 때에는 원말의 형태를 밝혀 적는 것이 원칙이다. 그러므로 '어쩯든'이나 '어쨋든'이 아니라 '어쨌든'으로 적는다. 이와 비슷한 것에는 '그랬든(그러했든)', '이랬든(이러했든)' 등이 있다. '게 섰거라' 또한 '게 서 있거라'에서 온 말이므로 '게 섯거라'가 아니라 '게 섰거라'고 적는다.

58. '예부터'와 '옛부터'

'예부터'가 맞다. '예'는 명사이고, '옛'은 관형사이다. 조사 '부터'가 결합할 수 있는 말은 명사이므로 '예부터'가 맞다. '예'는 아래와 같이 쓰입니다.

(1) ㄱ. 예나 다름없는 소박한 인심
　　ㄴ. 예로부터 내려온 이야기
　　ㄷ. 예스러운 멋

(1ㄱ)과 (1ㄴ)은 조사가 결합한 예이고 (1ㄷ)은 접미사 '-스럽다'가 결합한 예이다. '-스럽다'는 '자연스럽다', '신비스럽다', '혼란스럽다'처럼 명사와 결합하는 말이다.
이와는 달리 관형사 '옛'은 (2)처럼 명사를 수식하거나 후속하는 명사와 합성어가 될 수 있다.

(2) ㄱ. 옛 기억, 옛 추억, 옛 친구
　　ㄴ. 옛말, 옛일, 옛이야기, 옛적, 옛날, 옛사랑, 옛정, 옛집

현실적으로 '예부터'와 '예스러운'을 '옛부터'와 '옛스러운'으로 잘못 쓰는 일이 많이 있다. '부터'와 '-스럽다'가 명사와 결합한다는 점을 기억하면 '예부터'와 '예스러운'으로 올바르게 쓸 수 있다.

59. '오랫동안'과 '오래동안'의 바른 표현

사이시옷이 붙을 수 있는 조건은 '명사끼리 결합한 합성어'가 아니라 '합성어'이다. '오랫동안'은 '오래'와 '동안'이 결합하여 만들어진 합성어이며, '오래'가 모음으로 끝나고, '동안'이 [똥안]과 같이 발음된다. 이는 사이시옷을 받치어 적는 조건을 충족하는 것이므로, '오랫동안'과 같이 사이시옷을 받치어 적는다.
　*비표준어 오래동안

60. '우리나라'와 '저희 나라'

자기의 나라나 민족은 남의 나라, 다른 민족 앞에서 낮출 대상이 아니다. 그러므로 '우리'의 낮춤말인 '저희'를 써서 '저희 나라'와 같이 표현하지 않는다. 그러므로 "당신의 나라에서는 새해 첫날에 무엇을 드십니까?"와 같이 외국인이 질문한다면, "우리나라에서는 떡국을 먹습니다." 또는 "한국에서는 떡국을 먹습니다."와 같이 말하면 된다.

61. '우레'와 '우뢰'

'우레'가 표준어이다. 예전에는 '우뢰(雨雷)'로 쓰기도 했는데 이는 우리말 '우레'를 한자어로 잘못 인식하여 적은 것이다. 이 말이 한자어가 아니라 고유어임은 옛 문헌에서 확인할 수 있다. 15세기의 옛 문헌에 보면 "훈 소릿 울에 三千界를 뮈우도다(一聲雷震三千界)〈金剛經三家解 2: 2〉"와 같이 '울에'가 나타난다. 이보다 더 후대인 16세기 말의 가사 작품인 '관동별곡'(숙종 때 엮은 《송강가사》에 수록)에는 "들을 제는 우레러니 보니는 눈이로다"에서와 같이 '우레'가 나타난다. 그러므로 '우레'를 표준어로 삼고 잘못 써 온 '우뢰'는 비표준어로 처리한 것이다. '우레'와 같은 의미인 '천둥'도 표준어이다.

62. '우연히'와 '우연치않게'의 차이

'우연히'는 '우연' 뒤에 접미사 '-히'가 붙어 만들어진 부사이고, '우연찮게'는 '우연하지 않다'가 줄어 만들어진 '우연찮다'의 활용형이다. 이들의 단어 형성을 살펴보면, '우연히'와 '우연찮게'는 상대적인 뜻을 나타내어야 할 것 같지만, 꼭 그렇지가 않다. "표준국어대사전"에 따르면, 현재 '우연히'는 "어떤 일이 뜻하지 아니하게 저절로 이루어져 공교롭게"라는 뜻을, '우연찮게('우연하다'의 활용형)'는 "꼭 우연한 것은 아니나 뜻하지도 아니하게"라는 뜻을 나타내는 맥락에 쓰이고 있어, 쓰이는 맥락이 상대적이라기보다는 비슷하게 관련되어 있다고 볼 수 있다.

63. '웃-'과 '윗-'의 차이

'표준어 규정'에서는 '웃-' 및 '윗-'은 명사 '위'에 맞추어 '윗-'으로 통일한다고 규정하고 있다. 이에 따라 '아랫입술'과 대립되는 말은 '윗입술'과 같이 적는다. 다만, '아래, 위'의 대립이 없는 단어는 '웃-'으로 발음되는 형태를 표준어로 삼도록 규정함에 따라 '윗어른, 위어른'을 버리고 '웃어른'을 표준어로 삼았다.

(관련 규정: '표준어 규정' 제2장, 제2절, 제12항, 다만 2.)

64. '웬'과 '왠' 바른 표현

'어찌 된'의 뜻을 나타내는 관형사는 '웬'이므로, '웬 말인가?'와 같이 쓴다. 참고로 "매일 만나는 사람인데 오늘따라 왠지 멋있어 보인다."와 같이 쓰이는, "왜 그런지 모르게 또는 뚜렷한 이유도 없이"라는 뜻을 나타내는 부사 '왠지'가 있다.

65. '웬만', '왠만' 바른 표기

'웬만'이 맞다. '웬만'은 어근으로서, 이로부터 형용사 '웬만하다'와 부사 '웬만히'가 파생되어 쓰인다.

'웬만하다, 웬만히'는 각각 '우연만하다, 우연만히'에서 줄어든 말이다. 이 말의 의미는 '예상했던 데에서 크게 벗어나지 않은 정도', 즉 '거의 기대했던 것에 가깝거나 약간 넘은 정도'의 의미를 지니는 말이다. '웬만치, 웬만큼'도 이와 같은 의미를 지니는 말들이다.

66. '왠지'와 '웬지'

'왠지'로 써야 한다. '왠지'는 의문사 '왜'와 어미 '(이)ㄴ지'로 분석되는 말이다. "왜인지 가슴이 두근거린다."가 성립하므로 '왠지'로 적는 것이 옳다고 할 수 있다. 이와는 달리 '왠'이 아닌 '웬'으로 써야 하는 경우가 있다. "웬 일이니?, 웬 떡이지?"와 같은 경우이다. 이때는 이유를 묻는다기 보다는 어떻게 된 일인지, 어떻게 생긴 떡인지를 묻고 있다. 국어에서는 '의문사+(이)ㄴ+명사'의 구성은 거의 쓰이지 않는다. 따라서 뒤에 명사나 명사구가 오면 '웬'을 쓴다고 할 수 있다. "웬 험상궂은 사람이 나를 따라오더라."에도 '웬'이다.

67. '욱여넣다'와 '우겨넣다' 바른 표현

'주위에서 중심으로 함부로 밀어 넣다.'라는 뜻을 나타내는 말은 '욱여넣다'이다.
예 알밤을 주머니에 욱여넣다.

68. 이 자리를 '빌려'와 '빌어'

'일정한 형식이나 이론, 또는 남의 말이나 글 따위를 취하여 따르다.'의 뜻을 나타내는 '빌리다'를 써서 '이 자리를 빌려'와 같이 표현하는 것이 맞다.

참고 '빌리다'의 용례: 성인의 말씀을 빌려 설교하다/그는 수필이라는 형식을 빌려 자기의 속 이야기를 풀어 갔다./신문에서는 이 사건을 고위 관리들의 말을 빌려 보도했다./이 자리를 빌려 감사의 말씀을 드립니다./어부의 말을 빌리면 토종 어종은 거의 씨가 말랐다고 한다./강쇠의 표현을 빌리자면 씨가 안 먹는 말이라는 것이다.≪박경리, 토지≫

69. '인사말'과 '인삿말'

　인사로 하는 말. 또는 인사를 차려 하는 말을 이르는 '인사말'의 표준 발음은 [인사말]이다. 이에 따라 사이시옷을 받쳐 적지 않고 '인사말'과 같이 적는다.

70. '일절'과 '일체'의 차이

　'一切'은 부인하거나 금지하는 말과 어울려, '아주', '도무지', '전혀', '절대로'의 뜻으로 쓰일 때는 '일절', '모든 것' 또는 '모든 것을 다'의 의미로 쓰일 때는 '일체'로 읽힌다. 따라서 '어떤 일을 절대로 금지한다'는 의미로 쓰이는 말은 '일절 금지'가 맞고 '일체 금지'는 틀리며 반대로 '안줏감 전체'를 의미하는 말은 '안주 일체'가 맞고 '안주 일절'은 틀리다.

71. '임대'와 '임차'의 차이

　'임대'(賃貸)와 '임차'(賃借)는 상반되는 말인데도 자주 혼동되어 쓰인다. 사전적인 의미를 살펴보면 '임대'는 '대가를 받고 자기 물건을 남에게 빌려 사용하거나 이익을 얻게 하는 일(빌려 주다)'이고, '임차'는 '요금을 내고 물건을 빌려 쓰는 것(빌리다)'이다. 즉 빌리는 경우에서는 '임차'를, 빌려 주는 경우에서는 '임대'를 쓰면 된다. 빌리고 빌려 주는 관계를 '임대'나 '임차'로 통칭해서 쓸 수 없고 이들을 구별해서 써야 한다.

72. '있다가'와 '이따가'의 구분

　'이따가'는 '조금 지난 뒤에'의 뜻을 가진 부사이고, '있다가'는 '있-'에 연결 어미 '-다가'가 붙어 만들어진 말이다.
　　예 이따가 수업 끝나면 만나자./집에 있다가 무료해서 밖으로 나왔다.

73. '의'의 표준 발음

　'의'는 이중모음으로서 발음 역시 이중모음으로 하는 것이 원칙이다. 그런데 〈표준 발음법〉 제5항에서는 단어의 첫 음절 이외의 '의'는 [이]로, 조사 '의'는 [에]로 발음함도 허용하고 있다. 예를 들면 '주의(注意)'는 [주의]로 발음함이 원칙이나 [주이]도 가능하고, '우리의'는 [우리의]가 원칙이나 [우리에]도 허용되는 것이다. 따라서 '서울의 명소'나 '민주주의의 의의'는 각각 표기대로 발음함이 원칙이나 [서울에 명소]나 [민주주이에 의이]로 발음할 수도 있는 것이다.

74. '조리다'와 '졸이다'의 차이

'조리다'는 양념의 맛이 재료에 푹 스며들도록 국물이 거의 없을 정도로 바짝 끓여내는 것을 이르는 말인 반면에, '졸이다'는 찌개나 국의 국물을 줄게 하는 것을 이르는 말이다. 따라서 '생선을~'의 경우는 '조리다'와 어울려 쓰이는 것이 적합하며, '국물을 ~'의 경우는 '졸이다'와 어울려 쓰이는 것이 적합하다.

75. '좇다'와 '쫓다'의 차이

'좇다'는 "목표, 이상, 행복 따위를 추구하다./남의 말이나 뜻을 따르다." 등의 뜻을 나타내므로, '명예를 좇는 젊은이/부모님의 의견을 좇기로 했다.'와 같이 쓰인다.

한편 '쫓다'는 "어떤 대상을 잡거나 만나기 위하여 뒤를 급히 따르다./어떤 자리에서 떠나도록 몰다." 등의 뜻을 나타내므로, '쫓고 쫓기는 숨 막히는 추격전을 벌이다/황소가 꼬리를 흔들어 등의 파리를 쫓았다.'와 같이 쓰인다.

76. '주관', '주최', '협찬', '후원'의 차이

- 국어사전에서는 이들 단어에 대하여 다음과 같이 풀이하고 있다.
- 주관: 주장하여 관리함.
- 주최: 주창하여 개최함.
- 협찬: 협력하여 도움.
- 후원: 뒤에서 도와줌.

그러나 위의 풀이만으로는 '주관'과 '주최', '협찬'과 '후원' 사이의 차이가 분명히 드러나지 않는다. 따라서 이들 단어가 실제로 어떤 경우에 쓰이는가를 살펴보면 참고가 된다. 대체로 '주최'는 '어떤 일 또는 행사에 대하여 계획하거나 최종 결정을 하며 이에 따르는 책임을 질 때' 쓰이는 데 대하여 '주관'은 '어떤 일 또는 행사에 대하여 집행(실무 처리)할 때' 쓰인다. 그리고 '후원'은 '상업적인 목적이나 금전을 매개로 하지 않는 도움을 줄 때' 쓰이는 데 대하여 '협찬'은 '금전적인 면에서 도움을 줄 때' 쓰인다.

77. '즈음', '-쯤'의 쓰임

'즈음'은 '일이 어찌 될 무렵'을 뜻하는 의존 명사로, "그들이 석주관을 통과하려고 할 즈음에 절벽 꼭대기에서는 우박처럼 바위가 쏟아져 내려오고….≪문순태, 피아골≫"와 같이, 관형어인 앞말과 띄어 적는다.

한편 '-쯤'은 '정도'의 뜻을 더하는 접미사로, "내일쯤/이쯤/얼마쯤/중간쯤/그런 사정쯤/12월 20일쯤"과 같이, 명사 또는 명사구 뒤에 붙여 적는다. 이와 같은 '즈음'과 '-쯤'의 쓰임을 고려하여, 문맥에 맞게 써야 한다.

78. '지긋이'와 '지그시'의 쓰임새

'지그시'는 '지그시 밟다/아픔을 지그시 참다'와 같이, '슬며시 힘을 주는 모양'이나 '조용히 참고 견디는 모양'을 이르는 말이다. 한편 '지긋이'는 '그는 나이가 지긋이 들어 보인다./아이는 나이답지 않게 어른들 옆에 지긋이 앉아서 이야기가 끝나길 기다렸다.'와 같이, '나이가 비교적 많아 듬직하게./참을성 있게 끈지게'의 뜻을 나타내는 말이다.

79. '지난주'와 '이번 주' 띄어쓰기

'지난주, 지난달, 지난해'는 하나의 단어인데, 이들은 동사 '지나다'의 관형사형 '지난'의 뜻과는 다소 거리가 있는 뜻으로 합성어의 뜻을 나타낸다. 한편 '이번 주, 이번 달, 이번 해', '다음 주, 다음 달, 다음 해'의 '이번'과 '다음'은 명사 '이번', '다음'의 뜻을 그대로 나타내면서 뒤에 이어지는 '주, 달, 해'를 꾸민다. 이에 따라 '지난주, 지난달, 지난해'는 하나의 단어로 보아 모든 음절을 붙여 적고, '이번 주, 이번 달, 이번 해', '다음 주, 다음 달, 다음 해'는 단어별로 띄어 적는다.

80. '찌게', '육게장', '떡복이'의 바른 표현

'떡볶기, 떡뽁기'로 쓰기도 하지만, '떡볶이'가 맞고, '찌게', '육계장'으로 쓰는 경우가 많지만, '찌개', '육개장'이 맞다.

81. '차지다'와 '찰지다'

합성어나 파생어에서 앞 단어의 'ㄹ' 받침이 발음되지 않는 것은 발음되지 않는 형태로 적습니다. 'ㄹ'은 대체로 'ㄴ, ㄷ, ㅅ, ㅈ' 앞에서 탈락하였는데, 이러한 역사적인 현상으로서 'ㄹ'이 떨어진 말들은 어원적인 형태를 밝혀 적지 않으므로, '찰지다'가 아닌 '차지다'를 표준어로 정한 것이다. '차지다'와 같이 'ㄹ'이 떨어진 형태를 표준어형으로 삼는 단어에는, '다달이, 따님, 마되, 마소, 무논, 무자위, 미닫이, 부넘기, 부삽, 부손, 싸전, 아드님, 여닫이' 등이 있다.

82. '참여', '참석', '참가'의 차이

　먼저 각 말을 "표준국어대사전"의 뜻풀이에 기대서 보면 '참여'는 '어떤 일에 끼어들어 관계함', '참석'은 '모임이나 회의 따위의 자리에 참여함', '참가'는 '모임이나 단체 또는 일에 관계하여 들어감'의 뜻을 지닌다. 이를 보면 각각 그 의미의 초점의 다르다는 것을 알 수 있는데, '참여'는 '어떤 일에 관계하다'의 의미로서 쓰여 그 일의 진행 과정에 개입해 있는 경우를 드러내는 데에 쓰이는 것인데 반해서, '참석'은 모임이나 회의에 출석하는 것의 의미를 지니는 경우에 사용되며, '참가'는 단순한 출석의 의미가 아니라 '참여'의 단계로 들어가는 과정을 나타내는 것으로 이해하여 볼 수 있다.

83. 큰따옴표와 작은따옴표의 쓰임

(1) 큰따옴표(" ")

① 글 가운데서 직접 대화를 표시할 때에 쓴다.
　　예 "전기가 없었을 때는 어떻게 책을 보았을까?"
　　　 "그야 등잔불을 켜고 보았겠지."
② 남의 말을 인용할 경우에 쓴다.
　　예 예로부터 "민심은 천심이다."라고 하였다.
　　　 "사람은 사회적 동물이다."라고 말한 학자가 있다.

(2) 작은따옴표(' ')

① 따온 말 가운데 다시 따온 말이 들어 있을 때에 쓴다.
　　예 "여러분! 침착해야 합니다. '하늘이 무너져도 솟아날 구멍이 있다.'고 합니다."
② 마음속으로 한 말을 적을 때에 쓴다.
　　예 '만약 내가 이런 모습으로 돌아간다면, 모두들 깜짝 놀라겠지.'
③ 문장에서 중요한 부분을 두드러지게 하기 위해 드러냄표 대신에 쓰기도 한다.
　　예 지금 필요한 것은 '지식'이 아니라 '실천'입니다.
　　　 '배부른 돼지'보다는 '배고픈 소크라테스'가 되겠다.

84. '추켜세우다'와 '치켜세우다'

　'치켜세우다'와 '추켜세우다', '추켜올리다'는 모두 표준어이다.
　'치켜세우다'는 '옷깃이나 눈썹 따위를 위쪽으로 올리다.'라는 뜻을 나타내는 동사로, '치켜세워, 치켜세우니'와 같이 활용한다.

㉠ 바람이 차가워지자 사람들은 모두 옷깃을 치켜세우고 있었다.
　　어른에게 눈초리를 치켜세우고 대들다니 버릇이 없구나.

'추켜세우다'는 '위로 치올리어 세우다.'라는 뜻을 나타내는 동사로, '추켜세워, 추켜세우니'와 같이 활용합니다.
㉠ 눈썹을 추켜세우다/얼른 몸을 추켜세우고는 딱하다는 듯이 혀를 찼다

'추켜올리다'는 '위로 솟구어 올리다.'라는 뜻을 나타내는 동사로 아래와 같이 쓰입니다.
㉠ 그녀는 자꾸 흘러내리는 치맛자락을 추켜올리며 걸었다.
　　그 총부리 앞에서 두 손을 번쩍 추켜올린 채 지시에 따라 움직이던 첫 대면 당시의 기억이 언제까지고 새로웠다.

한편 '치켜올리다'는 표준어가 아니다. '추켜올리다'와 '추어올리다'의 북한어이다.

85. '출연', 출현'의 뜻 차이

'출연'은 연기, 공연, 연설 따위를 하기 위하여 무대나 연단에 나감을 뜻하는 말로, '찬조 출연/나에게는 그것이 첫 번째 텔레비전 출연이었던지라 상당히 흥분했었습니다.'처럼 쓰이고, '출현'은 나타나거나 또는 나타나서 보인다는 뜻으로, '구세주의 출현/뜻하지 않은 그의 출현이 우리를 몹시 놀라게 했다.'처럼 쓰인다.

86. '터뜨리다'와 '터트리다' 복수 표준어

-뜨리다/ -트리다 둘 다 널리 쓰여, 복수 표준어로 처리하였다. '터뜨리다'와 '터트리다'를 비롯하여, '깨뜨리다/깨트리다, 떨어뜨리다/떨어트리다, 쏟뜨리다/쏟트리다' 등도 모두 표준어이다.('표준어 규정-표준어 사정 원칙' 제3장, 제5절 복수 표준어, 제26항.)

87. '한번'과 '한 번'의 차이

'한번'처럼 쓰는 경우는 '우리 한번 사귀어 볼래?', ' 나중에 한번 보자.', '배포 한번 크다'에서처럼 각각 '시도', '기회', '강조'의 의미를 나타낼 때이다. 이때는 하나의 말로 굳어졌다고 보고 띄어 쓰지 않는다. 그러나 '한 번만 용서해 주세요.', '한 번만 봐 주세요'는 앞에서 말한 경우와 달리 '한 번, 두 번'이라는 횟수의 의미가 크므로, '한 번'과 같이 띄어 쓰는 것이 적절하다.

88. '했데'와 '했대'

'-대'와 '-데'는 모두 문장이 끝나는 자리에 쓰인다. 그런데 '-대'는 직접 경험한 사실이 아니라 남이 말한 내용을 간접적으로 전달할 때 쓰이고, '-데'는 화자가 직접 경험한 사실을 나중에 보고하듯이 말할 때 쓰이는 말로 '-더라'와 같은 의미를 전달하는 데 쓰인다는 차이가 있다. 그러므로 문맥에 맞게 선택해서 써야 한다.

예) 사람이 아주 똑똑하대./철수도 오겠대? 그이가 말을 아주 잘 하데./그 친구는 아들만 둘이데./고향은 하나도 변하지 않았데.

89. '홀몸'과 '홑몸'의 차이

먼저 '아이를 가졌다'는 뜻으로는 '홑몸이 아니다'가 맞다. 사전을 보면 '홑몸'은 (1) 딸린 사람이 없는 몸. (2) 임신하지 않는 몸.'으로 풀이되어 있다. 한편 '홀몸'은 '배우자나 형제가 없는 사람'으로 풀이되어 있다. 이를 보면 원래 '임신하고 있다'는 뜻으로는 '홑몸이 아니다'가 옳은 표현이다. 물론 '배우자나 형제가 없다'는 뜻으로는 '홀몸, 홑몸'이 다 쓰일 수 있다.

PART 02

실용글쓰기 〈문제편〉

1. 말 다듬기
2. 문장 다듬기
3. 글 다듬기
4. 어휘

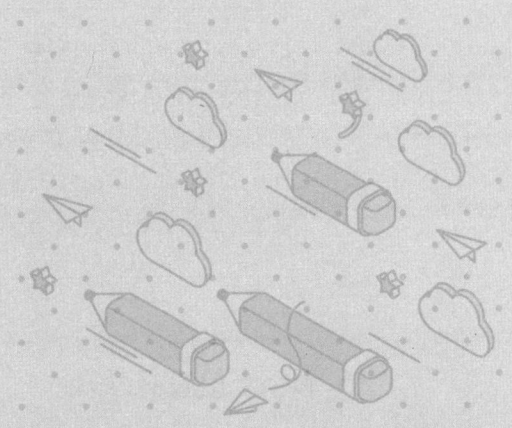

CHAPTER 01 말 다듬기

01 다음 중 높임법에 어긋난 것은?
① 영희야, 선생님께서 오라셔.
② 할아버지, 아버지께서 오십니다.
③ 아버지, 제 말씀 좀 들어 보세요.
④ 국사 선생님의 성함을 모르겠어.
⑤ 이 책은 할아버지께서 사 주셨어.

02 다음 중, 높임법의 쓰임이 바르지 않은 것은?
① 할머니, 많이 잡수세요.
② 너, 선생님이 빨리 오래.
③ 할아버지께서는 아직 귀가 밝으십니다.
④ 그 분은 일요일에는 하루 종일 집에 계십니다.
⑤ 오늘 오후에 선생님께서는 수업이 있으십니다.

03 언어 표현상의 잘못이 〈보기〉의 밑줄 친 경우와 유사한 것은?

> **보기**
> • 철수 : 영희야, 어제 빌려간 내 시계 어디 있니?
> • 영희 : 미안해. 길을 가다가 그만 <u>잊어버렸어</u>.

① 오늘은 매우 즐거웠던 것 같습니다.
② 선생님께서 학생들을 열심히 가리키십니다.
③ 사람들은 낯설은 고장에 가기를 싫어하지요.
④ 이것이 더 심각한 문제를 야기시킬 수 있어요.
⑤ 교실에서 시끄럽게 떠드는 것은 삼가해야 합니다.

04 다음 밑줄 친 말 중 어법에 맞는 것은?
① 수학 여행이 내일로 닥치니 가슴이 설레인다.
② 물건 값이 올를 때마다 서민들은 가슴을 졸인다.
③ 일년 사이에 실력이 부쩍 늘은 것을 알 수 있다.
④ 다른 의견이 있는 사람은 서슴지 말고 손을 드십시오.
⑤ 비가 내린 뒤 맑게 개인 하늘을 보면 마음이 상쾌해진다.

05 다음 설명으로 볼 때 고쳐 쓰지 않아도 되는 문장은?
① 그 길은 다시 세 갈래로 나누어집니다.
② 문제가 잘 풀릴 것으로 생각되어집니다.
③ 학교에서는 학생 복지 위원회를 설치시킬 예정입니다.
④ 이번에는 우리 팀이 우세하지 않나 이렇게 보여지는군요.
⑤ 우리 공장에서는 기계를 하루 종일 가동시키고 있습니다.

06 다음 중, 밑줄 친 용언의 활용이 바르게 된 것은?
① 알맞는 답을 고르시오.
② 도둑은 휙 날라서 담장을 넘었다.
③ 어머니께서 빨리 쾌차하시기를 바래고 있다.
④ 보자기를 풀러 보니 선물이 들어 있었다.
⑤ 학교에 이르러서야 집에 두고 온 숙제가 생각났다.

07 다음 밑줄 친 단어의 사용이 적절하지 않은 것은?
① 현정이와 용태의 성격은 다르다.
② 그 공원에는 항상 사람들이 작다.
③ 아버지께서 새로운 사업을 벌이기로 하셨다.
④ 황사현상으로 호흡기 질환이 발생할 우려가 크다.
⑤ 나는 영어 선생님이 되어서 아이들을 가르치고 싶어.

08 다음 대화에서 남자의 경우와 어법 사용의 오류가 유사한 것인가?

> 남 : 여보세요.
> 여 : 여보세요. 김 선생님 계신가요?
> 남 : 지금 안 계시는데요.
> 여 : 어디 멀리 가셨나요?
> 남 : 예, 지금 수업중이십니다.
> 여 : 수업은 언제 끝나나요?
> 남 : 글쎄요, 수업 끝나고 학생들과 면담이 계시다고 하셨는데요.
> 여 : 아유, 그럼 통화하기가 어렵겠군요.
> 남 : 예, 그러실 것 같습니다. 혹시 전하실 말씀이 계시면 저에게 말씀해 주시지요. 제가 전해드리겠습니다.

① 영수가 여자친구를 소개시켜 준대.
② 철수야, 선생님께서 교무실로 오시래.
③ 혜영아, 저녁에 서울역전 앞에서 만나자.
④ 어제 저녁에 철수네랑 외식 먹으러 갔었어.
⑤ 사진틀에는 빛이 바란 낡은 사진들이 끼워져 있었다.

09 밑줄 친 ㉠~㉤ 중, 맞춤법에 맞은 것은?

> 철수는 어머니를 도와 ㉠설겆이를 하였다. 철수는 먹다 남은 ㉡찌게와 ㉢온갖 반찬 찌꺼기를 쓰레기통에 버리려고 하였다. 그 때 ㉣테레비젼을 보고 ㉤계시든 어머니께서 놀라며 말씀하셨다. "얘, 안돼, 분리 수거를 해야지."

① ㉠ ② ㉡ ③ ㉢ ④ ㉣ ⑤ ㉤

10 다음 중, 문장을 바르게 고치지 <u>못한</u> 것은?

① 너, 선생님이 빨리 오래. → 너, 선생님이 빨리 오시래.
② 리보솜과 리소좀은 서로 틀린 거야. → 리보솜과 리소좀은 서로 다른 거야.
③ 내가 친구 한 명 소개시켜 줄게. → 내가 친구 한 명 소개해 줄게.
④ 주례 선생님의 말씀이 계시겠습니다. → 주례 선생님의 말씀이 있으시겠습니다.
⑤ 아버님, 올해도 건강하세요. → 아버님, 올해도 건강하시길 바랍니다.

11 다음 중, 밑줄 친 어휘의 사용이 올바른 것은?

① 저 너머에는 무엇이 있을까?
② 유행을 쫓느라 돈이 많이 들어.
③ 시험 시간을 조금만 늘여 주세요.
④ 우리는 막연한 친구 사이다.
⑤ 새로 오신 선생님께서 잘 가리켜 주셔.

12 사동 표현의 남용으로 볼 수 없는 것은?

① 우리는 환경을 개선시켜야 한다.
② 나도 만화를 보지 않았다고 거짓말시켰다.
③ 국회는 새 대법원장 임명 동의안을 가결시켰습니다.
④ 정부는 품종이 나쁜 벼는 수매에서 제외시킬 방침이다.
⑤ 저녁에 한 스무 명쯤 식사할 데 있으면 제게 소개해 주십시오.

13 '주례 선생님의 말씀이 계시겠습니다.'와 같은 어법의 잘못이 보이는 것은?

① 어머님, 차비가 있으세요?
② 부모님의 연세가 많으십니다.
③ 선생님은 지금 댁에 계십니다.
④ 할아버지의 다리가 편찮으십니다.
⑤ 할머니께서는 아직 귀가 밝으십니다.

14 다음 밑줄 친 말 중, 표준어를 바르게 사용한 것은?

① 할아버지의 바램은 통일이다.
② 푸르른 저 하늘을 바라보자.
③ 높이 날으는 새가 멀리 본다.
④ 이 발자욱은 나침반 삼아 부지런히 걷자.
⑤ 추락 위험이 있으니 접근을 삼가해 주시기 바랍니다.

15 다음 밑줄 친 단어의 쓰임이 적절한 것은?
① <u>스스로</u> 한 약속은 <u>반듯이</u> 지켜야 한다.
② 어찌나 날씨가 춥던지 논에 <u>어름</u>이 다 얼었다.
③ 우리 나라의 음식 문화는 다른 나라와는 <u>틀리다</u>.
④ 이번에는 물의 양을 <u>늘려서</u> 다시 한 번 시도해 보자.
⑤ 복잡한 지하철의 사람들 틈바구니에서 그만 그 가방을 <u>잊어버렸다</u>.

16 다음 밑줄 친 말 중에서 조사의 쓰임이 적절한 것은?
① 재해 지역 선포를 <u>대통령에</u> 요청했다.
② 그 때 나는 학교에 <u>가야겠다라고</u> 생각했어요.
③ 이천 년대의 식량 <u>문제를</u> 대처할 방안을 생각하자.
④ 우리는 내일 아침에 <u>도서관에</u> 만나기로 하였다.
⑤ 우리 축구 대표팀이 프랑스 <u>대표팀을</u> 5:0으로 이겼다.

17 다음 중, 자연스러운 문장은?
① 부디 건강하세요.
② 내일은 비가 예상됩니다.
③ 아버지께서 여행을 떠나셨다.
④ 흡연을 삼가해 주시기 바랍니다.
⑤ 다음 주부터는 주가가 오를 전망입니다.

18 다음 중, 어법에 맞고 자연스러운 문장은?
① 그는 자기의 할 일을 드디어 하고야 마는 성미다.
② 이 기계를 허가 없이 작동하거나 분해하지 마십시오.
③ 그는, 문이 바람에 저절로 닫아져서 들어가지 못했다.
④ 이 계곡물 위에는 이미 죽어진 고기들이 떠내려간다.
⑤ 저희들에게 이렇게 귀한 선물을 주셔서 감사하겠습니다.

19 다음 중, 말을 다듬어야 하는 이유가 다른 하나는?

① 그 여자는 홀몸도 아닌데 밭일까지 한다.
② 사람들은 좋은 옷과 비싼 차를 타기를 바란다.
③ 그는 밥을 먹고 난 뒤 그릇을 깨끗이 부수었다.
④ 이번 일은 아직 부장님의 결제가 나지 않아 지연되고 있다.
⑤ 지난 해에 다녀온 수련회는 나에게 귀중한 견문이 되었다.

20 〈보기〉의 규정으로 볼 때, 밑줄 친 어구 중 띄어쓰기가 바르지 않은 것은?

> **보기**
> 제41항 조사는 그 앞말에 붙여 쓴다.
> 제42항 의존 명사는 띄어 쓴다.
> 제43항 단위를 나타내는 명사는 띄어 쓴다. 다만, 순서를 나타내는 경우나 숫자와 어울리어 쓰이는 경우에는 붙여 쓸 수 있다.
> 제45항 두 말을 이어 주거나 열거할 적에 쓰이는 말들은 띄어 쓴다.

① 그가 <u>떠난 지가</u> 오래 되었다.
② 학교는 <u>마을에서 부터</u> 멀리 떨어져 있다.
③ 나는 친구와 <u>10월 31일</u>에 만나기로 약속했다.
④ 아버지께서 생일 선물로 옷 <u>한 벌</u>을 사 주셨다.
⑤ 어머니께서 시장에서 <u>사과, 배, 바나나 등</u>을 사 오셨다.

21 〈보기〉의 밑줄 친 부분에 대해 탐구 학습한 결과로 적절하지 않은 것은?

> **보기**
> ㄱ. 나도 너<u>만큼</u> 잘 할 수 있다. ㄴ. 공부한 <u>만큼</u> 성적이 오른다.
> ㄷ. 나는 나<u>대로</u> 할 수 있어. ㄹ. 아는 <u>대로</u> 침착하게 대답하면 돼.

① 'ㄱ'의 '만큼'은 대명사 '너'에 붙은 것으로 보아 조사야.
② 'ㄴ'의 '만큼'은 '생각만큼 잘 안 된다.'의 '만큼'처럼 붙여 써야 해.
③ 'ㄷ'의 '대로'는 '꽃은 꽃대로'에서의 '대로'처럼 '따로따로'라는 의미가 들어 있어.
④ 'ㄹ'의 '대로'처럼 '발길 가는 대로'의 '대로'는 모두 앞말의 수식을 받고 있으므로 띄어 써야 해.
⑤ 'ㄴ', 'ㄹ'을 볼 때, '노력할 뿐이야'의 '뿐'은 의존 명사임을 알 수 있어.

CHAPTER 02 문장 다듬기

01 다음 문장이 어법에 맞지 않은 이유로 적절하지 <u>않은</u> 것은?

① 문학은 다양한 삶의 체험을 보여 주는 예술의 장르로서 문학을 즐길 예술적 본능을 지닌다. : 주어의 부당한 생략
② 인간은 환경을 지배하기도 하고, 때로는 순응하면서 산다. : 공통되지 않은 문장 성분의 공유
③ 요즘 같은 때에는 공기를 자주 환기시켜야 감기에 안 걸리는 거야. : 잘못된 연결 어미 사용
④ 이 글을 읽는 여러분에게 먼저 당부하고 싶은 것은 만일 여러분이 주변 환경을 탓하고 있다면 그런 생각은 버리시길 바랍니다. : 주어와 서술어가 호응하지 않음
⑤ 한결같이 어려운 이웃을 돕는 사람들이 많습니다. : 수식 관계의 불명확함

02 다음 〈보기〉의 문장들과 같은 잘못이 드러나지 <u>않은</u> 것은?

> **보기**
> (1) 방학 기간 동안 축구를 실컷 찼다.
> (2) 요즘 같은 때에는 공기를 자주 환기시켜야 감기에 안 걸리는 거야.
> (3) 그 선수의 장점은 경기 흐름을 잘 읽고, 다른 선수들에게 공을 잘 보내 준다는 것이 큰 장점이다.

① 처갓집
② 월요일(月曜日)날
③ 역전(驛前) 앞
④ 박수(拍手)치다
⑤ 불꽃놀이

03 다음 문장들을 어법에 맞게 고친 것이다. 옳지 <u>않은</u> 것은?

① 이 글을 읽는 여러분에게 먼저 당부하고 싶은 것은 만일 여러분이 주변 환경을 탓하고 있다면 그런 생각은 버리시길 바랍니다.
　→ 이 글을 읽는 여러분에게 먼저 당부하고 싶은 것은 만일 여러분이 주변 환경을 탓하고 있다면 그런 생각은 버리시길 바란다는 점입니다.
② 현재의 복지 정책은 앞으로 손질이 불가피할 전망입니다.
　→ 현재의 복지 정책은 앞으로 손질이 불가피할 것으로 전망됩니다.
③ 심장에 문제가 있는 사람이라면 심장 마비까지 일으켜 사망할 수도 있습니다.
　→ 심장에 문제가 있는 사람은 심장마비까지 일으켜 사망할 수도 있습니다.
④ 동아리에 가입하기 위해서는 절대로 직접 손으로 쓴 작품을 제출해야 합니다.
　→ 동아리에 가입하기 위해서는 반드시 직접 손으로 쓴 작품을 제출해야 한다.
⑤ 한결같이 어려운 이웃을 돕는 사람들이 많습니다.
　→ 어려운 이웃을 한결같이 돕는 사람들이 많습니다.

04 다음 〈보기〉의 문장이 적절하지 않은 이유를 바르게 지적한 것은?

> **보기**
> 우리 회사에서는 정화시킨 오염 폐수만을 내보낸다.

① 주어와 서술어가 호응하지 않는다.
② 같은 의미의 말이 중복되어 사용되고 있다.
③ 필수적인 문장 성분이 부당하게 생략되어 있다.
④ 수식어와 피수식어가 논리적으로 모순되고 있다.
⑤ 문장의 시제와 서술어의 시제 표현이 어울리지 않는다.

05 다음 중 문장 성분이 제대로 갖추어진 것은?

① 나는 선이에게 장미꽃 한 송이를 주었다.
② 사람은 남에게 속기도 하고 속이기도 한다.
③ 우리는 한글을 만드신 것에 감사해야 한다.
④ 바로 앞에서 보니 그녀는 많이 닮은 것 같다.
⑤ 영희는 음악이나 그림을 그리는 것을 좋아한다.

06 다음 중 의미의 중복이 없어 자연스러운 문장은?
① 나는 오늘 저녁 6시에 역전 앞에서 그녀를 만나기로 했다.
② 할아버지께서는 과일 중에서 사과를 제일 즐겨 좋아하신다.
③ 요즘 들어 여러 가지 제반 문제들이 우리를 난처하게 한다.
④ 철수는 단풍이 울긋불긋하게 물든 설악산으로 여행을 떠났다.
⑤ 그분은 고향에 돌아가 농사를 지으면서 남은 여생을 보내고 있다.

07 다음 중 문장 성분 간의 호응이 자연스럽게 이루어진 것은?
① 철수가 바야흐로 노래를 불렀다.
② 내가 하고 싶은 말은 성실해야 한다.
③ 네가 보라색 치마를 입으니 별로 예쁘다.
④ 학생은 모름지기 공부를 열심히 해야 한다.
⑤ 우리는 이미 이 문제에 대해 충분히 논의한다.

08 〈보기〉의 ㉠~㉤ 중, 생략하는 것이 좋은 것은?

> **보기**
> 그는 ㉠매우 부지런한 학생으로 소문이 나 있다. ㉡대체로 머리가 영리한 사람은 자기 재주만 믿고 게으름을 피우는 경향이 있다. 그러나 그는 머리가 아주 명석한 편인데도 ㉢열의를 가지고 열심히 공부한다. 그는 아침에 ㉣일찍 등교해서 밤늦게까지 자리를 거의 떠나지 않고 공부를 한다. 반의 청소나 그 밖의 ㉤온갖 궂은 일에 앞장 서는 것만으로도 그의 부지런한 성품을 알 수 있다.

① ㉠   ② ㉡   ③ ㉢   ④ ㉣   ⑤ ㉤

09 다음 중 의미가 분명하고 자연스러운 문장은?
① 저것이 우리 아빠 그림이다.
② 나는 철수와 순이를 만났다.
③ 선생님이 보고 싶은 학생이 많다.
④ 영희는 동생에게 동화책을 읽게 했다.
⑤ 눈이 시리도록 푸른 하늘을 쳐다보았다.

10 다음 중 어법에 맞게 쓴 문장은?

① 글을 쓰는데 있어서 무엇보다도 중요한 것은 진실을 표현해야 한다.
② 글쓴이는 이 글을 통해서 속마음의 진실한 고백이라는 점에 참뜻이 있다.
③ 한번 오염된 환경이 다시 깨끗해지려면, 많은 비용과 노력, 그리고 긴 시간이 든다.
④ 첨단 통신 수단의 발달은 거리와 시간을 구애받지 아니하고 생활에 필요한 정보를 입수하게 해 준다.
⑤ 이 책은 지하철이나 공원, 혹은 직장에서 한 편의 시나 소설을 읽듯이 누구나 부담 없이 읽을 수 있다.

11 다음 중 의미가 정확한 문장은?

① 나는 영수와 철희를 송별하고 돌아왔다.
② 불행히도 세상을 떠난 그는 아무런 유품도 남기질 않았다.
③ 폭넓은 독서와 부지런히 운동을 하면 훌륭한 사람으로 성장할 수 있다.
④ 타국의 침략은 국제적으로 바람직한 결과를 얻기 어렵다.
⑤ 착실하게 실력을 닦은 성수는 이번 경기에서 우승할 것으로 예상되는 정환이를 이길 수도 있을 것이다.

12 다음 중 두 문장의 연결이 적절하지 <u>않은</u> 것은?

① *우리에겐 좋은 내일이 있다. *내일이 언제나 좋은 것만은 아니다.
  → 언제나 좋은 것만은 아니겠지만 우리에겐 좋은 내일이 있다.
② *시간은 누구에게나 공평하다. *젊은이에게는 너무 빨리 지나간다.
  → 시간은 누구에게나 공평하기 때문에 젊은이에게는 시간이 너무 빨리 지나가는 것처럼 느껴진다.
③ *이순신 장군은 왜적의 보급로를 차단하였다. *이순신 장군은 왜적들로 하여금 전쟁을 포기하도록 만들었다.
  → 이순신 장군이 왜적들의 보급로를 차단함으로써 그들이 전쟁을 포기하게 만들었다.
④ *우리 사회의 주인은 우리 자신이다. *주인으로서, 권리 행사만이 아니라, 그에 따른 책임도 져야 한다.
  → 우리 사회의 주인은 우리 자신이므로, 우리는 주인으로서의 권리 행사만이 아니라 그에 따른 책임도 져야 한다.

⑤ *산을 정복하는 것은 매우 위험한 일이다. *산을 정복하는 것이 주는 기쁨은 위험보다 항상 크다.
→ 산을 정복하는 것은 매우 위험한 일이지만, 그것이 주는 기쁨은 위험보다 항상 크다.

13 어법에 맞고 자연스러운 문장은?
① 해마다 봄이 되면 나의 살던 고향은 살구꽃 향내음으로 가득하곤 했다.
② 사회 복지란 모든 국민들의 인간다운 생활을 보장하고, 안락하게 사는 상태를 말한다.
③ 우리가 인체를 탐구하는 것은 그 속에 인간을 창조한 모든 비밀이 숨어 있다라고 생각한다.
④ 미술 작품은 그 표현 형식과 내용이 이해되어지는 경우에 비로소 감상에 접근할 수 있을 것이다.
⑤ 저녁 종소리가 은은하게 울려 퍼지는 들판에 농부 내외가 조용히 기도를 드리는 경건한 모습이 한눈에 들어왔다.

14 다음 중, 자연스러운 문장은?
① 방 안에 자장면 냄새가 온통 배어 있었다.
② 그 안건은 결국 과반수 이상의 찬성표를 얻었다.
③ 우리 나라는 아시아에 손꼽히는 강대국이 되었다.
④ 살아가는 데 있어서 무엇보다도 중요한 것은 건강해야 한다.
⑤ 한식은 영양가가 풍부하다는 것과 약간 맵다는 것이 특징이라는 것이다.

15 다음 중, 같은 의미의 말을 반복해서 쓴 것이 <u>아닌</u> 것은?
① 저는 차가운 냉수로 주세요.
② 그 문제는 다시 재고의 여지가 없다.
③ 남에게 해를 입히는 일을 해서는 안 된다.
④ 그 노인은 남은 여생을 봉사 활동을 하면서 보냈다.
⑤ 혈연과 지연을 중시하는 한국인의 행동 양상은 피할 수 없는 불가피한 것이다

16 다음 중, 부사어와 서술어의 호응이 자연스러운 것은?
① 그는 반드시 오지 않을 거야.
② 너는 절대로 비밀을 지켜야 돼.
③ 철수는 기분이 별로 좋은 편이다.
④ 그 당시 우리 집은 여간 힘들었다.
⑤ 학생은 모름지기 학업에 힘써야 한다.

17 다음 중, 자연스러운 문장은?
① 그 애는 약간 특이한 집안 환경이다.
② 이 토기는 곡식을 저장하는 데 쓰인다.
③ 운전 기사는 손님과 잡담하거나 과속을 금지한다.
④ 내가 좋아하는 옷은 색깔이 진하고 헐렁한 옷을 좋아한다.
⑤ 우리 회사에서 새로 개발한 신제품은 가격 대비 성능이 뛰어나 많은 인기를 끌고 있다.

18 어법에 맞는 문장은?
① 정부에서는 청년 실업 문제를 해결하기 위한 대책을 마련하는 중이다.
② 만약 인류가 불을 사용하지 않아서 문명 생활을 지속할 수 없었다.
③ 나는 원고지에 연필로 십 년 이상 글을 써 왔는데, 이제 바뀌게 하려니 쉽지 않다.
④ 풍년 농사를 위한 저수지가 관리 소홀과 무관심으로 올 농사를 망쳐 버렸습니다.
⑤ 내가 말하고 싶은 것은 체력 훈련을 열심히 해야 우수한 성적을 올릴 수 있을 것이다.

19 문장 표현상, 〈보기〉와 같은 유형의 잘못을 범한 것은?

> **보기**
> 그는 아무 생각 없이 무심하게 먼 산을 바라보고 있었다.

① 인생을 마라톤과 비유하는 것에는 아무런 무리가 없다.
② 철수는 달려오면서 손을 흔드는 친구에게 반갑다고 말을 건넸다.
③ 그 분은 이제 남아 있는 여생을 책을 저술하는데 보내실 작정이다.
④ 합격했다는 소식을 들은 그의 눈에는 바야흐로 기쁨의 눈물이 흘렀다.
⑤ 이번 영상 경진 대회에서 우리가 응모한 작품이 우수작으로 선정되어졌다.

20 〈보기〉와 같은 표현상의 오류를 범한 것은?

> 보기
> 아버지는 웃으면서 들어오는 아들에게 심부름을 시켰다.

① 애도와 명복을 빕니다.
② 나는 이렇게 생각되어진다.
③ 나는 철수와 영희를 만났다.
④ 합격자 발표는 정문에서 발표한다.
⑤ 학생은 공부를 절대로 열심히 해야 한다.

21 〈보기〉의 예문을 가지고 '불명확한 의미 관계'에 대해 탐구한 내용으로 적절하지 <u>않은</u> 것은?

> 보기
> ㉠ 어떻게 보면 그가 웃는 것이 이상하다.
> ㉡ 그는 숨겨 두었던 밤과 호두 두 알을 몰래 먹었다.
> ㉢ 친절한 그의 누나는 내게 손수건을 말없이 건넸다.
> ㉣ 그는 나보다 부산에서 온 그 여학생을 더 좋아한다.
> ㉤ 그는 울면서 돌아온 자신의 아이를 꼭 껴안아 주었다.

① 은주: ㉠은 '웃는 모습'이 이상한 것인지 '웃는 행위 자체'가 이상한 것인지 명확하지 않아요.
② 덕성: ㉡은 '밤'과 '호두'를 각각 두 알씩 먹은 것인지, 두 가지를 합하여 두 알을 먹은 것인지, '밤' 한 알과 '호두' 두 알을 먹은 것인지 명확하지 않아요.
③ 성규: ㉢은 '그'가 친절한 것인지 '그의 누나'가 친절한 것인지 명확하게 알 수 없어요.
④ 희정: ㉣은 '그'와 '나'를 비교하는 것인지 '그'와 '그 여학생'을 비교하는 것인지 명확하지 않아요.
⑤ 병혁: ㉤은 '그'가 울고 있는 것인지 '자신의 아이'가 울면서 돌아온 것인지 명확하지 않아요.

CHAPTER 03 글 다듬기

01 다음 글을 고치기 위해 여러 사람이 의논하고 있다. 적절하지 <u>않은</u> 의견은?

> ㉠판타지 문학은 비현실적인 세계를 주로 다루기를 원한다. 그래서 작품 속에 우리가 현실에서 만날 수 없는 세계가 등장한다. 현실에서 힘들고 지친 사람들은 현실이 아닌 다른 세계를 꿈꾼다. 그럴 때 자신이 소속된 세계에서 벗어나는 경험은 ㉡거울처럼 신비로운 것이다. ㉢이것은 경험을 문학 작품을 통해 할 수 있다는 것이 판타지 문학의 매력이다. ㉣그러나 판타지 문학은 주로 인터넷을 통해 유포되는 게 문제이다. 판에 박힌 ㉤일상에서 탈출하고 싶은 사람들은 잠시나마 현실을 벗어날 수 있는 판타지 문학에 열광한다.

① ㉠은 '판타지 문학에서는 비현실적인 세계를 주로 다룬다.'로 바꾸는 게 좋겠어.
② ㉡은 비유가 어색한 것 같아. '마법처럼'으로 바꾸는 게 좋겠어.
③ ㉢은 문맥상 이상하니 '이러한'으로 고치는 게 자연스럽겠어.
④ ㉣은 글의 흐름과 상관없는 내용이니 삭제해도 괜찮겠어.
⑤ ㉤은 '일상'보다는 '현상'이라는 말이 더 어울릴 것 같아.

02 다음은 '세대 간의 갈등'을 제재로 쓴 글이다. 이를 고치기 위한 구상으로 적절하지 <u>않은</u> 것은?

> ㉠요즘 청소년 세대와 기성 세대 간에는 많은 갈등이 있다. ㉡그러나 사회의 급속한 변화에 따라 이 갈등의 골은 점점 깊어 가는 경향을 보인다. ㉢물론 이러한 갈등은 하루 이틀 사이의 일은 아니다. ㉣세대 갈등은 사회 내의 두 세대 간의 갈등으로 끝나는 문제가 아니라 그렇지 않아도 여러 가지 갈등 요인을 가진 우리 사회 전체의 단결력을 해쳐 사회 발전에 장애물로 작용할 우려까지 있는 심각한 문제인 것이다. 이러한 문제 의식을 바탕으로, 이 글에서는 세대 갈등의 실상과 원인에 대한 분석을 통해 그 극복 방안을 ㉤모색해 찾아보기로 한다.

① ㉠ – '닭 쫓던 개 지붕 쳐다본다.'는 속담을 넣어서 문제의 심각성을 강조하도록 하는 것이 좋겠어.
② ㉡ – '그러나'는 문맥상 어울리는 접속어가 아니므로 '게다가'로 고쳐 뒷 문장과의 연결을 자연스럽게 해야겠지.

③ ㉢ – 전체의 통일성을 해치고 있는 문장이므로 없애야겠어.
④ ㉣ – 문장이 너무 기니까 두 문장으로 나누는 것이 좋을거야.
⑤ ㉤ – 같은 의미의 말이 중복되니까 '모색해 보기로'로 고쳐야겠어.

03 글의 초고이다. 고쳐 쓰기 위한 방안으로 적절하지 <u>않은</u> 것은?

> 어떤 사람은 철학 없이도 ⓐ얼마던지 잘 살 수 있다고 생각할지 모른다. 사실 대부분의 사람들은 고민이나 반성 없이도 잘 사는 것 같다. 하지만 그건 겉모습일 뿐이다. 살아 가다가 새로운 문제에 부딪히거나 자신이 당연하게 여기던 것들에 대해 ⓑ의심스러운 회의가 들면, 삶의 원리를 외면해 온 사람들은 갈팡질팡하게 된다. 왜냐하면 그렇게 사는 사람들은 남들이 정해 준 원칙에 따라 살 수밖에 없기 때문이다. 그들은 세계의 진상을 객관적으로 볼 수 없으며, 자신의 선택이나 행위가 사회 구조 속에서 어떤 의미를 ⓒ갖지 못한다. 그들은 의식적이든 무의식적이든 결국 ⓓ권력의 시녀와 돈의 노예이고 이념적 환상의 피해자가 된다.

① ⓐ는 맞춤법에 맞도록 '얼마든지'로 고친다.
② ⓑ는 의미가 중복된 표현이므로 '의심스러운'을 삭제한다.
③ ⓒ는 '객관적으로 볼 수 없으며'와 대구를 이루게 하기 위해서 '정확하게 찾을 수 없다'로 고친다.
④ ⓓ는 좀더 자연스러워지도록 '권력의 시녀가 되고 돈의 노예가 되며 이념적 환상의 피해자가 된다.'로 고친다.
⑤ 주제가 명료하게 드러나도록 마지막 문장 다음에 '철학을 알아야 주체적인 삶을 살 수 있는 것이다.' 정도의 문장을 추가한다.

04 다음을 고쳐 쓰기 위해 여러 사람이 의논하고 있다. 적절하지 <u>않은</u> 의견은?

> 산업 폐기물 처리장이 들어서게 될 지역 주민들도 그 시설의 필요성은 인정하고 있다. ㉠<u>그리고</u> 그런 시설이 자기 고장에 들어서는 것을 받아들이려는 사람은 거의 없다. ㉡<u>필요성은 인정하지만, 내 고장에는 안 된다는 것이다.</u> 이러한 태도는 공공의 이익을 외면하는 ㉢<u>지역 이기주의에 다름 아니다.</u> 잊지 말아야 할 사실은, 폐기물 처리장 건설을 뒤로 미룬다면 그로 인한 피해는 결국 ㉣<u>우리 모두에게 돌아온다.</u> 나와 내 이웃이 ㉤<u>함께 공존할 수 있는</u> 사회를 만들기 위해서는 지역 이기주의를 타파해야 한다.

① ㉠은 앞뒤 문장의 내용을 제대로 연결해 주지 못하는 것 같아.
　'그러나'로 바꾸면 어떨까?
② ㉡은 이 글의 주제와 상관없는 내용이야.
　문단의 통일성을 위해 삭제하는 것이 나을 것 같아.
③ ㉢은 우리말답지 않은 표현이야.
　'지역 이기주의이다'로 고치는 것이 바람직하지 않을까?
④ ㉣은 전체 문장의 주어와 호응하지 않으므로 '우리 모두에게 돌아온다는 것이다'로 바꾸어야 해.
⑤ ㉤은 '공존(共存)'이라는 말 속에 '함께'라는 의미가 포함되어 있으므로, '함께 살'로 고치는 것이 좋아.

05 다음은 ○○기업에 입사하기 위해 자기 소개서를 작성한 것이다. 이를 고쳐 쓴 것으로 적절하지 <u>않은</u> 것은?

자기 소개서

홍길동

전공선택에 영향을 미친 중요한 경험(인물, 사건, 서적 등)을 구체적으로 기술하십시오.

　제가 가장 존경하는 분은 ○○○ 박사님입니다. ㉠<u>그분이</u> 어린 나이에 미국으로 건너가 고학으로 대학을 마치고 그곳에서 기업을 일으켜 자수성가한 기업인입니다. 또한 그분은 일본의 ㉡<u>압력</u> 하에 신음하는 동포들을 보고 부강한 국민만이 빼앗긴 나라의 주권을 찾을 수 있다며 조국의 독립을 위해 노력하신 분이기도 합니다. 독립 후 평생 피땀 흘려 일군 부(富)를 사회에 환원한 그는 누가 ㉢<u>알아주든 말든</u> 모든 일에 최선을 다한 분이셨습니다. ㉣<u>기업은 이윤을 사회에 환원해야 하고, 각종 사업에도 앞장서야 합니다.</u> ㉤<u>저는 ○○○ 박사님처럼 사회와 국가를 위해 헌신하고 이바지하는 훌륭한 경영자가 되고 싶습니다.</u>

---

① ㉠ : 주술 호응 관계로 볼 때 '그분은'으로 고친다.
② ㉡ : 의미상 '압제'로 바꾼다.
③ ㉢ : 선택의 의미이므로 '알아주던 말던'으로 고친다.
④ ㉣ : 글의 통일성에 어긋나기 때문에 삭제한다.
⑤ ㉤ : 유사한 의미가 반복되므로 '헌신하고'를 삭제한다.

06 다음 글을 고쳐쓰기 위한 방안으로 적절한 것은?

개인적으로 영화를 ㉠즐겨 보든 그렇지 않든 텔레비전을 자주 보든 안 보든, 많은 사람들의 행동 양식은 영화나 텔레비전을 통해서 얻는 시청각적 정보에 따라 영향을 받는다. ㉡코미디언들이 만들어 내는 한두 마디 말들이 유행어가 되고, 가수들이 부르는 노래나 춤은 모방의 대상이 된다. ㉢영화나 텔레비전 드라마 주인공의 행동 양식이나 겉모습, 가치관은 그것을 보는 사람들에게 자연스럽게 전수된다.
이러한 현상은 텔레비전을 보지 않는 사람에게도 보편적인 기준이나 가치로서 영향을 미친다. ㉣영상의 대중화가 몰고 온 잘못된 의식이 사회의 보편적인 가치나 행동 양식의 기준으로 이용될 수 있기 때문이다. 유행 상품이 바뀌는 경우, 이는 옷을 입은 사람의 자발적 판단이라기보다는 영화나 텔레비전 드라마의 주인공이 옷 입는 모습에 따라 집단적으로 반응함으로써 나타난 결과라고 할 수 있다. ㉤이와 같이 영상의 사회 문화적 영향력은 그만큼 비대해진 것이다.

① ㉠ 구체적으로 표현하기 위해 '즐겨 보든 즐겨 보지 않든'으로 고쳐야 한다.
② ㉡ 글의 통일성을 해치는 문장이므로 삭제한다.
③ ㉢ 주어와 서술어의 호응 관계가 맞지 않으므로 '겉모습'을 삭제한다.
④ ㉣ 피동형 문장을 쓰지 않기 위해 '이용될'을 '이용할'로 바꾼다.
⑤ ㉤ 문장과 문장 사이의 자연스러운 연결을 위해 '그러므로'로 바꾼다.

07 다음은 퇴고의 한 사례이다. 고쳐 쓴 결과가 적절하지 않은 것은?

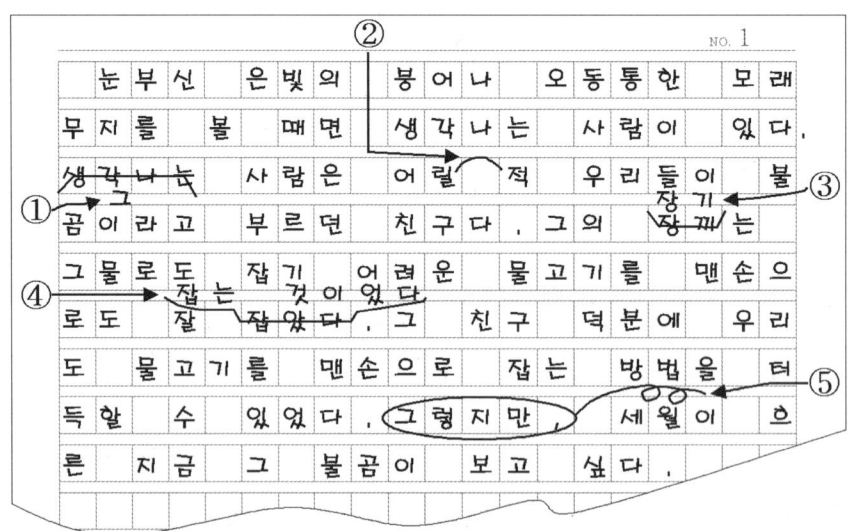

08 다음은 글의 초고이다. 고쳐 쓰기 위한 방안으로 적절하지 않은 것은?

> 현대 사회는 효율성의 논리가 지배하는 사회이다. 그래서 ⓐ <u>사람들은 주어진 목표를 가장 효과적으로 달성하는 데에 모든 관심과 노력이 기울여지고 있다</u>. 이에 따라 목표 자체의 정당성 여부는 따져 보지 않는 경우가 많다. 그러나 ⓑ <u>목표 자체의 정당성 여부를 따져 보지 않는</u> 태도에는 많은 문제점이 있다. ⓒ <u>추구하는 목표 자체가 비도덕적인 경우 여러 가지 사회 문제가 나타날 수 있으며 특히 효율성의 극대화를 추구하는 과정에서 인간의 주체성과 자율성이 상실되어 인간 소외 현상이 심화될 수도 있다</u>. ⓓ <u>인간 소외 현상은 현대 사회의 가장 심각한 사회 문제이다</u>. 이러한 문제점을 해결하기 위해서는 달성하려는 목표가 과연 정당한지, 이 목표가 ⓔ <u>인간 행복 증진 효과에 도움을 주는지를</u> 비판하고 반성하는 태도가 필요하다.

① ⓐ : 주어와 서술어가 제대로 호응하지 않으므로 '사람들은 ~모든 관심과 노력을 기울이고 있다.'로 바꾼다.
② ⓑ : 앞 문장의 구절이 반복되고 있으므로 '이러한'이라는 지시어로 바꾼다.
③ ⓒ : 문장이 너무 길어 의미가 제대로 파악되지 않으므로 '추구하는 목표 자체가 ~자율성이 상실된다.'와 '인간 소외 현상이 심화될 수 있다.'의 두 문장으로 나눈다.
④ ⓓ : 내용의 흐름으로 보아 불필요하므로 삭제한다.
⑤ ⓔ : 불필요한 말이 있고 명사가 나열되어 표현이 어색하므로 '인간의 행복을 증진시키는 데에'로 바꾼다.

09 (가)를 (나)로 고쳐 쓰는 과정을 나타낸 것이다. '검토 결과' 중 (나)에 반영되지 않은 것은?

> (가) 우리의 구들은 열을 저장하여 저장된 열을 지속시키는 난방 방식인데 서양의 대표적인 난방 방식인 벽난로는 불이 타고 있을 때만 따뜻하고 불이 꺼지면 사라지고 만다. 그리고 구들 난방 방식에서는 한 번 불을 때면 구들장에 저장되어 오랜 시간 방을 따뜻하게 만들고 방이 따뜻해졌다가 식을 때가 되면 다시 불을 때어 구들장을 가열하고 열을 저장하는데, 서양의 벽난로가 일시적 난방 방식이라면 우리의 구들은 지속적 난방 방식인 것이다.

> 〈검토 결과〉 ㉠ 필요한 문장 성분을 빠뜨렸다.
> ㉡ 맞춤법에 어긋난 표현이 많다.
> ㉢ 접속어가 문맥의 흐름에 맞지 않는다.
> ㉣ 문장의 호흡이 길어 읽기에 불편하다.
> ㉤ 동일한 의미를 지닌 구절이 중복되었다.

(나) 우리의 구들은 열을 저장하여 지속시키는 난방 방식이다. 서양의 대표적인 난방 방식인 벽난로는 불이 타고 있을 때만 따뜻하고 불이 꺼지면 열기가 사라지고 만다. 그러나 구들 난방 방식에서는 한 번 불을 때면 열이 구들장에 저장되어 오랜 시간 방을 따뜻하게 만든다. 방이 식을 때가 되면 다시 불을 때어 구들장을 가열하고 열을 저장한다. 서양의 벽난로가 일시적 난방 방식이라면 우리의 구들은 지속적 난방 방식인 것이다.

① ㉠　　② ㉡　　③ ㉢　　④ ㉣　　⑤ ㉤

10 다음 글을 고쳐 쓰기 위해 평가표를 작성해 보았다. 바르게 표시하지 <u>않은</u> 것은?

'부끄러움'의 의미

　'부끄러움'은 인간이 세속적인 명예와 이익만을 추구하는 세상의 모습에 젖어들기 이전에 지니고 있던 순수한 감정이다. 그것은 자신의 삶을 반성하고 변화하게 만드는 아름다운 감성인 것이다.
　㉠그러므로, 전후의 폐허적 상황에서 출발한 급격한 근대화의 흐름은 정신적 가치를 외면한 ㉡체, 물질적인 개발에 치우치는 불균형 상태를 드러냈다. 이와 같은 과정에서 삶의 참 모습은 사라지고, 물질적 가치만이 유일한 삶의 지표로 작용하는 세계가 되었다. 이러한 세계는 겉으로는 화려하지만, 세속적 욕망과 금전적 가치 위에 이루어진 그릇된 삶에 바탕을 두고 있는 것이다.
　'부끄러움'의 의미는 이러한 현실 상황에서 소중하게 되살아난다. ㉢'부끄러움'의 감정을 회복하는 것은 곧 이와 같은 추악한 현실을 반성적으로 인식하는 가장 기본이다.

평가 항목	그렇다	아니다
① 제목과 글의 내용이 잘 연결되어 있는가?	√	
② 문단은 적절히 구별되어 있는가?	√	
③ ㉠과 같은 접속어의 사용은 자연스러운가?	√	
④ ㉡과 같은 어휘 사용은 적절한 것인가?		√
⑤ ㉢에서 주어와 서술어의 호응은 적절한가?		√

11 다음 글을 고쳐 쓰기 위해 검토한 내용으로 적절하지 <u>않은</u> 것은?

> 제 목 : 시간을 유용하게 보내자
>
> 　한 번 흘러간 시냇물이 다시 오지 않고, 시위를 떠난 화살이 되돌아오지 않는 것처럼, 한 번 보내 버린 시간을 다시 돌려놓을 수는 없다.
>
> 　㉠<u>따라서</u> 우리는 헛되이 시간을 보내고, 뒤늦게 후회의 눈물을 흘리는 사람을 가끔 보게 된다. 그러면 우리가 시간을 유용하게 보내는 방법을 생각해 보자. ㉡<u>시간을 잘 활용하여 성공한 사람들은 의외로 많다.</u> 먼저, 평소에 계획을 세워서 규칙적으로 생활하는 습관을 길러야 한다. 짧게는 하루의 계획, 길게는 일 년의 계획을 차질 없이 실천해 간다면 늘 보람되고 알찬 시간을 보내게 될 것이다. 다음으로, ㉢<u>짜투리</u> 시간을 허비하지 말아야 한다. 그러나 ㉣<u>도대체</u> 시간 계획을 치밀하게 세운다고 해도 낭비하는 시간이 생기게 마련이다. 따라서 그 시간을 ㉤<u>적절히</u> 이용해야 유익한 나날을 보낼 수 있다.
>
> 　우리에게 시간은 매우 중요하다. 그러나 시간은 우리가 알차게 이용할 때만 가치 있는 것이 된다. 우리 모두 더 나은 내일을 위해 자신에게 주어진 시간을 유용하게 보내도록 하자.

① ㉠은 '그런데'로 바꿔 앞뒤 문장이 자연스럽게 연결되도록 한다.
② ㉡은 글의 흐름을 해치므로 삭제한다.
③ ㉢은 맞춤법에 맞게 '자투리'로 한다.
④ ㉣은 '아무리'로 바꿔 문장 성분의 호응을 적절하게 한다.
⑤ ㉤은 '적절이'로 바꿔 잘못 쓰인 어휘를 바로잡는다.

12 '사이버 윤리 규범의 필요성'을 논제로 하여 글의 서론을 〈보기〉와 같은 방법에 따라 써 보았다. 가장 적절한 것은?

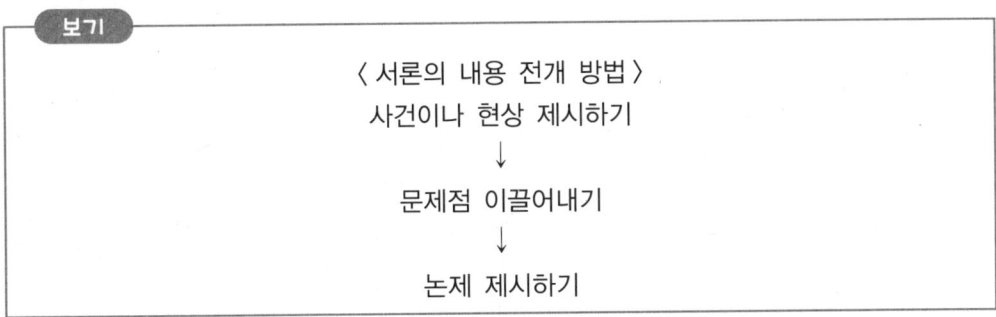

① 최근 들어 사이버 공간에서의 비윤리적 행동들이 문제가 되고 있다. 허위 사실 유포, 인신공격 등이 그것이다. 이러한 상황은 사이버 공간의 특성 때문에 생겨나는 것이다.

② 사이버 윤리 규범의 필요성이 강하게 제기되고 있다. 사이버 공간의 익명성으로 인해 비윤리적 행동들이 나타나기 때문이다. 그렇다면 사이버 윤리 규범은 어떤 내용이 되어야 하는가?

③ 사이버 공간에 대한 관심이 높아지고 있다. 그러나 사이버 공간에 대한 높은 관심은 일부 젊은 계층에 한정된 것이다. 이러한 사이버 공간에 대한 관심을 바람직한 현상으로만 보아야 하는지에 대해 논의할 필요가 있다.

④ 최근 인터넷 사용 인구가 늘어나면서 여러 가지 부작용이 나타나고 있다. 왜냐하면 사이버 공간은 현실 세계와 달리 행동이 자유롭고 규제가 적기 때문이다. 사이버 공간의 중요성을 생각해 볼 때, 이러한 상황의 개선이 필요하다.

⑤ 사이버 공간이 새로운 자유 공간으로 환영받고 있다. 그런데 사이버 공간에서의 무제한적 자유로 인해 여러 비윤리적인 행동이 나타나고 있다. 이를 막기 위해서는 사이버 공간에서의 자유를 적절히 제한할 수 있는 장치가 필요하다.

13 (가)와 같은 계획에 따라 (나)의 글을 썼다고 할 때, 고쳐쓰기 위해 토의한 내용으로 적절하지 <u>않은</u> 것은?

(가)	• 주제 : 문화 산업의 중요성 • 내용 구성 : 시사적 내용으로 시작 → 문화 산업의 중요성 부각 → 실천 방안 제시 • 표현 : 간결한 문장, 적확한 단어 사용, 분명한 의미 전달

(나)	국제 간의 교류가 나날이 빈번하고 잦아지는 시점에서 문화 산업에 대한 중요성이 날로 커지고 있다. 문화 산업은 고부가가치를 창조할 수 있으므로 '굴뚝 없는 미래 전략 산업'으로서의 가치가 더욱 크다. 미래 산업은 대중들에게 얼마나 쉽게 다가갈 수 있느냐가 관건이다. 　최근에 우리나라 가까이에 있는 아시아 인접 국가를 중심으로 '한류(韓流) 열풍'이 무섭게 불고 있다. 우리나라의 드라마나 영화, 가요가 다른 나라에서 선풍적인 인기를 끌면서 이들 문화 상품이 높은 가격으로 해외에 수출되고 있는 것이다. 이는 우리나라 문화의 수준이 인접 국가보다 월등히 우수하다는 증거이다. 　흔히들 21세기는 문화의 시대라고도 한다. 문화가 그 나라의 수준을 가늠할 뿐만 아니라 그 나라의 중요한 산업이 될 수도 있음을 말한다. 따라서 우리 정부에서도 이런 문화 산업을 적극 기르고 육성해 나가야 한다. 다양한 문화적 소재를 계발하고 전문적인 교육 프로그램을 통해 문화 산업을 짊어질 인재를 체계적으로 양성해 나가야 한다.

① 주제와 동떨어진 내용의 문장이 있으므로 삭제해야겠군.
② 어휘가 문맥에 맞지 않으므로 적절한 어휘로 바꾸는 것이 필요해.
③ 문장이 너무 길어 의미 전달이 불분명하므로 간결하게 끊어주어야겠어.
④ 내용 구성상, '한류(韓流) 열풍'에 대한 내용을 앞으로 옮기는 게 어떨까.
⑤ 비슷한 의미를 지닌 표현이 중복되고 있으므로 그 중 하나를 삭제하는 것이 좋겠어.

14 〈보기〉의 글을 자기 평가표에 따라 진단하여 보았다. 적절하지 <u>않은</u> 것은?

> **보기**
>
> 외국인 노동자에게 비친 한국의 모습은?
>
>   작년에 한 방송국에서 외국인 노동자의 상황을 알리고 그들의 소원을 들어주는 프로그램을 상영한 적이 있다. 이 프로그램 덕분에 외국인 노동자의 삶에 대한 사회의 관심이 높아졌고, 이에 따라 그들의 노동 조건을 개선하기 위한 법도 제정되었다.
>   이 프로그램이 진행될 때, 동남아 각지에서 온 많은 외국인 노동자들이 엽서를 방송국에 보내왔다. 서툰 한국어로 쓴 엽서들에는 그들이 어려운 상황 속에서도 한국에 대한 호감을 잃지 않고 있다는 내용이 담겨 있었다. 이를 통해 그들이 얼마나 정직한 사람인지 알 수 있다.
>   이제 우리는 '아시아의 좋은 이웃들과 인사하기'라는 행사를 벌여 보는 게 어떨까? 그리하여 아시아 전체가 조화롭게 지내는 미래를 만드는 게 어떨까?

평가 항목	자기 진단 결과
① 제목과 글의 내용은 잘 어울리는가?	제목이 글의 내용을 포괄하지 못한다.
② 문단 사이의 연결은 자연스러운가?	세 문단이 '관심 유발 → 외국인 노동자의 처지 → 우리가 취할 태도'로 자연스럽게 전개되었다.
③ 내용의 비약은 없는가?	둘째 문단에서 외국인 노동자를 '정직한 사람'으로 규정하기에는 근거가 미약하다.
④ 문장 성분의 호응은 적절한가?	문장 성분의 호응이 잘 이루어져 있다.
⑤ 어휘의 선택은 적절한가?	첫째 문단에 쓰인 '상황', '상영'은 '실상', '방영'으로 바꾸어야 한다.

15 〈보기〉의 글을 고쳐 쓰기 위해 자기 평가표에 따라 표시하여 보았다. 바르게 표시한 것은?

> **보기**
>
> 행복한 사람의 특성과 조건
>
> 　행복은 물질적인 것과 정신적인 것으로 나누어 볼 수 있다. 행복한 사람에 대해 말하기 위해서는 이 둘의 본질적인 특성을 살펴보는 것이 좋겠다.
> 　첫째, 물질적 행복은 객관적인 조건에 의해 결정되는 것이기 때문에 피동적인 행복이다. 이에 비해 정신적 행복은 자기 스스로 만들어 가는 것으로 그만큼 적극적, 능동적인 행복이다. 둘째, 물질적 행복은 상대적인 것이다. 다른 사람과의 비교에서 오는 것이기 때문이다. 이에 비해 정신적 행복은 절대적인 것이다. 비교의 대상을 갖지 않기 때문이다. 능동적인 행복은 인간의 수명에 의해 좌우되기 때문에 유한한 것이다.
> 　셋째, 물질적인 행복은 제한된 행복을 추구하는 사람이다. 가질 수 있는 것은 한계가 있기 때문이다. 이에 비해 정신적인 행복은 무제한적인 행복이다. 정신적 가치는 얼마든지 많이 가질 수 있는 우리들의 유산이다

평가 항목	그렇다	아니다
① 제목과 글의 내용이 잘 연결되어 있는가?		√
② 주요 개념을 대비해서 설명하고 있는가?		√
③ 문단은 적절히 구별되어 있는가?	√	
④ 앞뒤 문장의 연결은 자연스러운가?	√	
⑤ 주어와 서술어의 호응은 적절한가?	√	

16 지정된 진술 방식을 활용하여 주어진 문장을 뒷받침하는 내용을 쓰는 과제를 수행하였다. 적절하지 <u>않은</u> 것은?

① 나는 밀가루 음식을 매우 좋아한다.
　→ (예시) 멸치 국물 맛이 구수한 칼국수, 애호박을 썰어 넣고 끓인 수제비의 맛을 잊을 수 없다. 풋고추를 다져 넣은 밀가루 부침개의 맛은 정말 일품이다.

② 우리 아버지는 정말 멋진 분이시다.
　→ (묘사) 아담한 키에 오뚝 솟은 콧날, 살짝 처져 한없이 선해 보이는 눈매에 도톰한 입술, 한 마디로 호남이시다. 언제나 흐트러짐 없이 단정한 옷차림도 아버지의 매력이다.

③ 구전되어 오던 옛이야기들을 설화라 한다.
→ (분류) 초인적 인물이 등장하는 신화, 지역이나 사물에 얽힌 신비한 이야기인 전설, 항간에 떠도는 재미있는 이야기인 민담은 모두 구전되어 왔는데 이를 묶어 설화라고 한다.

④ 그 친구는 부지런한 학생으로 소문나 있다.
→ (과정) 그는 아침 일찍 등교하여 귀가할 때까지 자리에서 거의 떠나지 않고 공부를 한다. 학급 청소나 그 밖의 궂은일을 앞장서서 하는 데서 그의 부지런한 성품을 엿볼 수 있다.

⑤ 단체 경기는 구성원들 간의 단결에 도움을 준다.
→ (유추) 단체 경기는 춤으로 치면, 개인의 능력보다 전체의 조화와 협동을 통해 좋은 결과를 만들어 내는 군무(群舞)와 같다. 경기를 치르는 과정에서 단결심이 절로 함양된다.

CHAPTER 04 어휘

01 ㉠~㉢에 들어갈 단어를 바르게 짝지은 것은?

> **보기**
> - 나는 삼촌의 (㉠)로/으로 대학을 마칠 수 있었다.
> - 이 법의 시행에 허점이 있어 제도적인 (㉡)이/가 필요하다.
> - 성장기에 있는 청소년들에게는 다양한 영양 (㉢)이/가 필수적이다.

	㉠	㉡	㉢
①	보완(補完)	보충(補充)	보조(補助)
②	보충(補充)	보완(補完)	보조(補助)
③	보충(補充)	보조(補助)	보완(補完)
④	보조(補助)	보완(補完)	보충(補充)
⑤	보조(補助)	보충(補充)	보완(補完)

02 ㉠~㉢에 들어갈 단어를 순서대로 나타낸 것은?

> **보기**
> - 회사 측은 주민 대표에게 언론에 보도된 내용이 사실과 다르다고 (㉠)하였다.
> - 그는 국회에서 국민의 기본권에 대하여 (㉡)할 기회를 얻었다.
> - 피의자는 뇌물을 받은 적이 없다고 검사에게 (㉢)했다.

① 진술 – 발언 – 해명 ② 해명 – 발언 – 진술
③ 발언 – 진술 – 해명 ④ 해명 – 진술 – 발언
⑤ 발언 – 해명 – 진술

03 <보기>의 밑줄 친 순우리말의 의미에 대해 잘못 이해한 사람은?

> **보기**
> • 나는 해마다 결혼기념일을 기억하지 못해 아내에게 <u>지청구</u>를 듣기 일쑤였다.
> • 그는 농구화의 코끝을 적실 듯이 찰랑대는 물가에 <u>바투</u> 붙어 섰다.
> • 사람이란 늙으면 대개의 경우 <u>어깃장</u>도 놓고 이기적으로 된다고들 한다.
> • 혼인날에도 다른 제자보다 오히려 더 일찍이 와서 모든 일을 총찰하였고 <u>모꼬지</u> 자리에 서도 가장 기쁜 듯이 술을 마시고 춤을 추고 즐기었다.
> • 겨우내 쌓였던 눈이 <u>시나브로</u> 녹아 없어지는 걸 보니 봄도 멀지 않은 것 같다.

① 정수 : 전후 관계로 볼 때, '지청구'는 '꾸지람'이나 '야단'의 뜻이야.
② 지혜 : 문맥적 의미로 보아, '그녀에게 바투 다가가다.'라는 표현도 가능해.
③ 민정 : 말할 때, '어깃장 놓지 마라.'라는 표현으로 볼 때, '짐짓 뻗대는 행동'의 뜻으로 볼 수 있어.
④ 시내 : '모꼬지'는 '이번 모꼬지에 꼭 참석하세요.'라는 표현으로 볼 때, '회합'이나 '모임'의 뜻이야.
⑤ 강혁 : 문맥적으로 볼 때, '시나브로'는 '일이 힘드니 시나브로 하세요.'라고 표현해도 돼.

04 밑줄 친 단어 중, <보기>의 '확장된 의미'로 쓰이지 <u>않은</u> 것은?

① 책만 <u>파던</u> 사람이 세상 물정을 알겠니?
② 대학을 졸업한 아들이 취직을 해서 한시름 <u>덜었다</u>.
③ 그가 이를 얼마나 심하게 <u>갈던지</u> 잠을 잘 수가 없었다.
④ 한번 <u>먹은</u> 마음이 변하지 않도록 하자.
⑤ 친구는 나의 부탁을 딱 <u>잘라</u> 버렸다.

05 밑줄 친 말의 쓰임이 적절하지 <u>않은</u> 것은?

① 올림픽과 월드컵을 <u>개최한</u> 나라의 국민답게 질서를 잘 지킵시다.
② 험한 말을 하는 그를 보고, 동료들은 모두 <u>아연실색할</u> 수밖에 없었다.
③ 선생님 말씀이야 <u>구구절절이</u> 옳은 말씀입니다만, 요즘 세상에 그런 말이 통하기나 하겠어요?
④ 여러 사람의 의견이 엇갈리다 보니, 나도 이 일을 어떻게 처리해야 할지 판단하기가 <u>곤혹스럽기만</u> 했다.
⑤ 모두들 편안하게 잠든 <u>와중에도</u> 일터로 가기 위해 버스를 기다리는 사람의 얼굴을 보며 삶의 의미를 생각해 보았다.

06 〈보기〉의 ㉠~㉥에 들어갈 말로 바르게 짝지어진 것은?

> **보기**
> - 축제가 (㉠)인 교정을 (㉡) 동안 거닐었다.
> - 어머니가 아이를 의자에 (㉢), 밥솥에 쌀을 (㉣).
> - 젓갈을 (㉤) 항아리에 (㉥) 오래 보관하면 좋다.

	㉠	㉡	㉢	㉣	㉤	㉥
①	한참	한창	앉히고	안쳤다	담가	담아
②	한참	한창	안치고	앉혔다	담가	담아
③	한창	한참	앉히고	안쳤다	담아	담가
④	한창	한참	안치고	앉혔다	담아	담가
⑤	한창	한참	앉히고	안쳤다	담가	담아

07 혼동하기 쉬운 단어를 구별하여 사용한 예로 바른 것은?

① 그 사람 <u>탓</u>에 성공하였다.
세금이 오른 <u>덕분</u>에 매출이 줄었다.
② 이 강의 <u>넓이</u>는 50m나 된다.
교실보다 운동장의 <u>너비</u>가 훨씬 넓다.
③ 내 몫은 네 몫의 <u>갑절</u>이다.
이 일은 어제 한 일보다 몇 <u>곱절</u> 힘이 든다.
④ 판매 실적이 날로 <u>갱신</u>되고 있다.
전세 계약을 <u>경신</u>해야 할 시기가 되었다.
⑤ 일손이 모자라 배추를 <u>밭떼기</u>로 팔아 넘겼다.
손바닥만한 <u>밭떼기</u>에 농작물을 심어 보았다.

08 〈보기〉의 ㉠~㉢에 들어갈 단위어(單位語)가 순서대로 바르게 나열된 것은?

> **보기**
> - 누나는 결혼을 하면서 이불 두 (㉠)(을/를) 준비하였다.
> - 질린 듯 상기되어 있는 얼굴 위로 머리카락 몇 (㉡)(이/가) 흘러내려 있었다.
> - 한 (㉢) 한 (㉢) 뜨면서 아내는 자신이 뜬 목도리를 두른 남편의 모습을 떠올렸다.

① 장, 올, 땀 ② 채, 올, 코
③ 필, 올, 코 ④ 채, 장, 땀
⑤ 장, 채, 모

09 〈보기〉는 '동의어(同義語)'에 관한 설명이다. ㉠, ㉡에 인용할 수 있는 예로 적절한 것은?

> **보기**
> 하나의 뜻을 가졌으면서도 여러 개의 이름을 가진 것, 즉 형태가 다른 별개의 단어들이 동일한 의미를 갖고 있으면 그 단어들을 동의어(同義語)라 한다. 그런데 형태가 다른 두 단어가 완전히 일치하는 의미, 즉 완전한 동의(同義)를 가지기란 대단히 어렵다. 특히 '한자어-고유어'의 경우, 두 단어가 의미의 차이는 거의 없어 보이지만, 다음과 같이 대치시켜 보면 사용에 제한이 있음을 알 수 있다.
>
> ㉠ _____
>
> → ㉡ _____

① ㉠ 재판은 공정성과 정확성이 생명(生命)이다.
　　→ ㉡ 재판은 공정성과 정확성이 목숨이다.
② ㉠ 오랜 한발(旱魃)로 인해 농사를 망쳤다.
　　→ ㉡ 오랜 가뭄으로 인해 농사를 망쳤다.
③ ㉠ 옷을 벗은 그의 전신(全身)은 멍투성이였다.
　　→ ㉡ 옷을 벗은 그의 온몸은 멍투성이였다.
④ ㉠ 그의 피부(皮膚)가 벌겋게 부어올랐다.
　　→ ㉡ 그의 살갗이 벌겋게 부어올랐다.
⑤ ㉠ 의사는 그의 폐(肺)에 문제가 있다고 진단하였다.
　　→ ㉡ 의사는 그의 허파에 문제가 있다고 진단하였다.

10 혼동하기 쉬운 단어를 구별하여 사용한 예로 잘못된 것은?
① 옷매무새를 <u>반듯이</u> 하고, <u>반드시</u> 시간에 맞추어 오너라.
② 꽁지를 슬슬 빼는 네 모습이 마치 <u>꽁무니</u> 빠진 수탉 같구나.
③ 김장 배추를 <u>절이느라</u> 너무 오래 앉아 있었더니 발이 <u>저리다</u>.
④ 돈은 <u>있다가</u>도 없는 것이야, 오늘 안으로 마련할 테니 <u>이따가</u> 오너라.
⑤ 비록 <u>두꺼운</u> 벽에 둘러싸여 살더라도 이웃간의 정만은 <u>두텁게</u> 유지합시다.

11 다음의 낱말을 이용하여 문장을 만든 것 중 잘못된 것은?
① 괄시(恝視) : 사람의 겉모습이 초라하다고 해서 <u>괄시</u>해서는 안 된다.
② 불문(不問) : 아버지께서는 몸살에도 <u>불문</u>하고 회사에 출근을 하셨다.
③ 반증(反證) : 그의 주장은 논리가 워낙 치밀해서 <u>반증</u>하기가 매우 어렵다.
④ 애증(愛憎) : 그를 10년 만에 다시 만난 순간 그녀에게는 <u>애증</u>의 감정이 교차했다.
⑤ 파란(波瀾) : 극심한 의견 대립으로 인해 이번 국회에서도 한바탕 <u>파란</u>이 예상된다.

12 〈보기〉를 참조할 때, 어휘의 연상 과정이 일반화, 추상화의 방향으로 나아간 것을 고르면?

> **보기**
> • 일반어 : 일반적이고 넓은 의미를 가진 단어
> • 특수어 : 특수하고 좁은 의미를 가진 단어
> • 추상어 : 생각과 결부된 관념이나 성질을 나타내는 단어
> • 구체어 : 감각할 수 있는 대상이나 행동을 나타내는 단어

	[일반화]		[추상화]
① 갈매기	→ 새	→	자유
② 예술	→ 문학	→	소설
③ 집	→ 휴식	→	어머니
④ 반지	→ 사랑	→	행복
⑤ 나무	→ 대나무	→	신념

13 〈보기〉는 동음이의어에 대한 설명이다. ⓐ~ⓓ에 해당하는 반의어를 바르게 짝지은 것은?

> **보기**
> 동음이의어란 음은 같지만 뜻이 다른 단어들을 말한다. 따라서 단어 간의 의미 관계는 서로 관련이 없으므로 반의어도 달라질 수 있다.
>
> ⇩
>
> 〈예문〉 • 어머니를 도와 김장독을 ⓐ <u>묻다</u> 보니 옷에 때가 ⓑ <u>묻었다</u>.
> • 목욕탕에서 안경을 ⓒ <u>꼈더니</u> 렌즈에 김이 잔뜩 ⓓ <u>끼었다</u>.

	ⓐ	ⓑ	ⓒ	ⓓ
①	파내다	지다	벗다	걷히다
②	들추다	비다	빼다	뽑히다
③	캐내다	파다	뽑다	빠지다
④	들추다	비다	벗다	걷히다
⑤	파내다	지다	빼다	빠지다

14 〈보기1〉의 내용을 바탕으로 할 때, 〈보기2〉의 빈 칸 어느 곳에도 들어갈 수 <u>없는</u> 것은?

> **보기 1**
> • '비슷하다'의 유의어를 조사한 결과
> – 흡사(恰似)하다 : 거의 같을 정도로 비슷하다.
> – 백중(伯仲)하다 : 낫고 못함이 없이 비슷하다.
> – 방불(彷彿)하다 : 같다고 느끼게 하다.
> – 유사(類似)하다 : 서로 비슷하다.
> – 상당(相當)하다 : 어느 정도에 가깝거나 알맞다.

> **보기 2**
> • 능력에 ( )한 대우를 받다.
> • 그는 식성이 아버지와 ( )하다.
> • 태풍 피해 현장은 전쟁터를 ( )케 했다.
> • 그의 얼굴 생김새는 자기 아버지와 매우 ( )하다.

① 흡사　② 백중　③ 방불　④ 유사　⑤ 상당

15 제시된 낱말을 활용하여 문장을 만드는 과제를 수행하였다. 잘못된 것은?

① 띠다 : 안내원은 늘 얼굴에 미소를 띠었다.
　띄다 : 그 여배우는 어디서나 눈에 띄었다.
② 메다 : 배낭을 메고 해외여행을 떠났다.
　매다 : 마을 입구 느티나무 가지에 그네를 매었다.
③ 썩이다 : 부모님 속을 그만 썩이면 좋겠다.
　썩히다 : 인재가 초야에 묻혀 재주를 썩히다니 안타깝다.
④ 묻히다 : 팥고물을 묻힌 떡이 먹음직스럽게 보인다.
　무치다 : 나물은 정성을 다해 무쳐야 한다.
⑤ 벗어지다 : 구두가 꽉 끼어 벗어지지 않는다.
　벗겨지다 : 나이가 들어 머리가 많이 벗겨졌다.

16 어휘의 선택이 바르지 않은 것은?

① 그의 제안에 (동감/교감)하는 사람은 손을 들었다.
② 공포 영화를 보면 전율과 (쾌감/쾌락)을 맛볼 수 있다.
③ 그는 평생 무어라고 (표현/표기)하기 어려운 고통을 겪었다.
④ 그녀는 그때 (간단/간결)하게 식사를 마치고 나를 따라 나섰다.
⑤ 그것은 마음 속에서 깊이깊이 내솟는 (청결/고결)한 눈물이었다.

17 문맥에 맞는 어휘를 바르게 선택하지 못한 것은?

① 비로 인해 출발 날짜가 내일로 (변경/변형)되었다.
② 그녀는 다락방에서 아버지의 유품을 (발견/발굴)하였다.
③ 그녀의 연설은 청중의 뜨거운 (부응/호응)을 불러일으켰다.
④ 그는 고개를 끄덕여 처녀에게 (동조/방조)하는 태도를 보였다.
⑤ 그는 다른 사람과 상의 없이 (독선/독단)으로 일을 처리했다.

18 〈보기〉의 밑줄 친 어휘에 공통적으로 포함되어 있는 의미로 적절한 것은?

> **보기**
> • 장터 주막 언저리는 제법 붐비고 있었다.
> • 우리는 바다의 가장자리를 따라 걸었다.
> • 잔디밭 테두리에는 잡초가 우거졌다.

① 주변(周邊)
② 도달(到達)
③ 간격(間隔)
④ 입구(入口)
⑤ 순환(循環)

19 〈보기〉의 십자말 맞추기에서 ㉠과 ㉡에 해당하는 낱말로 알맞은 것은?

> **보기**
>
> | | | | | 단 |
> |---|---|---|---|---|
> | | | ㉠ | | 출 |
> | ㉡ | | | | 하 |
> | 두 | 루 | 뭉 | 술 | 하 | 게 |
>
> ㉠ 좀처럼 세상에 나타나지 않을 만큼 뛰어남.
>
> ㉡ 어떤 범위나 한계. 둘레의 줄.

	㉠	㉡
①	불세출	테두리
②	불세출	변두리
③	팔불출	넋두리
④	팔불출	테두리
⑤	밀반출	변두리

20 〈보기〉에 나타난 각 어휘의 의미와 용법을 고려할 때, 잘못된 문장은?

> **보기**
> - 자문(諮問)[명] 그 방면의 전문가나 전문가들로 이루어진 기구에 의견을 물음.
>   - 자문하다[동] (…에게 …을)
> - 조언(助言)[명] 말로 거들거나 깨우쳐 주어서 도움.
>   - 조언하다[동] (…에/에게 …을) (…에/에게 −ㄴ지를) (…에/에게 −고)
> - 충고(忠告)[명] 남의 결함이나 잘못을 진심으로 타이름. 또는 그런 말.
>   - 충고하다[동] (…에게 …을) (…에게 −고)

① 정부는 그 기관에 경제 정책을 자문하였다.
② 나는 그녀에게 매우 아름답다고 충고해 주었다.
③ 쉽게만 판단하지 말라고 친구에게 충고했다.
④ 경제 전문가의 조언을 구하여 사업을 시작했다.
⑤ 의사는 그 환자에게 정밀 진단을 받아 보라고 조언했다.

PART 03

실용글쓰기
〈정답 및 해설〉

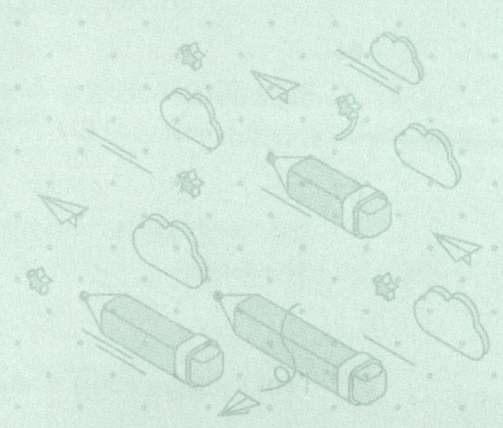

Chapter 01 말 다듬기

01 ②
해설 할아버지께서 아버지보다 어른이시므로, 할아버지 앞에서는 아버지를 높이지 않는다. 그러므로 '할아버지, 아버지가 옵니다.'가 적절하다.

02 ②
해설 선생님에 대한 높임의 주격 조사 '께서'를 써야 하고, 선생님께서 오라고 말씀하신 것이므로 주체 높임의 선어말 어미 '-시-'를 써서 '오라셔'로 고쳐야 한다. 즉, '너, 선생님께서 빨리 오라셔.'가 적절하다.

03 ②
해설 어휘를 잘못 사용한 경우이다. 즉 '잊어버리다 → 잃어버리다' ② 가리키십니다 → 가르치십니다
오답풀이 ① 즐거웠습니다. ③ 낯선 ④ 야기할 (일으킬) ⑤ 삼가야

04 ④
해설 '서슴지'는 기본형이 '서슴다'이므로 맞다. ※ 주로 '서슴지'의 꼴로 '말다', '않다' 따위의 부정어와 함께 쓰여 (사람이) '말이나 행동이 선뜻 결정되지 아니하여 머뭇머뭇 망설이다.'의 뜻으로 쓰인다.
오답풀이 ① 설렌다 ② 오를 ③ 는 ⑤ 갠.

05 ①
오답풀이 ② → 생각됩니다. ③ → 설치할 ④ → 보이는군요 ⑤ → 가동하고

06 ⑤
오답풀이 ① → 알맞은 ② → 날아서 ③ → 바라고 ④ → 풀어

07 ②
양을 나타낼 때는 '적다', 크기를 나타낼 때는 '작다'를 쓴다.

08 ②
해설 대화 중 남자의 말에서 '전하실 말씀이 계시면'이 높임법이 잘못 쓰인 경우이다. 특히 '계시다'는 주체를 높일 때, '있으시다'는 간접적으로 높일 때 사용한다. ② 오라고 하시어 → 오라고 하셔 → 오라셔.
오답풀이 ① 소개시켜 → 소개해, ③ 서울역전 앞에서 → 서울역전에서, 서울역 앞에서, ④ 외식 먹으러 → 외식하러, ⑤ 바란 → 바랜

09 ③
해설 ㉠ 설거지 ㉡ 찌개 ㉣ 텔레비전 ㉤ 계시던

10 ①
해설 '너 선생님이 빨리 오시래'의 경우는 선생님을 높이는 것이 아니라, '오다'의 주체인 '너'를 높여 주고 있기 때문에 잘못된 표현이다. 그러므로 '너, 선생님께서 빨리 오라셔.'로 고쳐야 한다.

11 ①
해설 '너머'는 높이나 경계를 나타내는 명사 다음에 쓰여, '높이나 경계로 가로막은 사물의 저쪽, 또는 그 공간'을 뜻하고, '넘어'는 동사 '넘다'에 어미 '-어'가 연결된 것으로 '산을 넘어 집으로 갔다.'에서처럼 동작을 나타낸다. 즉 '산 너머'는 산 뒤의 공간을 가리키는 것이고, '산 넘어'는 산을 넘는 동작을 가리키는 말이다. '저 너머'는 위치를 나타내고 있기 때문에 올바른 표현이다. ② '좇다'는 '남의 뜻이나 성향, 행적, 관례 등을 그대로 하다.'는 뜻이고, '쫓다'는 '있는 자리에서 빨리 떠나도록 몰다.', '급한 걸음으로 뒤를 따르다'는 뜻이다. 유행을 따라 하는 것이므로 '좇느라'가 맞다. ③ '늘이다'는 '길이를 늘게 하는 것'이고, '늘리다'는 '부피나 양을 늘게 하는 것'을 뜻한다. 시간의 양을 늘게 하는 것이므로 '늘려'가 맞다. ④ '막연(漠然)하다'는 '확실하지 않다'는 뜻이고, '막역(莫逆)하다'는 '거리낌이 없다', '친하다'의 뜻이다. 따라서 여기서는 '막역한'이라고 써야 한다. ⑤ '가르치다'는

'모르는 것을 깨달아 알게 하다. 할 수 있도록 지도하다'라는 뜻이고, '가리키다'는 '말이나 몸짓으로 어떤 방향이나 목적을 짚어 보이다.'라는 뜻이다. 선생님은 지도해 주는 사람이므로 '가르치다'가 쓰여야 한다.

12 ⑤

해설 단어의 뜻에 이미 사동의 의미가 있는 단어에는 사동형 어미 '-시키다'를 사용할 수 없다. 예를 들어 '~를 소개시키다', '~을 오염시키다', '~을 환기시키다', '~을 격리시키다', '~을 보류시키다', '~을 개정시키다', '~을 취소시키다' 등은 모두 '시키다'를 빼고 '하다'를 넣어야 한다. 반대로 타동사 가운데 사동의 뜻이 없는 경우는 '시키다'를 붙여야 한다.

13 ④

해설 문장에서 행위의 주체를 높이는 방법인 주체 높임법은 선어말 어미 '-시-'에 의해서 실현된다. 주체 높임은 특수한 어휘에 의해서 실현되기도 하는데, '먹다-잡수시다', '자다-주무시다', '아프다-편찮다', '죽다-돌아가시다' 등이 그 예이다. 예문의 경우, '계시다'는 '있다'의 높임말이고, '-시-'를 사용한 '있으시다' 또한 '있다'의 높임말이다. 그러나 '계시다'는 '사람'을 높이는 말이고, '있으시다'는 사람과 관련된 것을 간접적으로 높이는 말이다. 따라서 '말씀'은 사람이 아니므로 '있으시다'를 사용해야 한다. ④에서 '편찮다'와 '아프시다'는 '아프다'의 높임말이다. 몸 전체가 아플 때에는 '편찮다'를 쓰고, 몸의 어떤 부위가 아플 때에는 '아프시다'를 써야 한다. 따라서 '다리'라는 몸의 한 부위가 아프기 때문에 '편찮으십니다'를 '아프십니다'로 고쳐야 한다. 주체 높임법에는 높여야 할 대상의 신체 부위, 소유물, 생각 등과 관련된 말에서 '-시-'를 넣어 간접적으로 높이는 간접 높임도 포함된다. ①, ⑤가 이에 해당한다. ②는 '나이'의 높임말인 '연세'를 사용하여 높인 예이고, ③은 '계시다'를 사람 주체에게 사용했으므로 맞는 문장이다.

14 ②

해설 '푸르르다'는 '푸르다'의 비표준어였으나 2015년 12월 국립국어원에서 의미가 다른 것으로 보고 별도 표준어로 인정하였다. [오답풀이] ① '바람'이 표준어이다. '바라다'에서 온 말이므로 '바람'으로 적어야 한다. '바라다'는 '생각한 대로 이루어지기를 원한다'는 뜻의 말이다. 흔히 '바램'이라고 하는 일이 있지만 이는 잘못이다. '바래다'는 '볕이나 습기를 받아 색이 변하다. 볕에 쬐거나 약물을 써서 빛깔을 희게 하다.'는 뜻의 말이다. 그러므로 '바라다'에서 파생된 명사는 '바람'이라고 해야 한다. ③ '날다'는 'ㄹ'을 받침으로 가진 용언이므로 '날다, 날고, 날지, 날면'에서는 'ㄹ'을 유지한 형태로, '나니, 납니다, 나오, 나시오'에서는 'ㄹ'을 탈락시킨 형태로 사용하여야 한다. ④ '발자국'의 의미로 '발자욱'을 쓰는 경우가 있으나 '발자국'만 표준어로 삼고, '발자욱'은 버린다. ⑤ 표준어는 '삼가하다'가 아니고, '삼가다'이다. '삼가다'의 어간 '삼가' 뒤에 '-아 주다' 구성으로 쓰이는 보조 용언 '주다'가 이어지면, '삼가 주다'의 형태로 적게 되므로, '삼가 주시기 바랍니다'와 같이 써야 한다.

15 ④

해설 '늘이다'는 '길이를 늘게 하는 것'이고, '늘리다'는 '부피나 양을 늘게 하는 것'을 뜻한다. 물의 양을 늘게 하는 것이므로 '늘려'가 맞다.
오답풀이 ① '반드시'는 '틀림없이'나 '꼭'이라는 말이지만, '반듯이'는 '곧게', '흐트러짐이 없이'라는 말이다. ② '물이 얼어서 굳어진 물질'을 가리키는 말은 '얼음'이다. ③ '다른'을 써야 한다. ⑤ '잃어버렸다'를 써야 한다. '잃다'는 '가졌던 물건이 없어져 그것을 갖지 아니하게 되다'라는 의미이며, '잊다'는 '한번 알았던 것을 기억하지 못하거나 기억해 내지 못하다'라는 의미이다.

16 ⑤
오답풀이 ① 사물이나 단체에는 '~에'를 사용하지만, 사람에게는 '~에게'를 써야 한다. ② 간접 인용이므로 '가야겠다고'로 써야 한다. ③ '대처하다'라는 말은 '~에'라는 부사어를 필요로 한다. ④ '에'는 앞말이 처소의 부사어임을 나타내는 격 조사이고, '에서'는 앞말이 행동이 이루어지고 있는 처소의 부사어임을 나타내는 격 조사입니다. 따라서 '에'는 '옷에 먼지가 묻다/언덕 위에 집을 짓다/나는 시골에 산다./부모님은 집에 계신다./거리에 사람들이 많다./집안에 경사가 났다.'와 같이 쓰이고, '에서'는 '우리는 아침에 도서관에서 만나기로 하였다./가게 앞에서 사람들이 싸우고 있었다./이 물건은 시장에서 사 왔다./어느 학교 동창회에서 있었던 일이다.'와 같이 쓰입니다. 제시하신 문장은 큰불이 난 장소가 학교라는 것을 나타내므로, '학교에 큰불이 났다.'와 같이 '에'를 쓰는 것이 알맞다고 봅니다. '도서관에서'라고 써야 한다.

17 ③

오답풀이 ① '건강하다'는 상태를 나타내는 형용사이므로 청유형을 쓸 수 없다. 그러므로, '부디 건강하시길 빕니다.'와 같이 고쳐야 한다. ② 예상되는 것은 사물이 아니라 일이나 상황, 사건, 결과 등이어야 하므로 '내일은 비가 올 것으로 예상됩니다.'가 자연스럽다. ④ '삼가다'가 기본형이므로 '흡연을 삼가 주시기 바랍니다.'로 고쳐야 한다. ⑤ '주가가 ~ 전망입니다.'라는 문장은 주어와 서술어가 호응하지 않는 문장이다. 그러므로 '주가가 오를 것으로 전망됩니다.'와 같이 고쳐야 한다.

18 ②

해설 ① '드디어' 대신 '끝내', '결국' 등을 써야 자연스럽다. ③ '닫아져서'는 '닫혀서'로, ④ '죽어진'은 '죽은'으로 고쳐 써야 자연스럽다. ⑤ '감사하겠습니다'에서 '-겠-'의 쓰임이 어색하므로 '감사합니다'로 고쳐 써야 자연스럽다.

19 ②

해설 ②는 호응 관계가 잘못되었고, 나머지는 어휘 선택이 잘못되었다. '사람들은 좋은 옷을 입거나 비싼 차를 타기를 바란다'로 바꾸어

야 한다. ① 홀몸(배우자나 형제가 없는 사람) → 홑몸(아이를 배지 아니한 몸), ③ 부수었다 → 부시었다(그릇 따위를 씻어 깨끗하게 하다.), ④ 결제(決濟) : 증권 또는 대금을 주고받아 매매 당사자 사이의 거래 관계를 끝맺는 일. 결재(決裁)로 바꾸어야 한다. ⑤ 견문 → 경험

20 ②

해설 제41항에 보면 '조사는 그 앞말에 붙여 쓴다'고 했으므로, ②에서 두 개의 조사가 결합된 '-에서부터'는 모두 그 앞말인 '마을'에 붙여 써야 맞다.

오답풀이 ① '지'는 '동작이 있었던 때로부터 지금까지의 동안'을 뜻하는 의존 명사이므로, 제42항의 규정대로 띄어 쓰는 것이 맞다. ③ 제43항에서 단위를 나타내는 명사라도 숫자와 어울리어 쓰이는 경우는 붙여 쓸 수 있다고 했으므로, '10월 31일'처럼 붙여 쓰는 것이 맞다. ④ 제43항에서 '단위를 나타내는 명사는 띄어 쓴다'고 했으므로, 옷처럼 짝을 이루는 물건을 세는 단위를 나타내는 말인 '벌'은 띄어 쓰는 것이 맞다. ⑤ '등'은 열거할 적에 쓰이는 말이므로, 제45항의 규정대로 띄어 쓰는 것이 맞다.

21 ②

해설 '만큼'과 '대로'는 조사와 의존 명사로 각각 쓰이는데, 품사에 따라 띄어쓰기를 달리 한다. 우리말에서 조사는 그 앞말에 붙여 쓰며(한글 맞춤법 제41항), 의존 명사는 띄어 쓴다.(한글 맞춤법 제42항) '너만큼'의 '만큼'은 조사이며, '공부한 만큼'의 '만큼'은 관형어의 수식을 받는 의존 명사이다. '나대로'의 '대로' 역시 조사이며, '아는 대로'의 '대로'는 의존 명사이다.

오답풀이 ③의 '꽃은 꽃대로'에서 '대로'도 '꽃'이라는 명사에 결합하고 있으므로 조사다. 그리고 ⑤의 '노력할 뿐이야'의 '뿐'은 앞말의 수식을 받고 있으므로 의존 명사이다. 그러나 'ㄴ'의 '만큼'은 의존 명사이므로 띄어 써야 하지만, '생각만큼 잘 안 된다'의 '만큼'은 '생각'이라는 명사와 결합하고 있으므로 조사로서 붙여 쓰는 것이 맞다.

Chapter 02 문장 다듬기

01 ③

해설 '환기(換氣)'가 '탁한 공기를 바꾼다'는 뜻이므로, '공기를'과 의미가 중복된다는 점에서 어법에 어긋나는 문장이다. 또한 '환기시키다'도 불필요한 사동 표현이 쓰였기 때문에 '환기시켜야'를 '환기하여야'로 바꾸어야 한다.

오답풀이 ① '문학을 즐길 예술적 본능을 지닌다'의 주어가 나타나 있지 않다. '예술적 장르로서'와 '문학을 즐길' 사이에 '인간은'을 넣어야 맞는 문장이 된다. ② '순응하면서'의 대상은 '환경'이다. 그런데 다른 문장 성분인 '환경을'을 공유하고 있으므로 어법에 어긋난다. '때로는'과 '순응하면서' 사이에 '환경에'를 넣어야 한다. ④ 문장 전체의 주어인 '이 글을 읽는 여러분에게 먼저 당부하고 싶은 것'과 서술어 '버리시길 바랍니다'가 호응하지 않는다. '버리시길 바랍니다'를 '버려야 한다는 것입니다.'로 바꾸어야 한다. ⑤ '한결같이'가 '어려운'을 수식하는지, 아니면 '돕는'을 수식하는지 아니면 '이웃을 돕는 사람들이 많습니다'라는 전체 문장을 수식하는지 명료하지 않다. '한결같이 어려운 이웃을, 돕는 사람들이 많습니다.'로 고치면 '어려운'을 수식하는 의미가 명확하게 드러나고, '어려운 이웃을 한결같이 돕는 사람들이 많습니다.'로 고치면 '돕는'을 수식하는 의미가 드러나고, '어려운 이웃을 돕는 사람들이 한결같이 많습니다.'로 고치면 전체 문장을 수식하는 의미가 명확하게 드러난다.

02 ⑤

해설 〈보기〉는 의미가 중복되는 문장들의 예이다. (1) '기간'과 '동안'이 중복되고, '축구(蹴球)를 찼다'에서 '찼다'가 중복된다. (2) '공기'와 '환기'가 중복된다. (3) '장점은'과 '장점이다'가 중복된다. 그런데 '불꽃놀이'는 중복되는 의미가 없는 단어이다. [오답 풀이] ① '가(家)'와 '집'이 중복되므로, '처가'가 맞다. ② '일(日)'과 '날'이 중복되므로 '월요일날'을 '월요일'로 바꾸어야 한다. ③ '전(前)'과 '앞'이 중복되므로 둘 중에 하나를 빼야 한다. ④ '박(拍)'과 '치다'가 중복되는 말로, '박수하다'가 맞는 말이다.

03 ③

해설 ③'~이라면'은 자음으로 끝나는 체언에 붙어 어떤 사실을 가정하는 뜻을 나타내는 서술격 조사로, '~할 수 있다'와 호응한다. '일으키다'는 사람의 의지와 무관하기 때문에 주어진 '사람은'과 호응하지 않는다. 따라서 '심장마비까지 일어나'가 바른 표현이다.

04 ④

해설 '정화시킨'이라는 말이 '오염 폐수'를 꾸며 주는 구조로 되어 있는데, 이미 정화한 물을 '오염 폐수'라 한 것은 논리에 맞지 않는다. 이는 '우리 회사는 오염된 폐수는 정화하여 내보낸다.'로 고쳐야 자연스럽다.

05 ①

오답풀이 ② 사람은 남에게 속기도 하고 남을 속이기도 한다. ③ 우리는 세종대왕이 한글을 만드신 것에 감사해야 한다. ④ 바로 앞에서 보니 그녀는 그녀의 어머니를 많이 닮은 것 같다. ⑤ 영희는 음악을 듣거나 그림을 그리는 것을 좋아한다.

06 ④

오답풀이 ① 나는 오늘 저녁 6시에 역전 앞에서 그녀를 만나기로 했다. ② 할아버지께서는 과일 중에서 사과를 제일 즐겨 좋아하신다. ③ 요즘 들어 여러 가지 제반 문제들이 우리를 난처하게 한다. ⑤ 그분은 고향에 돌아가 농사를 지으면서 남은 여생을 보내고 있다.

07 ④

오답풀이 ① 바야흐로 ~ 부르려 한다. 바야흐로 : 이제 한창. 또는 이제 막. ② 내가 하고 싶은 말은 성실해야 한다는 것이다. ③ 별로 ~예쁘지 않다. ⑤ 이미 ~에 대해 논의했다.

08 ③

해설 '열의를 가지고'와 '열심히'가 중복된 표현이다.

09 ④

오답풀이 ① '우리 아빠가 그린, 우리 아빠가 소유하고 있는, 우리 아빠를 그린' 등으로, ② '철수와 함께 순이를 만난, 철수를 만나고 순이를 만났다' 등으로 ③ '선생님이 보고 싶은 학생인지, 선생님을 보고 싶어하는 학생인지' ⑤ '눈이 시린, 시리도록 푸른' 등으로 해석이 가능하다.

10 ⑤

오답풀이 ① '표현해야 한다' → '표현해야 한다는 점이다' ② '참뜻이 있다' → '참뜻이 있다는 것을 강조하고 있다.' ③ '많은 비용과 노력, 그리고 긴 시간이 든다.' → '많은 비용과 노력이 들고, 오랜 시간이 걸린다' ④ → '첨단 통신 수단이 발달하여 거리와 시간을 구애받지 아니하고 생활에 필요한 정보를 입수할 수 있게 되었다.

11 ⑤

오답풀이 ① '영수와 함께 철희를 송별한' 것인지, '영수와 철희, 두 사람을 송별한' 것인지 불분명하다. ② '세상을 떠난 것이 불행한 것'인지, '유품을 남기지 않은 것이 불행한 것'인지 불분명하다. ③ '폭넓은 독서와' → '폭넓게 독서를 하고' ④ '타국의 침략'이 '다른 나라를 침략한 것'인지, '다른 나라의 침략을 받은 것'인지 불분명하다.

12 ②

해설 '시간은 누구에게나 공평하지만 젊은이에게는 시간이 너무 빨리 지나가는 것처럼 느껴진다.'

13 ⑤

오답풀이 ① '나의' → '내가' ② '인간다운 생활을 보장하고, 안락하게 사는 상태를 보장하는 것을 말한다.' ③ '숨어 있다라고 생각한다.' → '숨어 있다고 생각하기 때문이다.' ④ '미술 작품의 표현 형식과 내용을 이해했을 경우에 비로소 감상할 수 있을 것이다.'

14 ①

오답풀이 ② '과반수 이상의' → '과반수의, ③ '아시아에 → '아시아에서', ④ '건강해야 한다.' → '건강해야 한다는 점이다.' ⑤ 주어 '한식은'의 서술어는 '특징이라는 것이다.'가 호응이 안 된다. → '특징이다.'

15 ③

오답풀이 ① 차가운 냉수 → 냉수, ② 다시 재고의 → 재고의, ④ 남은 여생 → 남은 생애 ⑤ 피할 수 없는 불가피한 → 불가피한

16 ⑤

오답풀이 ① '반드시'는 긍정의 서술어와 호응한다. ②, ③, ④의 '절대로', '별로', '여간'은 부정의 서술어와 호응한다.

17 ②

오답풀이 ① 그 애는 약간 특이한 집안 환경에서 자랐다. ③ 과속을 금지해야 한다. ④ 나는 색깔이 짙고 헐렁한 옷을 좋아한다. ⑤ 새로 개발한, 신제품 → 새로 개발한 제품은

18 ①

오답풀이 ②는 '만약'과 '~않아서'의 호응이 부적절하다. '만약'은 가정의 의미를 갖는 부사어이기 때문에 '~않았다면'과 호응을 이룬다. ③은 '바뀌게' 하려는 대상이 무엇인지를 밝히지 않아 어법에 맞지 않는 문장이 되었다. ④ 농사를 망치게 된 원인은 저수지에 대한 관리 소홀과 무관심이므로 이를 분명히 밝혀 주어야 한다. 따라서 '풍년 농사를 위하여 만들었던 저수지에 대한 무관심으로 관리를 소홀히 하여 올

농사를 망쳐 버렸습니다.'가 어법에 맞는 문장이 된다. ⑤는 주어와 서술어의 호응이 부족절하다. '내가 말하고 싶은 것은~올릴 수 있다는 것이다'가 되어야 한다.

19 ③

해설 〈보기〉는 '아무 생각 없이'와 '무심하게' 부분이 의미상 중복되고 있다. 이런 오류를 범하고 있는 것은 ③이다. '여생(餘生)'이라는 말 속에는 '남아 있다'는 의미가 들어 있다.

20 ③

해설 〈보기〉는, '아버지는, 웃으면서 들어오는 아들에게 심부름을 시켰다.'와, '아버지는 웃으면서, 들어오는 아들에게 심부름을 시켰다.'로 해석할 수 있는 중의적인 문장이다.

오답풀이 ①의 '애도하며 명복을 빕니다.'는 '애도'와 호응하는 서술어가 없는 오류, ②는 이중 피동의 오류, ④는 표현 어휘가 중복되는 오류이므로, '합격자 발표는 정문에서 한다.'로 고쳐야 한다. ⑤는 접속 부사의 호응이 안된 경우이다. '절대로'는 부정 서술어와 호응하므로 이 문장에서는 생략하는 것이 좋다. ③은 〈보기〉와 같은 중의적 표현의 오류이다. 이는 '나는, 철수와 영희를 만났다.'와, '나는 철수와, 영희를 만났다.' 두 가지로 해석할 수 있다.

21 ④

해설 ㉣은 비교의 대상이 확실하지 않아서, '그'와 '나'를 비교하는 것인지 '나'와 '부산에서 온 그 여학생'을 비교하는 것인지 명확하지 않을 뿐, '그'와 '그 여학생'을 비교하는 것은 아니다.

오답풀이 ㉠은 의존 명사 '것'이 의미하는 바가 모호하여, '웃는 모습'이 이상한 것인지 '웃는 행위 자체'가 이상한 것인지 명확하지 않다. ㉡은 접속 조사 '과'로 병렬 관계에 있는 '밤'과 '호두'를 각각 두 알씩 먹은 것인지, 두 가지를 합하여 두 알 먹은 것인지 명확하지 않다. ㉢은 수식 관계가 확실하게 드러나지 않아서, '그'가 친절한 것인지 '그의 누나'가 친절한 것인지 명확하지 않다. ㉤은 행동의 주체가 분명하지 않아서, '그'가 울고 있는 것인지 '자신의 아이'가 울면서 돌아온 것인지 명확하지 않다.

Chapter 03 글 다듬기

01 ⑤

해설 글의 흐름으로 보아 ⓜ의 '일상'은 적절한 단어이다. 따라서 '일상'을 '현상'으로 바꾸면 오히려 어색해진다.

02 ①

해설 글의 첫머리를 속담이나 격언으로 시작하는 것은 글에 대한 흥미를 불러일으키는 매우 유용한 방법이다. 그러나 이럴 경우 주의할 점은 그 속담이나 격언이 글의 내용과 잘 부합해야 한다는 것이다. 그런데 ①의 '닭 쫓던 개 지붕 쳐다본다.'라는 속담은 뒤에서 말하고 있는 세대 갈등의 경우와 어울리는 속담으로 보기 어렵다. 닭을 쫓던 개가 닭이 지붕으로 올라가자 쫓아 올라가지 못하고 지붕만 쳐다본다는 말로 애쓰던 일이 실패로 돌아가거나 남보다 뒤떨어져 어찌할 도리가 없다는 뜻이다.

03 ③

해설 ⓒ가 '객관적으로 볼 수 없으며'와 대구를 이루도록 하려면 ⓒ의 주어가 '그들은'이 되어야 한다. 그러나 ⓒ는 '자신의 선택이나 행위가'의 서술어로서, 전체 문장의 주어 '그들은'과 호응하지 않는다. 따라서 ⓒ를 '객관적으로 볼 수 없으며'와 대구를 이루도록 고치자는 것은 잘못된 생각이다. ⓒ는 '갖는지 알지 못한다'로 고치는 것이 적절하다.

오답풀이 ① ⓐ는 '얼마든지'가 맞춤법에 맞다. ② '회의'라는 말 자체에 '의심'이라는 의미가 포함되어 있으므로 ⓑ는 의미가 중복된 표현이다. ④ '권력의 시녀와 돈의 노예이다'와 '이념적 환상의 피해자가 된다'는 동질적이지 않으므로 대등하게 연결하는 것은 적절하지 않다. 그리고 '권력의 시녀와 돈의 노예이다'는 '와'의 접속 대상이 불분명하여 의미가 모호한 문장이다. 문맥으로 보아 ⓓ는 '권력의 시녀가 되고 돈의 노예가 되며 이념적 환상의 피해자가 된다' 정도로 고쳐야 한다. ⑤ 문단의 마지막에 첫 문장에서 제기한 문제에 대한 답을 진술하면 문단의 주제가 좀더 명료하게 드러날 것이다.

04 ②

해설 '산업 폐기물 처리장'이 들어서게 될 지역 주민들의 태도를 통해, 지역 이기주의를 비판하고 있는 글이다. 그런데, ⓛ의 '필요성은 인정하지만, 내 고장에는 안 된다는 것이다.'라는 내용은 주민들의 태도, 즉 지역 이기주의를 설명한 것이므로 문단 전체의 주제와 밀접한 관련이 있다. 따라서 ⓛ이 문단의 통일성을 해치고 있는 것은 아니다.

05 ③

해설 '—든'은 '—든지'의 준말로 나열되어 있는 두 가지의 동작이나 상태, 대상 가운데에서 어느 것이 선택되어도 가리지 않음을 나타내는 말로 적절하다. '던지'는 과거의 일을 회상하되 그것이 뒤 절의 일이나 상황을 일으키는 근거나 원인으로 추정됨을 나타내는 말이다. 여기서는 적절하지 않다.

06

해설 ⓒ 문장의 주어 '행동 양식이나 겉모습, 가치관은'에 대한 서술어는 '전수된다'이므로, 이 중 '겉모습'은 서술어와 자연스럽게 호응되지 않으므로 삭제해야 한다. 나머지는 고치지 말아야 한다.

07 ②

해설 '적'은 '때', '시절'의 뜻으로 쓰이는 의존 명사이므로 띄어 쓴다.

[오답 풀이] ① '생각나는 사람'은 중복되었기 때문에 지시어를 '그'를 사용하는 것이 좋다. ③ '장기(長技)'가 맞춤법에 맞는 표현이다. ④ 주어와 서술어의 호응을 자연스럽게 한 것이다. ⑤ 문장의 연결이 어색하므로 삭제하는 것이 좋다.

08 ③

해설 ⓒ를 제시된 조건대로 고쳐 쓰면, '추구하는 목표 자체가 비도덕적인 경우 여러 가지

사회 문제가 나타날 수 있으며 특히 효율성의 극대화를 추구하는 과정에서 인간의 주체성과 자율성이 상실된다 / 인간 소외 현상이 심화된다'가 되어 두 문장의 의미상 연결이 자연스럽지 않음을 알 수 있다. ⓒ를 제대로 두 개의 문장으로 나눈다면 '추구하는 목표 자체가 비도덕적인 경우 여러 가지 사회 문제가 나타난다 / 특히 효율성의 극대화를 추구하는 과정에서 인간의 주체성과 자율성이 상실된다'가 되어야 한다. 그리고 ⓒ는 현재의 상태로도 의미 파악이 불가능한 것은 아니다.

09 ②

해설 (가)는 첫째, 둘째 문장의 길이가 길어 읽기에 불편하고 의미가 명료하지 못한 면이 있으며, 접속어 '그리고'는 문맥상 '그러나'가 적절하다. 또한, '열을 저장하여 저장된 열을', '방을 따뜻하게 만들고 방이 따뜻해졌다'가 부분에서는 동일한 의미를 지닌 말을 중복하여 사용했으며, 첫째 문장의 '사라지고'와 둘째 문장의 '저장되어'의 주어를 생략하여 어색한 문장이 되었다. 그러나 맞춤법에 어긋난 표현은 보이지 않는다.

10 ③

해설 이 글은 ① 부끄러움의 의미가 드러나 있고, ② 문단은 적절하게 나뉘어져 있으며, ③ '그러므로' 접속어가 잘못 사용되었고, ④ '체'는 부적절한 어휘이다. '체'는 '척'으로 바꾸어도 의미가 통하는데 여기서는 어울리지 않는다. 채 : 의존명사. 주로 '-은 채(로)'의 구성으로 쓰여, '그러한 상태를 유지하면서'의 뜻을 나타내는 말. ⑤ 마지막 문장의 주어 서술어 호응이 바르지 못하다.

11 ⑤

해설 ㉠은 앞뒤 문장이 인과 관계에 의한 것이 아니기 때문에 '그래서'를 쓸 수 없다. ㉡은 주제에서 벗어나지는 않지만, 글의 흐름상 필요치 않은 문장이므로 삭제하는 것이 좋다. ㉢의 표준어는 '자투리'이다. ㉣은 '~해도 ~하게

된다'와 호응이 안 되므로, 호응 관계를 고려하여 '아무리'로 바꾸는 것이 좋으며, ㉤은 '적절이'가 아니라 '적절히'가 맞다. 따라서 답은 ⑤이다.

12 ⑤

해설 ⑤번을 보면, 사이버 공간이 자유 공간으로 환영받고 있는 현상을 제시한 후, 사이버 공간의 무제한적 자유 때문에 비윤리적 행동이 나타나고 있다는 문제점을 드러내고 있다. 그런 다음 사이버 공간에서의 자유를 제한할 수 있는 장치의 필요성을 강조함으로써 논제인 '사이버 윤리의 필요성'을 제시하고 있다. 나머지 답지는 논제에서 벗어나 있거나, 내용 전개 방법을 잘못 적용하고 있다.

13 ③

해설 주어진 계획에 비추어 볼 때, 첫 번째 문단의 끝 부분에 있는 미래 산업의 대중 진화성을 언급한 내용과, 두 번째 문단의 끝 부분에 있는 '우리 문화의 우수성'을 지적한 문장은 전체 주제와 연관성이 떨어지므로 삭제하는 것이 좋다. 또한 '창조, 가름, 계발'은 문맥상 적절한 어휘가 아니므로 '창출, 가늠, 개발' 정도로 바꾸어 주는 것이 좋으며, 문장 구성의 계획에 따라 '한류 열풍'을 소개하는 내용은 글의 맨 앞으로 옮기는 것이 적절하다. 그리고 '빈번하고 잦아지다', '기르고 육성하다'는 잉여적 표현이므로 어느 하나를 삭제해야 한다. 그러나 ③과 같이 문장이 길어 끊어주어야 할 필요는 없는 글이다. 비교적 간결하게 의미 전달도 분명하기 때문이다.

14 ②

해설 〈보기〉의 세 문단은 그 사이의 연결이 자연스럽지 못하다. 그 이유는 각 문단의 내용이 논리적으로 연결되지 않았기 때문이다. 즉 세 문단은 '외국인 노동자에 대한 관심이 방송 덕분에 높아졌다 → 외국인 노동자는 한국에 대해 호감을 갖고 있다 → 아시아 전체가 조화롭게 지내게 하자'는 식으로 논지가 전개되고 있

는데, 둘째 문단과 셋째 문단 사이에는 논리적 비약이 있다. 이는 외국인 노동자가 한국에 대해 호감을 갖고 있다는 것과 아시아 전체가 조화롭게 지내자는 주장 사이의 논리적 관계가 멀기 때문이다.

15 ①

해설 이 글의 제목은 행복한 사람의 특성과 조건이다. 그러므로 글의 내용은 행복한 사람은 어떤 특성을 지니고 있으며 어떤 조건에 만족하느냐 정도의 내용이 제시되어야 한다. 그런데 첫 문장에서부터 이 글은 물질적인 행복과 정신적인 행복을 중심 화제로 하고 있음을 알 수 있다. 이어지는 내용에서 이 둘을 비교, 대조하고 있을 뿐이다.

오답풀이 ② 이 글은 물질적 행복과 정신적 행복을 적절히 대조하여 설명하고 있다. ③ '둘째'로 시작되는 문장은 새로운 문단으로 구분하여야 한다. ④ 둘째 문단의 마지막 문장인 '능동적인 행복은 ~유한한 것이다'는 통일성에 어긋난 문장이기에 삭제해야 한다. ⑤ 마지막 문단의 첫째 문장 '셋째, 물질적인 ~추구하는 사람이다'에서 주어와 서술어의 호응이 자연스럽지 않다. 이 문장은 '물질적인 행복은 제한된 행복이다.' 또는 '물질적인 행복을 추구하는 사람은 제한된 행복을 추구하는 사람이다.' 정도로 수정하여야 한다.

16 ④

해설 '과정'은 시간의 흐름이나 사건의 인과관계, 일이 진행되는 절차에 따라 진술하는 방식이다. ④의 '아침 일찍 등교', '자리에서 떠나지 않고 공부', '궂은 일을 앞장서서 하는 것'은 주어진 문장의 '부지런한 학생'의 예시에 해당된다.

Chapter
04 어휘

01 ④

해설 '보조(補助)'는 '보태어 도움'을, '보완(補完)'은 '모자라거나 부족한 것을 보충하여 완전하게 함'을, '보충(補充)'은 '부족한 것을 보태어 채움'을 뜻하는 어휘이다.

02 ②

해설 '해명(解明)'은 '까닭이나 내용을 풀어서 밝힘'의 의미이며, '발언(發言)'은 '말을 꺼내어 의견을 나타냄 또는 그 말'의 의미이다. '진술(陳述)'은 '일이나 상황에 대하여 자세하게 이야기함', 또는 법률 용어로서, 구체적인 법률 상황이나 사실에 관한 지식, 관련되는 상황을 알리는 일을 의미한다.

03 ⑤

해설 '시나브로'는 '모르는 사이에 조금씩 조금씩'이라는 뜻이므로 ⑤와 같이 '일이 힘드니 시나브로 하세요.'라는 표현은 잘못된 것이다.

04 ③

해설 다의어에서 구체적 행동을 나타내는 의미가 기본적 의미이고 추상적 행동을 나타내는 것이 확장된 의미이다. ③에서 '갈던지'는 '이빨을 마주 대고 문지르다'는 구체적 의미를 지니기 때문에 기본적 의미에 해당한다.

05 ⑤

해설 와중에도 : 흐르는 물이 소용돌이치는 가운데. 흔히 '와중에'의 꼴로 쓰여 '복잡하고 시끄러운 일이나 사건이 벌어지는 가운데'라는 의미로 쓰인다.

06 ⑤

해설 한창 : 어떤 일이 왕성한 때, 아주 무르익은 때. 한참 : 시간이 상당히 지나는 동안. 앉히다 : '앉다'의 사동사로 '앉게 하다'. 안치다 : 떡, 구이 등 음식을 만들기 위해 재료를 솥이나 냄비 따위에 넣고 음식이 되게 하다. 담그다 : 김치, 술, 장, 젓갈 따위를 만드는 재료를 버무리거나 물을 부어서, 익거나 삭도록 그릇에 넣어 두다. 담다 : 어떤 물건을 그릇 따위에 넣다.

07 ③

해설 ① '탓'은 부정적 의미에, '덕분'은 긍정적인 의미에 쓰인다. ② '너비'는 (평면이나 넓게 된 물체의 길이를 전제로 하여) 가로 퍼진 길이를 가리키는 말이다. 즉, 폭(가로 길이)을 가리킬 때 쓰는 말이다. '넓이'는 '넓은 정도, 일정하게 차지하는 평면의 크기'를 가리키는 말이다. 즉, 면적을 가리킬 때 쓰인다. ③ '갑절'은 어떤 수량의 두 배를, '곱절'은 어떤 수량의 세 배 이상일 경우 쓰인다. ④ '경신(更新)'은 이제까지 있던 것을 고쳐 새롭게 함을 의미하는데, 법적인 효력 관계에 있을 경우에 쓸 때에는 '갱신'이다. ⑤ '밭뙈기'는 얼마 안 되는 밭을 얕잡아 일컫는 말이고, '밭떼기'는 밭을 단위로 농산물을 일괄 거래하는 것이다.

08 ②

해설 단위어 '채'는 '집 한 채'나 '이불 한 채'등 집이나 이불을 세는 단위이며, '올'은 '올이 가늘다/올이 굵다/올이 나가다/올을 엮다' 등에서 보듯이 '실이나 줄의 가닥'을 의미하거나, 수량을 나타내는 말 뒤에 쓰여 '실이나 줄의 가닥을 세는 단위'로 쓰인다. 여기에서 머리카락은 '줄의 가닥'의 의미에 해당한다. '코'는 '그물이나 뜨개질한 물건의 눈마다의 매듭'의 의미이며, '뜨개질할 때 눈마다 생겨나는 매듭을 세는 단위'로 쓰인다.

오답풀이 '장'은 '종이 한 장/기와를 한 장 한 장 정성스럽게 올렸다.'에서 보듯이 '종이나 유리 따위의 얇고 넓적한 물건을 세는 단위'로 쓰이며, '필'은 '예물 단자를 적어 보면 황 모시 열 필'에서 보듯, '일정한 길이로 말아 놓은 피륙을 세는 단위'로 쓰인다. '땀'은 '바느질을 한 땀 한 땀 정성 들여 하다.'처럼 수량을 나타내는 말 뒤에서 '실을 꿴 바늘로 한 번 뜨다.'의 의미로 쓰인다. '모'는 '두부 한 모'처럼 수량을 나타내는 말 뒤에 쓰여, '두부나 묵 따위를 세는 단위'로 쓰인다.

09 ①

해설 답지의 예로 사용된 '한발(旱魃)-가뭄, 전신(全身)-온몸, 생명(生命)-목숨, 피부(皮膚)-살갗, 폐(肺)-허파'는 모두 동의어처럼 보인다. 그러나 〈보기〉에는 용법이 제한되는 예가 들어가야 하므로 여기에 부응하는(대치해서 사용할 수 없는) '-정확성이 목숨이다.'를 예로 든 ①번이 답이 된다.

10 ②

해설 '꽁지'는 '새의 꽁무니에 붙은 기다란 깃'을 의미하고, '꽁무니'는 '짐승이나 새의 등마루 뼈의 끝이 되는 부분, 엉덩이를 중심으로 한 몸의 뒷부분' 등을 말한다. ②번은 '꽁무니를 빼다.'와 '꽁지 빠진 수탉'으로 바꾸어야 한다.

11 ②

해설 '불문(不問)'은 '묻지 아니함 또는 가리지 아니함'을 뜻하는 말이다. 따라서 ②의 문장에서는, '불문하고'대신에 '얽매여 거리끼지 아니하다'의 뜻을 가진 '불구(不拘)하고'를 써야 한다.

12 ①

해설 연상 과정이 '어휘 → 일반어 → 추상어'의 방향으로 나아간 것은 ①이다. '갈매기'의 일반어(상위어)가 '새'이고, '새'에서 생각과 관련된 추상어로서 '자유'를 연상했기 때문이다.

오답풀이 ② '어휘 → 특수어 → 특수어', ③ '어휘 → 추상어 → 구체어', ④ '어휘 → 추상어 → 추상어', ⑤ '어휘 → 특수어 → 추상어'

13 ①

해설 동음이의어는 문장에서 반의어를 통해 오히려 그 의미가 더 명확해진다. '김장독을 묻다'에서의 '묻다'는 '물건을 흙 속에 덮어 감추다'는 뜻이므로, 그 반의어는 '파내다'이다. '때가 묻었다'에서 '묻다'는 '다른 물건에 들러붙다' 는 뜻이므로, 그 반의어는 '지다'이다. '안경을 꼈더니'에서 '끼다'는 '착용하다', '김이 잔뜩 끼었다'에서 '끼다'는 '서리다'의 뜻이므로 반의어는 각각 '벗다'와 '걷히다'이다.

14 ②

해설 ②의 '백중'은 낫고 못함이 없이 비슷하다는 의미로 '둘의 실력이 비슷하여 백중한 경기를 펼쳤다.' 정도의 예문을 적용하는 것이 가능하겠다.

오답풀이 ①은 '거의 같을 정도로 비슷하다.'의 뜻이니 '아버지의 눈빛과 흡사하다'를 예문으로 생각할 수 있다. ③은 '전쟁터를 방불하게 하다.'의 예문을 적용할 수 있다. '방불하게'는 줄여서 '방불케'로 많이 쓴다. ④는 '식성이 유사하다' 정도를 예문으로 쓸 수 있다. '유사'와 '흡사'는 주어진 예문으로 보면 둘 다 쓸 수 있다. ⑤는 '능력에 상당한 대우를 받다.'를 예문으로 적용할 수 있다.

15 ⑤

해설 '벗겨지다'는 '덮이거나 씌어진 물건이, 외부의 힘에 의해 떼어지거나 떨어지다'의 뜻이다. '벗어지다'는 '머리카락이나 몸의 털 따위가 빠지다'의 뜻이다.

16 ⑤

해설 청결(淸潔)은 '맑고 깨끗함'의 뜻이고, 고결(高潔)은 '성품이 고상하고 순결함'의 의미이다. 그런 점에서 '마음속에서 내솟는 눈물'은 '고결(高潔)하다'의 뜻이므로 '청결'을 선택한 것은 잘못이다.

17 ⑤

해설 '독선'은 '자기 혼자만이 옳다고 믿고 행동하는 일'을 뜻하고, '독단'은 '남과 상의하지도 않고 혼자서 판단하거나 결정함'을 뜻한다. 따라서 ⑤의 문맥을 보면 '그는 다른 사람과 상의 없이 혼자서 일을 처리했다'고 했으므로 '독단'이 문맥에 어울린다.

오답풀이 ①의 '변경'은 '다르게 바꾸어 새롭게 고침'의 뜻이고, '변형'은 '모양이나 형태가 달라지거나 달라지게 함. 또는 그 달라진 형태'의 뜻이다. ②의 '발견'은 '미처 찾아내지 못하거나 아직 알려지지 아니한 사물이나 현상, 사실 따위를 찾아냄'의 뜻이고, '발굴'은 '땅속이나 큰 덩치의 흙, 돌 더미 따위에 묻혀 있는 것을 찾아서 파냄. 또는 세상에 널리 알려 지지 않거나 뛰어난 것을 찾아 밝히어 냄'의 뜻이다. ③의 '부응'은 '어떤 요구나 자기의 의견을 일치시키거나 보조를 맞춤'을 뜻하고, '방조'는 '남의 범죄 수행에 편의를 주는 모든 행위'의 뜻이다. ④의 '동조'는 '남의 주장에 기대 따위에 좇아서 행위'를 뜻한다. '호응'은 '부름에 응답한다는 뜻으로, 부름이나 호소 따위에 대답하거나 응함'의 뜻이다.

18 ④

해설 '언저리'는 '둘레의 가 부분'을, '가장자리'는 '둘레나 끝에 해당하는 부분'을, '테두리'는 '둘레의 가장자리'를 각각 의미한다. 모두 가장자리나 끝을 의미하는 '주변'의 의미 요소를 담고 있다고 할 수 있다.

19 ①

해설 '불세출'은 '좀처럼 세상에 나타나지 아니할 만큼 뛰어남'의 의미를 갖고 있는 말이다. 그리고 '테두리'는 '죽 둘러서 친 줄이나 금 또는 장식' 또는 '일정한 범위나 한계'를 의미하는 말이다.

오답풀이 '팔불출'은 '몹시 어리석은 사람'을 의미하며, '변두리'는 '어떤 지역의 가장자리가 되는 곳'을 의미한다. 그리고 '밀반출'은 '물건 따위를 몰래 국외로 내감'을 뜻하며, '넋두리'는 '불만을 길게 늘어놓으며 하소연함'을 뜻한다.

20 ②

해설 〈보기〉에서 보듯 '충고'는 '남의 결함이나 잘못'을 타이름 또는 그런 말을 뜻한다. 따라서 ②의 '아름답다'고 '충고'하는 것은 어색하다.

오답풀이 '자문'은 '전문가에게 의견을 물음'의 뜻을 가진 말이므로, '(전문가)에게 자문을 하다' 또는 '(전문가)에게 (-을/를) 자문하다'로 써야 용법상 맞는 표현이다.

'한국실용글쓰기' 검정 시험은 2007년 12월 '국가공인'을 받은 국내 유일의 글쓰기 자격시험이다.

PART 04

실용글쓰기
〈검정 기출문제〉

01 객관식 영역
제1회 검정 기출문제
제2회 검정 기출문제
제3회 검정 기출문제
제4회 검정 기출문제

02 주관식 영역
제1회 검정 기출문제
제2회 검정 기출문제
제3회 검정 기출문제
제4회 검정 기출문제

객관식 영역

제 1 회 실용글쓰기 검정 기출문제

※ 다음은 정○○ 기자가 쓴 기사문 초고이다. 다음 글을 읽고 물음에 답하시오. (1~2번)

(㉠) 4일 "근로소득자 1,668만 명 중에서 나의 연봉 순위와 절세비율 등 연봉과 관련된 다양한 정보를 알려주는 '연봉탐색기'를 서비스한다."고 밝혔다.

연봉탐색기 서비스를 이용하려는 사람은 한국납세자연맹 홈 페이지에 접속해 메인 홈페이지 오른쪽 위의 '1,668만 명 중 내 연봉 순위는' 코너를 클릭하면 된다. 그리고 자신의 연봉 액수를 입력하면 전체 근로자 중 자신의 연봉 순위와 연봉의 실제 수령액, 공제 항목 실태, 연봉이 100만 원 올라갈 때 자신에게 돌아오는 몫, 소득공제가 증가할 때 늘어나는 환급액 규모, 지금보다 세율이 한 단계 상승하는 연봉 액수 등 모두 9개의 사항이 제시된다.

(㉡) 회원 가입 후에는 세전 수입만 입력하면 모든게 가능하다. 회원 정보는 저장되지 않고 연봉 액수만 입력하기 때문에 연봉탐색기를 이용하더라도 개인 정보가 누출될 위험성은 거의 없다.

연봉탐색기는 연봉 순위뿐만 아니라 내가 실제로 내는 세금과 실수령액, 절세비율, 연봉에 맞는 각종 ㉢세테크팁까지 제공해 합리적인 지출계획을 세우려는 직장인들에게 큰 도움이 될 전망이다.

특히 본인의 ㉣연봉을 입력하면 연봉 순위는 물론 여기에 입력된 연봉 데이터를 근거로 세금 등을 제외한 내 연봉의 실수령액과 내 연봉에서 빠져나가는 공제항목의 분포 및 금액을 분석해 준다. (㉤)

연봉탐색기의 분석값과 연봉 순위에 사용된 데이터는 올해 국정감사에서 나온 연말정산을 한 근로자 1,668만 명에 대한 290구간 자료이다. 오차범위가 최대 ±0.8%로 정확도가 아주 높다.

한국납세자연맹 김○○ 회장은 "연봉탐색기는 연초, 자신의 올해 연봉에서 실수령 예상액을 확인하여 합리적인 소비지출을 계획하는 데 도움이 된다."며 "연말정산을 앞둔 직장인에게는 내 연봉에 맞는 절세 요령을 통해 올해 환급액을 늘릴 수 있을 것"이라고 밝혔다.

01 윗글을 수정할 방안으로 적절하지 <u>않은</u> 것은?

① ㉠에 '한국납세자연맹은'을 넣는다.
② ㉡에 '다만 연봉탐색기 서비스를 이용하고자 하는 사람은 반드시 회원 가입을 해야 한다.'를 넣는다.
③ ㉢'세테크팁'을 '절세 요령'으로 수정한다.
④ ㉣'연봉'을 '분석값'으로 수정한다.
⑤ ㉤에 연봉탐색기를 이용하면 얻을 수 있는 도움을 더 나열하여 쓴다.

02 윗글을 쓴 정○○ 기자가 예상한 독자의 반응으로 적절하지 않은 것은?

① 내 연봉에 맞는 각종 절세 요령을 알 수 있다니 한번 이용해 봐야겠네.
② 연봉탐색기에 입력한 정보가 저장되지 않는데 왜 회원가입을 해야 할까
③ 연봉 탐색기에 입력한 값을 바탕으로 내년 연봉탐색기 분석값을 업데이트하겠군.
④ 합리적인 소비지출을 계획하는 데 굳이 연봉서열을 확인해야 하는 이유는 무엇이지
⑤ 연봉을 협상할 때 회사가 제시한 연봉 인상액 중에서 세금을 뺀 나의 몫을 제시할 수 있겠군.

03 다음 글을 쓰기 위해 글쓴이가 수집한 자료로 가장 적절하지 않은 것은?

〈 기준 금리 41개월 만에 하락 〉

한국은행 금융통화위원회가 12일 기준 금리를 연 3.0%로 0.25%p를 내렸다. 금리 인하는 2014년 2월 0.5%p를 내린 이후 41개월 만이다. 금리를 인하하면 시중에 돈이 많이 풀리면서 기대 인플레이션을 자극해 물가가 오를 수 있다. 또 기존 대출자의 금리 부담을 줄여 줄 수 있지만, 가계 부채 증가라는 위험이 따를 수 있다.

① 금리를 인하하면 물가가 내려간다.
② 기준금리를 연 325%에서 연 30%로 인하하였다.
③ 금리를 인하하면 가계 신규 대출이 늘어나는 경향이 있다.
④ 금리를 내리면 기존 대출자의 금리 부담이 줄어들 수 있다.
⑤ 기준금리를 결정하는 한국은행이 기준금리를 오랜만에 내렸다.

04 다음 중 도표를 삽입할 때 주의할 점으로 적절하지 않은 것은?

① 제목은 반드시 붙인다.
② 데이터의 정확한 일자를 쓴다.
③ 설명문은 도표의 위에 배치한다.
④ 데이터의 수치를 정확하게 쓴다.
⑤ 알아보기 쉽고 간단명료하게 구성한다.

※ 다음 글을 읽고 물음에 답하시오. (5~6번)

"길 가던 버스가 갑자기 폭발하다니, 믿겨지지가 않아." "그러게 말이야. 이 사건은 오랫동안 잊혀지지 않을 거야."
최근 일어난 버스 폭발 사건에 대해서 두 여성이 나누는 대화이다. 두 사람 모두 잘못된 말을 쓰고 있다. (㉠) 이 대화 중 어디가 잘못됐는지 단번에 알아차리는 사람은 그리 많지 않다.
결론부터 말해서 이 두 사람은 모두 (㉡) 표현을 쓰고 있다. 이중피동은 피동형 동사에 '-어지-' 형태의 피동 표현을 한 번 더 쓰면서 중복된 피동 표현을 하는 것을 말한다.
국립국어원 김○○ 연구관은 "한글 창제 이후 중세시대에는 국어에서 피동표현이 거의 사용되지 않았는데 영어의 영향을 받으면서 현대에는 피동 표현이 자리를 잡아가고 있다."라고 말했다. 하지만 아직은 능동으로 표현하는 것이 익숙하고 자연스럽다는 설명이다. (㉢) "미용실에서 머리 깎고 왔다."라는 말은 미용사가 머리를 깎아 주었다면 (㉣) 표현을 쓰는 것이 맞는데 능동 표현을 주로 써 온 우리 언어관습에서 나와 굳어진 표현이다.
더구나 이중피동은 말이 쓸데없이 길어지고 깔끔하지 못하다. 김○○ 연구관은 "피동 표현은 현대에 와서 점점 익숙해져 가고 있으나 이중피동은 분명히 잘못된 표현"이라고 지적했다.

05 윗글의 ㉠~㉣에 들어갈 말로 적절한 것은?

	㉠	㉡	㉢	㉣
①	그런데	이중피동	예를 들어	피동
②	그러나	이중피동	요컨대	능동
③	더구나	능동	예를 들어	이중피동
④	또한	이중피동	예를 들어	능동
⑤	그런데	능동	요컨대	피동

06 윗글에서 지적하고 있는 오류 유형이 나타나는 문장은?
① 이번 사건의 실마리가 잡히지 않는다.
② 한번 개에 물린 사람은 개를 무서워한다.
③ 편지에 담겨진 진실을 철저히 파헤쳐 보아야 한다.
④ 새롭게 알려진 사실에 의하면 그간의 소문은 모두 사실이었다.
⑤ 일본의 지진에도 성금을 보냈던 우리가 모금하지 못할 이유는 없다.

07 다음은 ○○회사의 인재상을 나타낸 도표이다. 이를 안내하는 안내문을 만들 때 역량별로 들어갈 내용을 가장 적절하게 쓴 것은?

넘치는 열정과 창의적인 도전으로 에너지 산업의 미래를 이끌어갈 인재를 구하고 있습니다.

① 신뢰 : 자신의 역할을 다하며 서로 결집한다.
② 탁월 : 구성원과 조직 모두가 최고를 지향한다.
③ 도전 : 높은 목표를 설정하고 성과를 창출한다.
④ 상호 협력 : 대내외 자원과 역량을 존중한다.
⑤ 유연 : 열린 사고와 행동으로 앞서 행동한다.

※ 다음 글을 읽고 물음에 답하시오. (8~9번)

(가) 오늘도 '취업준비생'(이하 취준생)들은 '자소서'를 쓴다. 자소서는 '자기소개서'의 줄임말로, 기업에 원서를 낼 때 거의 예외 없이 제출하는 서류이다. 하지만 자소서에 쓰는 모든 소개는 그 자체로는 의미가 없다. 궁극적으로 채용담당자를 설득하지 않으면 무용지물이기 때문이다.

(나) 청년들이 자소서를 '자소설'이라고 부르는 이유도 여기에 있다. 자소서를 쓰는 이는 모든 항목에서 자신의 경험과 생각을 최대한 과장해야 한다. 당연히 경험은 과장될 수밖에 없다. 그래서 그것은 '소설'처럼 '있을 법한 허구'가 된다. 모두가 소설을 쓴다면, 그중 가장 극적이고 재미있는 소설을 쓴 이가 서류전형을 통과할 공산이 크다. 자소서 쓰기는 우리 시대의 청년 문학이자, 기업이 주관하는 신춘문예다.

(다) 결국 '학생부'가 중·고등학생의 삶을 주조한다면, 자소서는 대학생의 삶을 주조하는 '주체화 장치'다. 자본은 상품을 생산하는 데서 그치는 게 아니라, 청년의 삶을 생산하는 방향으로 나아간다. 그의 삶은 완벽한 자유로 이루어진 것처럼 보이지만, 사실 그는 자본에 구속된 인간으로 자신을 관리한다.

오늘날 정치는 국회나 청와대에 있다기보다, 기업의 자소서가 만들어내는 청년들의 삶 속에 있다. '삶 정치'란 이런 것이다.

(라) 그래서 자소서의 기능은 단순히 기업에 '자기소개'를 하는 게 아니다. 그것은 짧게는 1~2년, 길게는 9~10년의 자기인생을 기업이 요구하는 가치에 따라 조직하는 일이다. 청년실업률이 역대 최고로 높은 오늘날, 자소서는 청년들이 '자기'의 삶을 설계하고 운영하고 관리하는 지침서다. 이것은 기업이 운영하는 '고해성사'다. 그런 의미에서 자소서는 개인을 권력의 입맛에 맞춰 하나의 '주체'로 만드는 체계, 곧 푸코가 '장치'(dispositif)라고 불렀던 것의 대표적인 한국적 사례가 된다.

(마) 자소서가 '자소설'이 되는 또 하나의 이유는 그것이 '자기소개'의 독자성과 창의성이 없고, 기업이 제시하는 항목에 자기를 맞추는 글이기 때문이다. 회사를 초월해 자소서 항목에서 반복적으로 등장하는 단어들은 무엇일까? 그것은 '열정, 극복, 도전, 끈기, 성과, 창의, 문제 해결, 비전, 노력, 희생, 진지함, 헌신, 감동' 등이다. 취준생들은 자기 삶의 경험들을 이러한 단어들에 맞춰서 재배치해야만 한다. 이제 경험을 통해 가치를 추출하는 게 아니라, 자소서에서 요구하는 가치를 충족하기 위해 선제적으로 경험을 조직하는 게 최선이다. 대학생활에서 자소서가 만들어지는 게 아니라, 자소서를 위해 대학생활이 만들어지는 것이다.

08 다음 〈보기〉의 ㉠~㉤을 윗글의 (가)~(마) 문단에 넣으려고 할때 가장 적절하게 넣을 방안은?

보기

㉠ 자소서는 '자기'를 만들어내는 것, 기업의 인재상에 맞추어 '자기'를 생산하는 기능을 한다.

㉡ 명칭 그대로 자소서는 자기가 살아온 경험을 소개하면서 자신이 이 회사에 채용되어야 하는 이유를 기술하는 글이다.

㉢ 이 단어들은 기업이 찾는 인재가 거의 '슈퍼히어로'에 가까움을 보여준다. 평범한 대학생들의 삶과는 어울리지 않는 거창한 단어들이다.

㉣ 이렇게 생산되는 '자기'란 '자신을 인적자본으로 바라보고 투자 대비 이윤을 최대화하기 위해 자기를 관리하고 경영하는 인간', 곧 신자유주의적 인간형인 호모 에코노미쿠스이다.

㉤ '가장 어려웠던 일을 극복하기 위해 어떤 일을 했는지', '조직의 목표를 달성하기 위해 노력하고 희생함으로써 협력을 끌어낸 경험'에 대해 쓸 때, 지원자는 최근 4~5년의 대학생활 동안 경험했던 일들을 복기해서 아무리 작은 경험이라도 그 속에서 '어려움', '극복', '목표 달성', '희생', '협력'이라는 키워드를 끌어내야 한다.

① ㉠을 (라) 문단에 넣는다.   ② ㉡을 (다) 문단에 넣는다.
③ ㉢을 (나) 문단에 넣는다.   ④ ㉣을 (마) 문단에 넣는다.
⑤ ㉤을 (가) 문단에 넣는다.

09 윗글의 (가)~(마) 문단을 논리적인 순서대로 전개해 쓴 것으로 적절한 것은?

① (가) → (나) → (다) → (라) → (마)
② (가) → (나) → (라) → (마) → (다)
③ (가) → (나) → (마) → (라) → (다)
④ (가) → (라) → (다) → (나) → (마)
⑤ (가) → (라) → (마) → (나) → (다)

※ 다음 사례를 읽고 물음에 답하시오. (10~11번)

컨설팅 회사에 근무하는 신입사원 최○○ 씨의 부서가 고객으로부터 사업 제안서를 요청받았다. 그 고객은 신입사원 최○○ 씨 아버지의 회사와 오랫동안 협력관계에 있는 사람이었다. 신입사원 최○○ 씨는 심혈을 기울여 사업 제안서를 완성하여 개인적인 안부와 함께 제안서 초안을 이메일로 보냈다.
한편 그 고객의 비서는 여러 군데 컨설팅 회사에 요청하였던 사업 제안서를 취합하고 출력하여 회의 때 돌려 볼 수 있도록 하였다. 그런데 (㉠) 이메일에는 이전의 접대 자리가 만족스러웠는지를 묻는 극히 개인적인 내용이 들어 있었다.
며칠 후 신입사원 최○○ 씨는 그 고객으로부터 제안서 탈락과 동시에 컨설팅 업무 계약 취소 통보를 받았다.

10 윗글의 ㉠에 들어갈 문장을 쓴 것으로 가장 적절한 것은?

① 사업 제안서로는 이전의 협력 관계를 파악하기가 어려웠다.
② 여러 군데 컨설팅 회사의 사업 제안서의 우열을 가릴 수 없었다.
③ 신입사원 최○○ 씨가 보낸 이메일 내용이 회의의 분위기를 흐려놓았다.
④ 신입사원 최○○ 씨의 사업 제안서는 매우 훌륭하여 신입사원이 쓴 것으로는 보기 어려웠다.
⑤ 신입사원 최○○ 씨가 보낸 이메일에는 사업상 협력 관계에 대한 언급 없이 가벼운 인사만 들어 있었다.

11 위 상황에서 신입사원 최○○ 씨가 컨설팅 업무 계약 취소 통보를 받게 된 이유를 적절하게 쓴 것은?

① 사업 제안서 필수 항목을 빠뜨리고 썼기 때문이다.
② 제안서의 내용을 충분하게 쓰지 못했기 때문이다.
③ 인간관계를 고려하지 않고 딱딱한 문체로 썼기 때문이다.
④ 다른 회사의 제안서와 달리 신입사원의 신분으로 썼기 때문이다.
⑤ 공식적인 이메일에 공과 사를 구분하지 못하는 내용을 썼기 때문이다.

12 문서를 작성하던 김○○ 사원은 읽기에 따라 불필요한 말이 반복되거나 중의적으로 해석할 여지가 있는 문장을 가려내어 고쳤다. 다음 중 적절하게 고친 문장은?

① 그는 나보다 회사 일을 더 우선한다.
② 그 문제는 다시 재고해 볼 필요가 있습니다.
③ 성실한 그의 상사는 항상 일찍 출근하여 사무실 청소를 한다.
④ 일정한 액수 이하를 송금할 때는 수수료를 내지 않아도 됩니다.
⑤ 올바른 사회를 만들기 위해서는 사회악을 뿌리 뽑아 근절해야 한다.

13 다음 ㉠~㉦에 대한 설명으로 적절한 것은?

㉠ 호주 크리켓 경기장의 지나치게 엄격한 복장 규정이 기자들의 반발로 논란에 휩싸였다.
㉡ 호주 인터넷 포털 사이트 '야후7'은 15일 '호주 퍼스의 웨스턴 오스트레일리아 크리켓 협회(WACA)의 복장 규정에 대해 일부 여성 기자들이 반발했다.'라고 보도했다. 지난주 호주 퍼스의 WACA 그라운드에서 열린 호주와 남아프리카공화국의 경기 취재에 나선 ESPN의 멜린다 패럴 기자는 이날 '의상이 복장 규정에 맞지 않는다.'는 지적을 여러 차례 받았다고 주장했다. ㉢
패럴 기자는 자신의 트위터에 'WACA는 시대 흐름을 따라 가야 한다.'고 비판했다. 그는 '1960년대에나 만들어졌을 법한 복장 규정을 고수한 결과 관중석이 텅 비어있는 것을 알지 못하는 모양'이라며 '협회 관계자가 경기장을 찾은 한 임신부에게도 치마가 너무 짧다고 ㉣ 지적하는 바람에 결국 그 여성은 허리띠를 풀어 치마를 아래로 내려 입어야 했다.'라고 밝혔다.
영국과 영연방 국가에서 인기가 많은 크리켓은 '신사의 스포츠'라고 해서 관중이나 크리켓 클럽 회원들의 복장 규칙을 정한 경우가 많다. 여성의 경우 어깨를 완전히 드러낸 옷이나 레깅스, 슬리퍼 등의 착용을 금지하고 남성도 깃이 없는 셔츠, 하와이 스타일이나 운동용 반바지 등을 입지 못하게 하는 식이다.

㉤ WACA의 복장 규정은 그중에서도 지나치게 엄격하고 특히 여성에 대한 복장 규제를 심하게 한다는 지적이 나온 것이다. ㉥ WACA의 크리스티나 매슈스 대표는 이번 논란에 대해 '복장 규정을 재점검하는 계기로 삼겠다.'며 주위 비판을 수용하겠다는 뜻을 밝혔다.

㉦ WACA의 복장 규정에 여성의 경우 '치마가 무릎 위 8.5㎝ 이상 올라가서는 안 되고, 어깨끈의 넓이는 5㎝ 이상이어야 한다.'라고 되어 있다는 것이다.

① ㉠과 ㉡의 밑줄 친 문장의 위치를 서로 바꾼다.
② ㉢의 위치로 ㉦의 밑줄 친 문장을 이동한다.
③ ㉣을 '지적한 덕에'로 고쳐 쓴다.
④ ㉤의 자리에 '그러므로'라는 접속어를 넣는다.
⑤ ㉥의 밑줄 친 문장은 문단의 통일성을 해치므로 삭제한다.

14 **○○회사의 직원들이 작성한 문서에서 다음과 같은 문장을 발견하였다. 다음 중 밑줄 친 단어의 쓰임이 적절하지 않은 것은?**

① 빙산이 바다 위를 부상하는 것은 온난화 때문이다.
② 직장 내 권위주의 불식을 위해 활발한 토론 문화를 정착시켜야 한다.
③ 과자류에 지나친 식용 색소를 첨가하는 것은 소비자의 건강에 해롭다.
④ 우리 회사는 실추된 이미지의 회복을 위해 과감한 변신을 꾀해야 한다.
⑤ 한국 여성의 귀감인 신사임당을 이번 광고의 모델로 삼아야할 것이다.

15 **다음 중 신입사원에게 배포할 공문서 작성법으로 적절하지 않은 것은?**

① 전달력이 높은 공적인 언어를 씁니다.
② 경어체 '-합니다.', '-입니다.', '-습니다.'를 씁니다.
③ 문학적 표현보다는 논리적 표현과 공적인 용어 위주로 씁니다.
④ 일상용어보다 정확한 의미전달을 위해 어려운 한자어를 주로 씁니다.
⑤ 실용문에 적합한 용어로 핵심을 전달하는 구체적 실사 위주의 문장을 씁니다.

※ 다음 문서를 읽고 물음에 답하시오. (16~18번)

	NCS 기반 채용 직무기술서(국내복귀기업지원)			
채용 구분	경력직 (정규직)	분류체계	채용분야	02. 경영·회계·사무
			세부 모집분야	01. 기획·사무
개요	• (㉠)의 국내 복귀 지원을 위한 제반 업무를 수행한다.			
세부 직무	• (㉠)의 국내 복귀 기업 선정 심사 및 사후관리 • 기업 자문 및 컨설팅 업무 수행			
업무 내용	• 분야별 주요 이슈 심층 분석 및 조사 • (㉠)의 국내 복귀 전략 수립 등의 업무를 공통으로 수행하되, 세부 직무별 산업·기능의 특화된 업무에 집중			
직무 요건	• 지식 및 기술 • 법률, 경영, 경제, 재무·회계 관련 지식 및 기술 • 지원 분야별 세부직무에서 명시한 분야 관련 지식 및 기술 • (㉡) • 직무 수행 태도 • 시장 환경, 고객, 경쟁자 동향 등을 종합적으로 고려하는 전략적 사고 • 사업계획의 실행 가능성 및 타당성을 확인하려는 자세 • 긍정적이고 미래지향적인 자세			
직무 관련 경력, 경험	• 회계사 자격증 소유자 또는 해당 분야에서의 연구·조사, 전략 수립 등 업무 수행 참여 경력			

16 윗글의 ㉠에 공통으로 들어갈 말을 가장 적절하게 쓴 것은?

① 강소 기업 ② 국외 진출 기업 ③ 자사 컨설팅 직무
④ 국외 마케팅 업무 ⑤ 현지 프랜차이즈 건설

17 윗글의 ㉡에 더 써넣을 내용을 가장 적절하게 쓴 것은?

① 지식재산권, 법률 관련 지식 및 기술
② 인수·합병 분야에 대한 기본 지식 및 기술
③ 국외 진출 현지화 전략 수립 및 실행 경험
④ 해당 분야에서의 국외마케팅 실무 업무 경력
⑤ 조사방법론, 통계분석 등에 대한 기본 지식 및 기술

18 위와 같은 채용공고문에 따른 입사지원서의 특성으로 적절하지 <u>않은</u> 것은?

① 직무기반 입사지원서 : 해당 직무를 성공적으로 수행할 가능성이 높은 지원자를 선별하기 위한 것으로 해당 기업, 기관의 모집 분야별 직무수행에 필요한 내용을 기재할 수 있도록 구성되어 있다.

② 인적사항 : 개별 지원자를 식별하고 관리하기 위한 성명, 생년월일, 연락처 등 최소한의 정보로만 구성되어 있다.

③ 교육사항 : 직무 수행에 필요한 지식, 기술, 태도를 갖추고 있는가를 평가하기 위한 항목으로 크게 학교 교육과 직업교육으로 구성되어 직무에 대한 지원자의 관심과 노력을 판단하는 척도로 활용된다.

④ 자격사항 : NCS 세부 분류별로 제시된 자격현황을 참고하여 지원자가 직무수행에 필요한 기술을 가졌는지 판단할 수 있도록, 취득한 자격은 모두 기록하도록 한다.

⑤ 경력 사항 및 직무 관련 활동 : 지원자가 직무와 관련된 일이나 경험 여부를 평가하기 위한 항목으로 경력기술서, 경험기술서, 자기소개서에 구체적으로 작성하도록 하여 면접 시 참고자료로 활용한다.

※ 다음 글을 읽고 물음에 답하시오. (19~20번)

품의 제목	(㉠)			최종 결재자		
결재 번호				품의 번호	2016년 월 일	
결재일	2016년 월 일			품 의 일		
인가	조건부인가	보류	부결	기안자		
결재	담당	대리	과장	부장	이사	사장

총무팀은 업무용으로 사용하고 있는 프린터(SST123DN), 복합기(IR321i)의 장기간 사용으로 인한 고장(수리비 과다)에 따라 다음과 같이 복합기를 계약하여 업무에 사용하고자 합니다.

1. 계약 사유 : 총무팀의 업무 진행 시 소요되는 많은 출력을 기존의 기기로는 출력을 할 수 없어 복합기 2대를 임대하여 사용하려고 함.
2. 계약 내용
 가. 물품명 : 디지털 복합기 2대
  1) SY-K1234K(흑백)
  2) SY-K4321K(컬러)
 나. 계약 업체 : 실용디에스

다. 계약 기간 : 2016년 6월 1일~2017년 2월 28일(9개월)
라. 대 여 료 : 금 267,000원/월

순	모델명	수량	월 임대료(원)	임대 기간	산출근거	비고
1	SY-K1234K (흑백)	1대	172,000원	9개월	172,000원×9 =1,548,000원	
2	SY-K4321K (컬러)	1대	95,000원	9개월	95,000원×9 =855,000원	
	계		267,000		2,403,000원	

— 하략 —

19 윗글의 ㉠에 서술할 내용으로 가장 적절한 것은?
① 실용디에스 신규 계약의 건
② 디지털 복합기 구매 계약의 건
③ 디지털 복사기 대여료 지출의 건
④ 총무팀 프린터 및 복합기 수리의 건
⑤ 총무팀 업무용 복합기 장기대여의 건

20 위 품의서에 첨부할 내용으로 적절하지 않은 것은
① 견적서
② 타사 비교 견적서
③ 복합기 임대차 계약서
④ 총무팀 업무량 증가 추이
⑤ 실용디에스 사업자 관련 서류

※ 다음은 김한국 사원이 작성한 기획서 초안이다. 다음 글을 읽고 물음에 답하시오. (21~22번)

1. 서문
　○○ 영유아 전용 세제는 지금까지 발매된 제품과는 전혀 다른 100% 천연 재료로 만든 친환경 세제이다. 특히 3세 미만의 영유아용품 젖병, 이유식 식기, 영유아 장난감 등을 가장 위생적이고 친환경적으로 씻을 수 있는 제품이다. 그러므로 이 획기적인 상품을 많은 사람에게 알릴 필요가 있다.

2. 기획 배경
　○○ 영유아 전용 세제는 지금까지 발매된 제품과는 전혀 다른 100% 천연 재료로 만든 친환경 세제이다. 따라서 이획기적인 상품을 많은 사람에게 알릴 필요가 있다.

3. 기획 목적
　다양한 장소에서 이벤트를 하고 신문 광고를 통해 ○○ 영유아 전용 세제를 더 많은 사람에게 알려 판매를 촉진해야 한다.

4. 광고 기간
　2017년 4월 1일~4월 31일

5. 광고 내용(개요)

　광고명 : ○○ 영유아 전용 세제
　이벤트 : 서울 시내 대형 마트와 약국 체인점에서 제품 홍보
　매체 : 신문 광고(○○일보, ○○신문, △△신문)

6. 붙임 자료
　광고 실행에 관한 세부 사항

21 위와 같은 글을 작성하는 요령에 대한 설명으로 가장 적절한 것은?
① 기술을 담보로 투자를 유치하여 투자 회사와 이익을 공유하기 위해 작성한다.
② 주요 의사 결정 사항에 대한 담당자 및 실행 기한 등 향후계획을 구체적으로 기술한다.
③ 문제 해결 요건을 충족하고 상대방의 공감과 흥미를 불러일으켜 해당 안이 채택될 수 있도록 쓴다.
④ 작성자의 이해관계 및 선입견을 배제하고 과거 사례 및 타부서의 의견 등을 포괄적으로 검토하여 작성한다.
⑤ 기업이 제공 또는 창출할 수 있는 제품 및 서비스 등을 제시하고 이를 실현하기 위한 구체적인 방법과 운영 계획 등을 소개한다.

22 윗글을 보고 상사가 쓴 평가로 가장 적절하지 않은 것은?

① 기획 목적과 광고 전략이 혼재되어 있습니다.
② '기획 목적-전략-실행 기획' 등의 항목으로 구분하면 더 좋겠습니다.
③ 신상품에 대한 광고 기획이므로 유통에 대한 대책 및 촉진내용이 포함되어야 합니다.
④ 광고 실행에 관한 세부 사항은 붙임 자료로 넣기보다는 본문에 구체적으로 써야 합니다.
⑤ 서문과 기획 배경에 같은 내용을 반복하고 있으므로 두 항목을 통합하는 것이 좋겠습니다.

※ 다음 광고를 보고 물음에 답하시오. (23~24번)

23 위 광고를 제작하기 전에 작성한 광고 기획서에 광고의 제작 배경으로 제시할 수 있는 자료로 적절한 것은?

① 고령 친화제품 기술 개발 계획
② 1970년~2015년까지의 출산율 변화 추이
③ 고령사회 성장동력 확보를 위한 근로자 직업 훈련
④ 저출산 대책사업의 일환인 무상보육료 및 차등보육료
⑤ 고령화에 대한 각종 연금, 보험, 노인 복지사업비 내역

24 위 광고에 대한 부가적인 광고 문구를 쓰려고 한다. 다음 중 적절하지 않은 것은?

① OECD 국가 중 최저 출산율의 나라
② 세계에서 고령화가 가장 빨리 진행 중인 나라
③ 아이보다 어른이 많은 나라, 상상해 보셨나요

④ 내 아이를 갖는 기쁨과 나라의 미래를 함께 생각해 주세요.
⑤ 아이 교육에 대한 투자, 스마트한 생활, ○○폰으로 함께 해요.

25 다음 중 기안문서에 관해 쓴 문장으로 가장 적절한 것은?
① 내용과 관련된 다른 부서의 협조를 얻기 위해 작성한 문서이다.
② 접수 문서를 배포 절차에 따라 담당 업무 처리과로 배포한 문서이다.
③ 결재 문서, 결재권자의 결재를 얻기 위해 서식에 따라 작성한 문서이다.
④ 발송문서, 기안 내용을 실행하기 위해 규정된 서식으로 작성한 문서이다.
⑤ 외부로부터 받은 문서를 접수 담당 부서에서 절차를 거쳐 접수한 문서이다.

26 다음 문서의 ㉠~㉢에 쓸 내용으로 가장 적절한 것은?

〈 일반 구매 거래 약관 〉

　본 일반 구매거래 약관은 ㈜○○(이하 "구매자")과 물품공급자(이하 "공급자") 간의 상호 신뢰를 바탕으로 한 물품거래를 신속, 정확하게 처리하고 당사자 간의 이해관계를 합리적으로 조정하기 위하여 기본적이고 일반적인 거래조건을 정한 것이다.

제1조 (적용 범위)
　"공급자"가 직접 제작/생산한 물품 납품과 제삼자가 제작/생산한 물품을 조달 납품하는 모든 경우에 적용된다.

제2조 (㉠)
1. "공급자"는 "구매자"가 발행한 발주서에서 지정한 모델, 사양, 수량, 납품기일, 인도조건, 납품장소를 준수하여 거래 물품이 최상의 조건으로 "구매자"에게 납품 완료될 수 있도록 최선의 노력을 다해야 할 책임과 의무를 갖는다.
2. "구매자"가 지정한 검수자의 검사에 합격한 때, 납품을 완료한 것으로 인정하며 "구매자"의 요청 시 검수자 서명을 얻은 납품 증빙자료(검수/인수 확인서, 거래명세표, 배달표 등)를 제출하여야 한다.

제3조 (㉡)
1. "공급자"는 거래 물품에 대해서 발주서에 명기된 사양과 비교하여 제품에 하자가 없음을 보증하고 하자 부존재에 대한 증명책임을 갖는다. 제품보증 기간 안에 하자가 발생한 경우 하자 유형에 따라 무상 수리, 교환, 환급 조치를 이행해야 하며 제품하자로 발생한 "구

매자"의 손해에 대해서도 배상의 책임을 진다.

제4조 (㉢)
1. "구매자" 또는 "공급자"가 정당한 사유 없이 발주서 및 본 약관에 규정한 거래약정을 준수하지 않았을 경우 상대방에게 서면으로 최고를 한 후 30일 이내 시정되지 않을 경우 해당 물품거래 무효화 및 발주사항을 취소할 수 있다.

제5조 (㉣)
1. "공급자"는 거래 물품 납품 시 "구매자"의 원활한 물품사용을 위한 사용설명서 등 관련 자료를 최대한 제공하여야 하고 "구매자"의 요청 시 사용법 시연 등 현장방문 교육에도 적극적으로 임해야 한다.
2. "공급자"는 납품이 완료된 후에도 "구매자"의 요청 시 관련 정보/자료 제공 및 조언을 해야 할 의무가 있다.

제6조 (㉤)
"구매자"와 "공급자"는 서면을 통하여 상호 합의한 경우를 제외하고 본 거래와 관련한 권리와 의무를 제삼자에게 양도, 담보제공, 대여 및 기타 처분행위를 할 수 없다. 단, 상호 합의한 경우라도 양 당사자는 제삼자와 연대 책임을 부담하며 거래 관련한 책임이나 의무로부터 면제되는 것은 아니다.

제7조 거래약정사항의 변경 및 통지의무
1. "구매자"가 발행한 발주서 및 본 거래약관에 의해 성립된 거래약정사항은 상호 서면 합의를 통해 변경할 수 있다.
2. "구매자"와 "공급자"는 영업양도, 상호 및 대표자 변경 등 중요 변경사항 발생 시 바로 상대방에게 통지하여야 한다.

– 하략 –

① ㉠ : 납품 증빙자료 제출
② ㉡ : 손해배상 책임을 다한다.
③ ㉢ : 거래 무효처리 및 발주 취소
④ ㉣ : 공급자의 의무를 다한다.
⑤ ㉤ : 거래 관련한 책임이나 의무로부터 면제되는 경우

27 회계과에 근무하는 황○○ 씨는 다음 계약서의 조항에 근거하여 〈보기〉의 사업에 대한 지체 기간을 계산하라는 지시를 받았다. 〈보기〉의 사업에 대한 지체일수는?

제○○조 지체일수는 아래와 같이 산정한다.

(가) 계약 기간 내에 준공검사요청서를 제출한 경우	
a. 계약 기간 경과 후 검사에 불합격하여 보완지시를 한 경우	보완지시일부터 최종검사에 합격한 날까지
b. 불합격판정으로 계약 기간 내에 보완지시를 한 경우	계약 기간 다음 날부터 최종검사에 합격한 날까지
(나) 계약 기간을 경과하여 준공검사요청서를 제출한 경우	
검사의 합격 여부 및 보완지시 여부에 관계없이 계약 기간 다음 날부터 최종검사에 합격한 날까지	

보기

1. 사업명 : 사내 소방안전시스템 구축사업
2. 계약 기간 : 2017년 1월 5일~2017년 11월 4일
3. 상황 : 낙찰받은 ○○사는 같은 해 10월 15일 준공검사 요청을 하여 준공검사를 받았으나 불합격 판정을 받았다.
   보완지시를 받은 같은 해 10월 25일부터 보완작업을 수행하여 11월 10일에 재검사를 요청하였다. 그리고 재검사를 거쳐 같은 해 11월 19일에 준공검사 합격통보를 받았다.

① 10월 25일~11월 10일 ② 10월 25일~11월 19일
③ 11월 4일~11월 19일   ④ 11월 5일~11월 10일
⑤ 11월 5일~11월 19일

28 다음 〈보기〉 내용의 프레젠테이션 화면 구성으로 적절한 것은?

보기

【국민의 안전한 삶 보장】
- 성폭력으로부터 안전한 사회(성폭력 근절)
- 가정폭력 방지 및 피해자 보호 강화(가정폭력 근절)
- 학교폭력 및 학생위험 청정 환경 조성(학교폭력 근절)
- 먹거리 관리로 식품안전 확보(불량식품 근절)

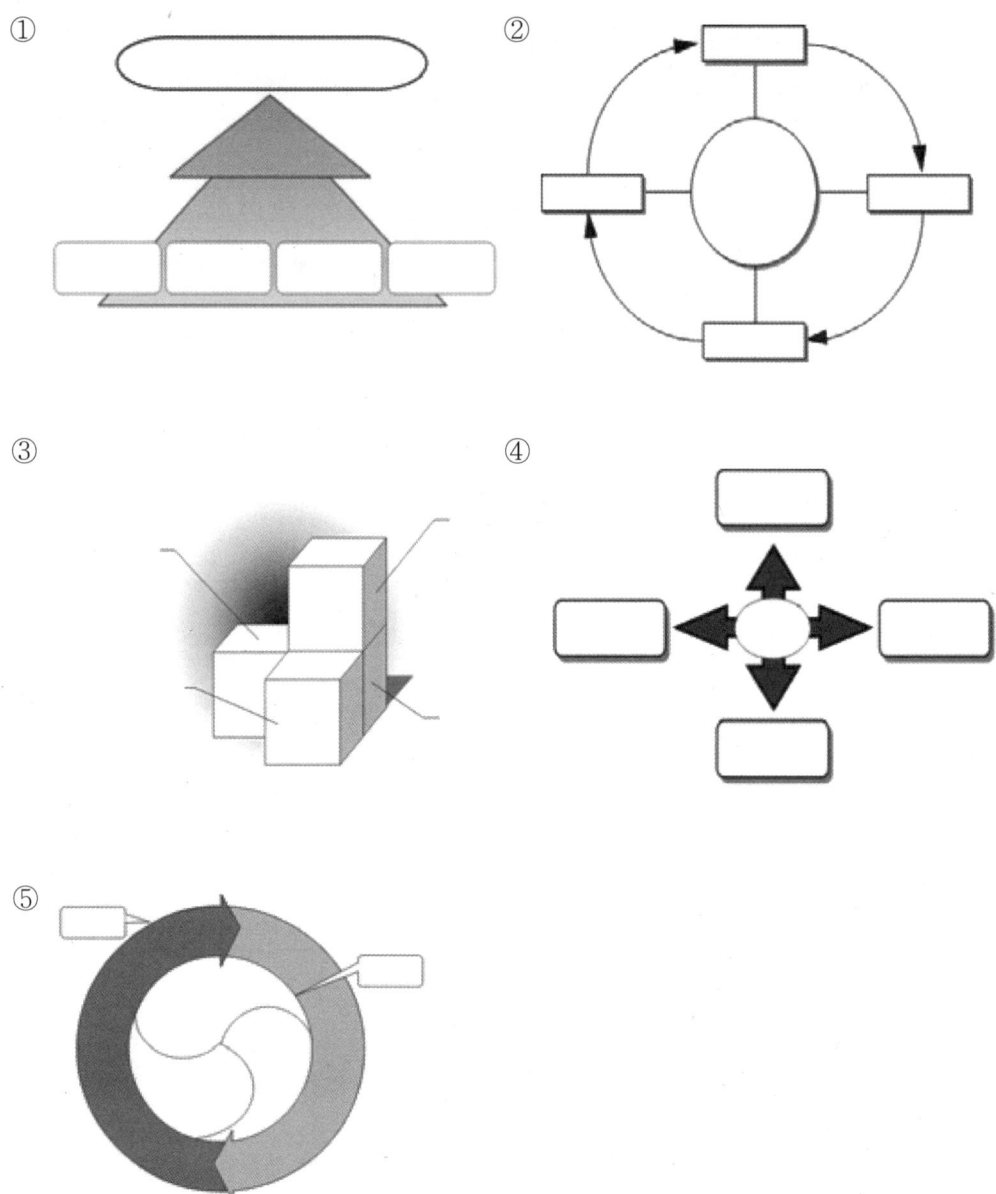

※ 다음 보도 자료를 읽고 물음에 답하시오. (29~30번)

(가)

수용 우수기관은 국가○○처, 경기 ○○시, 국민○○공단 등 7개 기관
- 국민권익위원회(이하 국민권익위)는 최근 3년간 253개 행정기관 등에 권고한 시정권고와 의견 표명 1,679건 중 84.7%인 1,422건이 수용되었다고 밝혔다.

【위원회 권고사항 수용 현황】

(2013. 10. 1.~2016. 9. 30.)

구분	권고사항 건수	수용 건수	수용률
계	1,679	1,422	847%
시정권고	677	592	874%
의견표명	1,002	830	828%

- 권고 수용률 95% 이상 우수 기관은 국가○○처(100%), 경기 ○○시(100%), 국민○○공단(100%) 등 7개 기관이며 80% 미만은 경기 ○○시(50.0%), 한국○○공사(66.7%), 근로○○공단(67.3%) 등 8개 기관이다.
- 기관 유형별로는 중앙행정기관의 권고 수용률이 870%로 가장 높았고, 지방자치단체와 공직 유관단체는 각각 83.4%와 83.0%로 나타났다.

29 위와 같은 글을 쓸 때의 유의 사항으로 적절하지 <u>않은</u> 것은?
① 될 수 있으면 전문용어를 피하고 짧은 문장으로 작성한다.
② 사전지식이나 정보가 부족한 사람의 입장에서 쉽고 짧게 쓴다.
③ 수식어는 빼고 전달하고자 하는 핵심만 간결하고 명쾌하게 적는다.
④ 반드시 완결되었거나 주어진 자료로 예측 가능한 내용을 가지고 작성한다.
⑤ 구체적이고 감각적인 어휘를 사용하여 실질적이고 유용한 정보를 제공한다.

30 윗글의 (가)에 쓸 표제로 가장 적절한 것은?
① 연말 의견 수용 우수기관 표창 이어져
② 국민권익위 권고사항 수용 현황 보고
③ 국민권익위의 시정권고와 의견표명 수용률 낮아져
④ 국민권익위, "지난 3년간 고충 민원 권고 847% 수용돼"
⑤ 중앙행정기관일수록 권고 수용률이 높아져 "지역 차 심해"

31 다음은 입사 한 달 차 신입사원이 선배인 김○○ 씨의 도움을 받아 쓴 보고서이다. 선배가 알려주었을 보고서 작성 요령으로 적절하지 않은 것은?

〈 일일 영업 보고서 〉

2017년 1월 3일
영업부 ○○○

	과장	부장

시간	방문처/면담자	방문 횟수	방문 내용	전망등급/실적
9:30	(주)○○공업 총무부장	처음	처음 방문함. 이미 발주업체가 있어서 현시점에서 당사의 진입은 어려움.	C
11:00	○○물산(주) 초총무부장	2	이전 방문 당시 ◇◇시스템도입의 추가 자료를 희망했으므로 지참함. 계속 검토.	B
13:00	○○산업(주) 상무	3	◇◇시스템에 대한 프레젠테이션. 12일, 견적서 지참하고 재방문 예정.	A
15:00	(주)○○센터 소장	처음	처음 처음 방문했으나 계약 체결.	매출 계약 2,200만원
16:30	○○상점(주) 총무부장	3	참고 자료로 ◇◇시스템의 팸플릿 지참. 9일에 결론.	B
17:30	귀사			
비고	[오늘의 실적] 1건 [A등급] 1건 ○○산업은 시스템 부분의 책임자와 면담할 수 있었고, 수주 확률도 높다. ○○물산과 ○○상점은 이후로도 계속 ◇◇시스템 도입의 이점을 언급할 예정.	경비	종목 / 교통비 / 기타 / 합계	내용 / 자가용	금액 / 3,800원 / / 3,800원	영수증 / ○

[전망등급] A : 유력 검토, B : 전망 있음, C : 전망 없음.

① 방문처의 기업명과 면담자의 부서나 직책을 써둡니다.
② 상담 내용은 간결하고 알기 쉽게 요약하여 기록합니다.
③ 비고에는 그날의 영업 실적만을 간략하게 정리해 보고합니다.
④ 면담의 소감으로 전망등급을 매기고 이후의 방문에 참고하는 것이 좋습니다.

⑤ 몇 번째 방문인지를 기재하는 칸을 만들어 두면 이후의 접근 방법을 생각할 때 참고가 됩니다.

※ 다음은 사원들의 연수에 활용하고자 ○○전자부설 연수원에서 작성한 연수 자료이다. 다음을 읽고 물음에 답하시오. (32~33번)

역할	혁신활동	필요한 자질과 능력
아이디어 창안 (idea generation)	• 아이디어를 창출하고 가능성을 검증 • 일을 수행하는 새로운 방법 고안 • 혁신적인 진보를 위한 탐색	• 각 분야의 전문지식 • 추상화와 개념화 능력
챔피언 (entrepreneuring or championing)	• 아이디어의 전파 • 혁신을 위한 자원 확보 • 아이디어 실현을 위한 헌신	• 정력적이고 위험을 감수함
프로젝트 관리 (project leading)	• 리더십 발휘 • 프로젝트 기획 및 조직 • 프로젝트의 효과적인 진행 감독	• 의사결정능력
정보 수문장 (gate keeping)	• 조직 외부의 정보를 내부 구성원들에게 전달 • 조직 내 정보원 기능	• 높은 수준의 기술적 역량
후원 (sponsoring or coaching)	• 혁신에 대한 격려와 안내 • 불필요한 제약으로부터 프로젝트 보호 • 혁신에 대한 자원 획득을 지원	• 조직의 주요 의사결정에 대한 영향력

〈 기술혁신의 자질과 역할 〉

32 위 연수 자료를 바탕으로 각 역할을 강조하는 사례를 보충하여 글을 쓰고자 한다. 다음 사례가 들어가기에 가장 적절한 역할은?

○○기업은 조직 내 혁신활동을 지원하며 이를 업무에서 30%의 비율로 할당하고 평가하는 제도를 두고 있다. 또한, 혁신적인 아이디어에서 나온 상품들을 적극적으로 장려하여 이를 상품화하는 것을 강조한다. 이는 조직 내의 전반적인 분위기와 경영진의 강력한 의지이자 직원들에 대한 격려이기도 하다.

① 후원 ② 챔피언
③ 정보 수문장 ④ 아이디어 창안
⑤ 프로젝트 관리

33 위 연수 자료의 검토를 부탁받은 기술혁신팀 김○○ 대리는 '필요한 자질과 능력'을 역할별로 추가하여 쓰는 것이 좋다고 말하였다. 역할별로 필요한 자질과 능력을 바르게 쓴 것은?

① 아이디어 창안 : 아이디어의 응용에 관심
② 챔피언 : 업무 수행 방법에 대한 지식
③ 프로젝트 관리 : 혁신적인 빠른 진행
④ 정보 수문장 : 원만한 대인 관계 능력
⑤ 후원 : 새로운 분야의 일을 즐김

※ 정보팀의 김○○ 사원은 보안유지가 중요한 문서들을 많이 다루기 때문에 세단기 사용이 많다. 새로운 세단기를 구매한 후 다음과 같은 사용 매뉴얼을 숙지하라고 팀장에게 지시를 받았다. 다음 세단기 사용 매뉴얼을 읽고 물음에 답하시오. (34~35번)

【주의사항】

겨울철 건조한 날씨로 인해 정전기가 발생하여, 세단기 내부에 부착된 적외선 감지 센서가 가득 찬(FULL) 파지함이라는 오류를 일으킬 수 있습니다. 이런 오류를 방지하기 위해 전원을 끄신 후 세단기 내부를 섬유탈취제나 섬유유연제를 이용하여 젖은 걸레로 닦아주시면 좋습니다. 감지 센서의 오류를 예방할 수 있습니다. 또한, 다음과 같은 사항에 주의하시기 바랍니다.
1. 전기조심
2. 어린이 접근 금지
3. 옷 끼임 주의
4. 세단 매수 준수

---

34 팀장이 파지함 안에는 아직도 충분히 세단해도 될 만큼의 공간이 남아있는데도 '가득 찬(FULL) 파지함' 메시지가 나타났다며 이런 경우 어떻게 대처해야 하는지 사내 메신저를 통해 안내하라고 지시하였다. 최근 건조한 날씨가 이어졌다면 다음 김사원의 메시지 중 ㉠에 쓴 글로 가장 적절한 것은?

정보팀원들께.
안녕하십니까? 정보팀 김○○ 사원입니다.
팀장님 지시에 따라 세단기 사용 시 주의할 사항을 한 가지 안내해 드립니다.
최근처럼 겨울철 건조한 날씨가 이어질 때, 파지함 안에는 아직도 충분히 세단해도 될 만큼의 공간이 남아있는데 '가득 찬(FULL) 파지함' 메시지가 나타났다면 (㉠) 바랍니다.
감사합니다.

정보팀 김○○ 사원 드림

① 전원을 10분 정도 끈 후 다시 켜시기
② 머리카락 등이 끼어있는지 확인하시기
③ 모터가 과열되었는지 손을 대어 확인하시기
④ 세단 매수를 초과하여 세단되지 않았는지 확인하시기
⑤ 전원을 끄신 후 걸레에 섬유유연제를 묻혀 세단기 내부를 닦아주시기

35 김○○ 사원의 사내 메신저 글을 읽고 정○○ 대리는 김○○사원에게 '건조한 날씨에 따른 주의사항 '1~4' 항을 좀 더 자세한 내용으로 제품 사용 설명서를 써서 세단기에 부착하라고 지시하였다. 자세한 제품 사용 설명서를 쓸 때 그 내용으로 가장 적절한 것은?

① 옷 끼임 주의 : 세단기에 따라 정해진 세단 매수를 지켜주세요.
② 어린이 접근 금지 : 세단 매수 초과 시 세단기의 수명이 짧아집니다.
③ 전기 조심 : 어린이의 사용은 위험합니다. 감전 및 화상 등 부상의 위험이 있습니다.
④ 세단 매수 준수 : 많은 세단 매수를 한 번에 세단할 수 있는 강력한 모터를 가지고 있습니다.
⑤ 전기 조심 : 물이 묻은 손으로 전원 플러그를 만지지 마세요. 감전 및 고장의 우려가 있습니다.

36 다음은 특허 명세서의 일부이다. '고안의 목적'에 들어갈 내용을 적절하게 쓴 것은?

> (54) 무인 항공기용 기계식 수신 전환 장치
>
> 　요약
>
> 　본 고안은 컴퓨터 프린터 수동 전환 장치에서 1개의 입력단을 조종면 제어를 위한 서보(servo) 동작을 위한 1개의 출력단으로 사용하고, 2개의 출력단은 수신기로부터 받은 조종 신호를 전달하는 2개의 입력단으로 사용하여 이를 무인기 또는 모형항공기에 장착하여 비행 중 잡음이나 수신기 고장, 배터리 방전 등의 위급한 경우에 다른 수신기로의 전환이 가능하도록 하고, 그로 인해 안전하게 비행을 할 수 있는 무인항공기용 기계식 수신 전환 장치를 제공하기 위한 것이다.
>
> 　고안의 상세한 설명
> 　고안의 목적
>
> 　　　　　　　　　　－ 이하 생략 －

① 수신 장치(Receiver)는 조종기에서 보내온 신호를 수신하는 장치로서, 서보(servo) 나 배터리를 연결할 수 있도록 단자가 준비되어 있으며 신호를 분리하여 각 장치로 전달하는 역할을 한다.

② 푸쉬로드(push rods)는 비행기를 조종하기 위해서 각 부분과 서보(servo) 모터를 연결하는 부품으로서, 철사에 발사나 유리 섬유질의 막대와 끝이 조여지는 크래비스로 구성된 것이 있으며, 철선 그대로 또는 플라스틱에 철선을 넣은 형태의 것도 있다.

③ 본 고안의 기계식 수신 전환 장치는 첨부 도면 중 도3과 4에 나타낸 바와 같이, 기계식 수신 전환 장치(30)는 무인 항공기의 내부에 장착되며, 제1수신기(31) 및 제2수신기(32)를 파워선 및 신호선(33, 34)으로 연결하기 위한 프린터 포트(35,36)와 서보(servo)선(37)을 통해서 조종면 제어용 서보(servo)(40)와 연결하기 위한 프린터 포트(39)로 구성되어 있다.

④ 본 고안은 종래의 컴퓨터 프린터 수동 전환 장치에서 1개의 입력단을 서보(servo) 동작을 위한 1개의 출력단으로 사용하고, 2개의 출력단은 수신기로부터 받은 신호를 전달하는 2개의 입력단으로 사용하여 이를 무인기 또는 모형항공기에 장착하여 비행 중 잡음이나 수신기 고장, 배터리 방전 등의 위급한 경우에 다른 수신기로의 전환이 가능하도록 하고, 그로 인해 안전하게 비행을 할 수 있는 무인 항공기용 기계식 수신 전환 장치를 제공하는 데 있다.

⑤ 본 고안의 무인 항공기용 기계식 수신 전환 장치는 제1, 제2수신기로부터 연결된 두 개의 프린터 포트가 수신 전환 장치의 입력단에 부착되어 있고, 조종면 제어용 서보(servo)와 연결된 한 개의 프린터 포트는 상기 수신 전환 장치의 출력단에 부착되어 있으며, 제1, 제2수신기 변환을 서보(servo)로 전환하기 위해 장착한 서보(servo)의 신호선이 수신기에 부착되어 있되, 상기 신호선이 제1수신기에 부착하면 제1조종기로 전환이 가능하고, 상기 신호선이 제2수신기에 부착하면 제2조종기로 전환이 가능하며, Y자형 컨넥터로 제1, 제2수신기에 모두 부착하면 제1, 제2조종기로 전환이 가능하게 된 것을 특징으로 한다.

37 (가)와 (나)에 제시된 팀의 특징을 가장 적절하게 쓴 것은?

> (가) 팀 회의를 시작하면서 김 팀장은 막대 풍선을 팀원들에게 여러 개를 나누어주고 풍선을 불면서 긴장을 풀도록 하였다. 팀이 일상사에서 벗어나는 행동을 한 것은 어느 정도 팀에 성공적인 결과를 가져다주었다. 실습을 통해서 팀은 문제상황을 새로운 관점으로 생각할 수 있게 되었으며, 팀원들은 많은 해결 방안을 내놓았다.

(나) 팀원들은 각자의 강점과 약점을 정리해볼 필요가 있다고 결정했다. 팀원을 2인 1조로 짝지은 후, 어느 한 영역에서 강점을 가진 구성원은 그 영역에서 취약한 다른 구성원과 짝을 이루어 지도하게 하였다. 이따금 짝을 바꿈으로써 팀원들은 교차 훈련을 할 수 있었다. 이러한 과정은 모두에게 이익을 주었으며, 모든 팀원은 결정된 바를 실행하는 과정에 적극적으로 동참하였다.

① (가)의 팀은 사명과 목표를 명확히 제시하여 팀원들을 효과적으로 문제 해결 과정에 참여하고 있다.
② (가)의 팀은 개인이 지닌 강점을 효율적으로 활용하고 있다.
③ (나)의 팀은 규약, 절차, 방침을 명확하게 규정한 구조를 지니고 있다.
④ (나)의 팀은 팀원 간에 리더십 역할을 공유하여 각각 리더로서 능력을 발휘할 기회를 제공하고 있다.
⑤ (가)는 (나)와 달리 성과와 결과에 초점을 맞춰 팀을 운영하고 있다.

38 다음 사례에서 파악할 수 있는 갈등의 단서에 관해 쓴 것은?

필기도구를 생산하는 ○○ 회사가 부도 위기에 처했다. 이에 따라 ○○ 회사는 부서를 합리화시키고 원가를 절약할 방법을 찾고자 특별 대책반을 만들었다. 반장인 갑은 반원들에게 원가절감 방안에 대해 자유롭게 의견을 제시하라고 하였다. 을은 다음과 같은 제안을 했다. "제가 생각하기에는 재고를 줄이는 것이 추가비용을 절감하는 길입니다."라고 말하자, 병이 "잠깐만요."라고 말하며 을의 말을 가로막았다. "현 상황에서 재고를 줄일 수는 없습니다. 그건 말도 안 되는 소리예요."라고 병이 다소 큰 목소리로 말하였다.

① 차분하게 논평과 제안을 한다.
② 편을 가르고 타협하기를 거부한다.
③ 핵심을 이해하지 못한 데 대해 서로 비난한다.
④ 타인의 의견발표가 끝나기도 전에 그 의견에 대해 공격한다.
⑤ 개인적인 감정을 내세우면서 미묘한 말투와 방식으로 서로를 공격한다.

39 다음과 같은 업무수행 시트에 대한 설명을 가장 적절하게 쓴 것은?

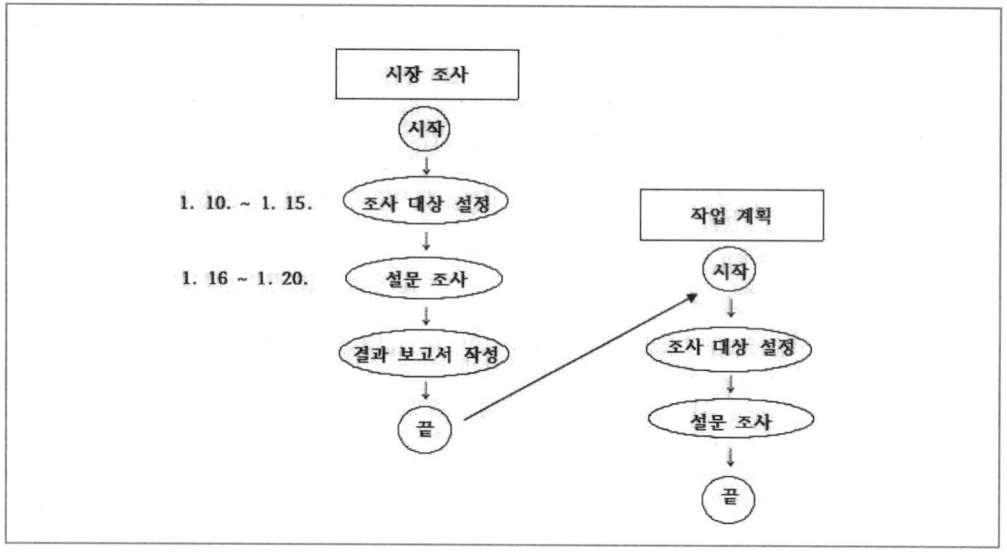

① 평가 기준을 명확히 하는 일이 중요하다.
② 일의 흐름을 동적으로 보여주는 데 효과적이다.
③ 여러 가지 기준에 대해 질문하고 현황을 파악하여 업무 수행을 점검하거나 평가한다.
④ 단계별로 업무를 시작해서 끝나는 데 걸리는 시간을 막대 형식으로 표시할 때 사용한다.
⑤ 업무를 세부적인 활동으로 나누고 각 활동별로 기대되는 수행 수준을 달성하였는지 확인할 수 있다.

40 ○○상사 영업팀 이○○ 팀장이 다음 자료를 바탕으로 팀워크 훼손을 방지하기 위한 대책을 수립할 때 가장 적절하지 <u>않은</u> 것은?

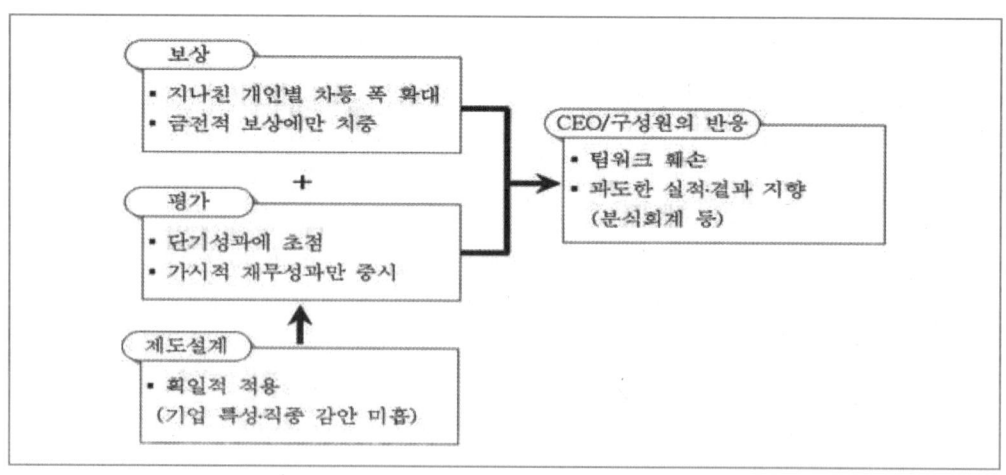

① 명확한 성과 측정 단위에 따라 성과를 공정하게 평가하여 구성원들의 동기를 유발한다.
② 성과주의 인사를 설계하고 운영할 때는 직종별 업무와 구성원의 특성 등을 고려해야 한다.
③ 기업의 특성, 경영전략, 조직문화, 인사방침에 따라 개별 및 집단 성과주의를 적절하게 조합한다.
④ 기업의 경쟁 원천은 무형 자산이 아닌 유형 자산에 있으므로 시장가치에 따른 인사관리가 이루어져야 한다.
⑤ 팀, 부서, 회사 전체의 생산성이나 경영성과에 따라 집단 성과급을 지급하여 구성원들의 결속력을 향상한다.

※ 다음은 ○○백화점에 근무하는 인사팀의 정○○ 대리는 '고객 불만 유형의 사례별로 대처방안 사례집'을 만들기 위해 사례를 모으고 있다. 다음 사례를 보고 물음에 답하시오. (41~42번)

> 백화점의 신사복 매장에 중년의 신사가 방문했다. 신사는 매장을 이리저리 돌아보면서 가격이 너무 싸고, 디자인이나 색상이 촌스럽다든지, 다른 백화점과 비교해서 전체적으로 수준이 떨어진다는 등 거들먹거리며 불평을 늘어놓았다.

41 위 사례의 고객을 제시하기에 가장 적절한 고객 불만 유형은?
① 거만형 ② 도둑형 ③ 의심형 ④ 조급형 ⑤ 트집형

42 위 사례의 고객 불만 유형에 대한 대응 방법을 정○○ 대리가 쓰려고 한다. 다음 중 정○○ 대리가 쓴 것을 모두 고른 것은?

> ㉠ 정중하게 대한다.
> ㉡ 자존심을 세워 준다.
> ㉢ 분명한 증거 및 사례를 제시한다.
> ㉣ 자신의 과시욕을 발산하도록 한다.

① ㉠, ㉡ ② ㉢, ㉣ ③ ㉠, ㉡, ㉢
④ ㉠, ㉡, ㉣ ⑤ ㉠, ㉡, ㉢, ㉣

43 예산책정에 어려움을 겪고 있는 박○○ 대리에게 전임자가 쓴 메시지 중 적절하지 <u>않은</u> 것은?

① 개발책정비용과 실제 비용은 비슷하게 맞추는 것이 가장 이상적이에요.
② 우선순위가 높은 활동부터 적절하게 예산을 배정하고 예산을 사용하세요.
③ 예산 지출 규모를 확인하고 예산을 우선 책정해야 하는 항목을 도출하는 것이 좋아요.
④ 처음에는 업무를 추진하는 과정에서 예산이 필요한 모든 활동을 도출하는 것이 필요해요.
⑤ 배정된 예산으로 모든 업무를 수행할 수 있도록 예산액을 필요한 곳에 적절히 증감 할당하는 것이 필요해요.

※ 다음을 읽고 물음에 답하시오. (44~45번)

〈 문제 유형 〉

• 발생형 문제

　발생형 문제는 우리가 바로 직면하여 걱정하고 해결하기 위해 고민하는 문제를 의미한다. 발생형 문제는 눈에 보이는 문제로, 어떤 기준을 일탈함으로써 생기는 일탈 문제와 기준에 미달하여 생기는 미달 문제로 대변된다.

• 탐색형 문제

　탐색형 문제는 현재 상황을 개선하거나 효율을 높이기 위한 문제를 의미한다. 탐색형 문제는 눈에 보이지 않는 문제로, 문제를 내버려 두면 뒤에 큰 손실이 따르거나 결국 해결할 수 없는 문제로 나타나게 된다.

• 설정형 문제

　설정형 문제는 지금까지 해오던 것과 전혀 관계없이 새로운 과제 또는 목표를 설정함에 따라 일어나는 문제라고 할 수 있다. 따라서 이러한 과제나 목표를 달성하는 데 따른 문제 해결에는 지금까지 경험한 바가 없으므로 많은 창조적인 노력이 요구되는 문제이므로, 설정형 문제를 창조적 문제라고도 한다.

〈 문제 상황 〉

【상황 ㉠】 영업부 김 부장에게 제품 불량에 대한 고객들의 민원이 발생했다.
【상황 ㉡】 생산부서 임 부장에게 생산성을 현재보다 15% 이상 높이라는 임무가 부여되었다.
【상황 ㉢】 기획부 박 대리는 앞으로 자동차 산업에 진출하는 과정에서 발생 가능한 문제를 파악하라는 지시를 받았다.

- 【상황 ㄹ】 생산부 민 부장은 태국에 생산설비를 설치하고 있는 현재, 고려해야 하는 문제들이 무엇인지를 파악해야 한다.
- 【상황 ㅁ】 경쟁사의 품질 수준이 자사의 품질 수준보다 높다는 신문기사가 나온 후, 자사 상품의 판매가 계속 부진하다.
- 【상황 ㅂ】 자사의 자금흐름을 이대로 두면 문제가 발생할지도 모르므로 향후 1년간 자금흐름에 대해 예측을 해야 할 상황이다.

44 윗글의 〈문제 유형〉을 올바르게 이해한 후 적절하게 쓴 것은?

① 발생형 문제는 지금 현재로는 문제가 없으나 현 상태의 진행 상황을 예측이라는 방법을 사용하여 찾아야 하는 유형이다.
② 발생형 문제는 앞으로 일어날 문제를 예견하고 미리 문제를 발견하는 유형이다.
③ 탐색형 문제는 원인이 내재하여 있으므로 원인 지향적인 유형이라고 할 수 있다.
④ 설정형 문제는 이미 존재하지만 숨어 있는 문제를 조사와 분석을 통해 찾아야 하는 유형이다.
⑤ 설정형 문제는 미래지향적이고 목표지향적인 유형이라고 할 수 있다.

45 윗글의 〈문제 상황〉에 따른 〈문제 유형〉을 적절하게 쓴 것은?

① ㄱ은 설정형 문제 유형이다. ② ㄴ은 탐색형 문제 유형이다.
③ ㄷ은 발생형 문제 유형이다. ④ ㄹ은 발생형 문제 유형이다.
⑤ ㅁ은 탐색형 문제 유형이다.

46 서술된 직무 내용을 참고하여 이어질 내용을 가장 적절하게 쓴 것은?

출근하면 각종 업무 관련 정보를 웹사이트를 통하여 확인하고, 각 본부, 팀별 현안 및 이슈에 대한 이메일 확인과 피드백, 전자결재 합의 등의 업무를 수행한다. 또한, 주요 일간지와 주간지 기사 검색, 각종 정보제공 사이트를 보면서 경제 동향, 산업 동향, 국외투자 동향 등 전반적인 사업영역과 관련된 시장 및 경쟁사 동향 등을 점검하고 정리하기도 한다.

본격적인 업무가 시작되는 9시부터는 제반 문제를 해결하기 위한 업무 미팅, 회사 내 각종 회의체 참여 업무를 수행한다. 또한, (   )

① 회사의 사무공간과 각종 물품의 공급 및 관리를 총괄한다.
② 국외 법인의 매출 손익 분석 등을 통해 중장기 전략을 수립하는 일도 한다.
③ 영업현황 및 판매지표를 관리하고, 시장 환경 분석을 통한 마케팅전략을 수립한다.
④ 의전 및 비서업무, 집기 비품 및 소모품의 구매와 관리, 국내 외 출장 업무 협조 요청을 한다.
⑤ 인사정책의 방향과 전략을 기획하고 직무분석을 통한 부서별 인력산정, 적정 인력의 배치와 평가를 한다.

47 김○○ 사원에게 해줄 조언으로 가장 적절한 것은?

김○○ 사원은 늘 바쁘지만, 매번 퇴근 시간 후에도 일이 끝나지 않아 스트레스가 심하다. 무엇이 문제인지 알아보기 위해 자신의 하루를 기록해 보았다.

오전	• 업무가 시작되면 이메일 확인 　- 광고메일이 가득해 불필요한 것들을 지우고 중요한 정보를 담은 메일을 선별하여 읽음. 답장이 필요한 메일을 작성함. • 메신저 접속 　- 동료와 친구들에게 빠르게 답장을 하며 업무와 일상 이야기를 함. • 거래처 직원이 찾아와 30분에서 1시간 동안 이야기를 하고 업무를 처리함.
오후	• 부서회의 • 주요 내용을 간단히 정리함. • 머리를 식힐 겸 인터넷 검색을 함. • 타 부서 직원에게 전달할 사항이 있어 메신저에 접속했다가 지인과 고민 상담을 함.

① 갈등을 효과적으로 관리하기 위해서는 갈등상황을 받아들이고 이를 객관적으로 평가해보아야 합니다.
② 다른 사람들의 방문, 인터넷, 전화, 메신저 등을 효과적으로 통제하기 위해 시간을 정해두는 것이 좋습니다.
③ 시간 관리를 통해 업무 과중을 극복하고 명상과 같은 방법으로 긍정적인 사고방식을 가지는 것이 좋습니다.
④ 과중한 업무 스트레스는 개인뿐 아니라 조직에도 부정적인 결과를 가져오기 때문에 반드시 해소해야만 합니다.
⑤ 신체 운동을 하거나 학습동아리 활동과 같은 사회적 관계 형성을 통해 스트레스를 줄여가려는 노력이 필요합니다.

48 ○○기업은 이번 신입사원 연수에서 문제의 유형에 따른 특징을 교육함으로써 문제해결능력을 기르고자 한다. 다음 문제의 유형에 따른 특징을 정리한 표에서 ㉠에 들어갈 내용이 아닌 것은?

〈 문제의 유형에 따른 특징 〉

구분	창의적 문제	분석적 문제
문제 제시 방법	현재 문제가 없더라도 더욱 나은 방법을 찾기 위한 문제 탐구로 문제 자체가 명확하지 않음	현재의 문제점이나 미래의 문제로 예견될 것에 대한 문제 탐구로 문제 자체가 명확함
해결 방법	창의력에 의한 많은 아이디어의 작성을 통해 해결	㉠
해답 수	해답의 수가 많으며 많은 답 가운데 더욱 나은 것을 선택	답의 수가 적으며 한정되어 있음
주요 특징	주관적, 직관적, 감각적, 정성적, 개별적, 특수성	객관적, 논리적, 정량적, 이성적, 일반적, 공통성

① 이성적 판단을 중시함
② 논리적으로 문제를 해결함
③ 분석을 통해 문제에 접근함
④ 최대한 많은 아이디어를 도출함
⑤ 객관적 자료를 판단 기준으로 함

49 ○○대학교 경영학과에 재학 중인 김○○ 씨는 기업 윤리 관련 보고서를 쓰고 있다. (가)에 쓸 내용으로 가장 적절한 것만을 〈보기〉에서 있는 대로 고른 것은?

기업의 존재 이유는 이윤 추구이다. 그러므로 가능하면 최소의 자원을 투입하여 최대의 성과를 거두려고 하고, 이러한 논리는 기업 운영의 핵심축을 구성한다. 그러나 이러한 운영을 둘러싸고 있는 다양한 환경이 있으므로 무턱대고 이윤 추구의 논리만 적용했다가는 그 기업은 유지될 수 없다. 고용자의 이윤 추구를 위해 노동을 하는 노동자가 있을 것이고, 거기서 나온 생산품을 구매하는 소비자가 있을 것이다. 그러므로 반드시 각각의 이해관계자에게 피해를 주지 않아야 하는 것은 기업이 지켜야 할 기본 원칙이다. 기업이 이윤추구만을 목적으로 최소한 지켜야 할 것도 지키지 않는다면 그 기업은 존재할 가치가 없음은 물론, 노동자와 소비자 모두에게 소외되어 결국 망하게 될 것이다. 이를 보다 세부적으로 살펴보면 다음과 같은 기업윤리가 있음을 알 수 있다.

(　　　　　　　　　　(가)　　　　　　　　　　)

보기

㉠ 사회 환경 및 자연환경에 피해를 주어서는 안 된다.
㉡ 재화나 서비스의 생산 과정에 거짓이 있어서는 안 된다.
㉢ 기업 상호 간에 선의의 경쟁 체제를 유지해서는 안 된다.
㉣ 기업에서 일하고 있는 근로자의 희생을 강요해서는 안 된다.
㉤ 생산된 재화나 서비스가 소비자에게 위해를 가해서는 안 된다.

① ㉠, ㉡, ㉢ ② ㉡, ㉢, ㉣
③ ㉢, ㉣, ㉤ ④ ㉠, ㉡, ㉢, ㉣
⑤ ㉠, ㉡, ㉣, ㉤

50 ○○기업 연수원에 근무하고 있는 박○○ 연수팀장은 신입사원 연수 자료를 제작하고 있다. 다음 (가)에 쓸 내용으로 가장 적절한 것만을 〈보기〉에서 고른 것은?

- 명함 교환
  명함은 깨끗한 것으로 명함지갑에 담아서 준비해야 하며, 면담 예정자 한 사람당 최소 3장 정도 준비해야 한다. 명함지갑은 꺼내기 쉬운 곳에 넣어 두어야 하며, 받은 명함과 자신의 명함은 항상 구분해 둔다.
- 명함 건네는 법
  ((가)   )

보기

㉠ 고객이 보기 편한 방향으로 건넨다.
㉡ 양손으로 명함의 여백을 잡고 말없이 건넨다.
㉢ 묵례하며 가슴선과 허리선 사이에서 건넨다.
㉣ 고객이 2인 이상인 경우 가까이 있는 사람에게 먼저 건넨다.

① ㉠, ㉡ ② ㉠, ㉢
③ ㉠, ㉣ ④ ㉡, ㉢
⑤ ㉡, ㉣

제2회 한국실용글쓰기 검정 기출문제

※ 다음 글을 읽고 물음에 답하시오. (1~2번)

특허청은 민간의 지식재산서비스 기업이 정제된 특허분석 정보를 활용하여 손쉽게 서비스를 개발할 수 있도록 특허분석평가시스템의 특허평가요소 데이터를 21일부터 개방한다고 밝혔다. 특허분석평가시스템은 사용자가 특허번호 또는 권리자명만 입력하면 해당 특허의 질적 수준 정보를 실시간으로 받을 수 있는 온라인 시스템으로, 2010년 첫 서비스가 제공된 이래 올해 10월까지 모두 214개 기업·기관에서 50만여 건에 이르는 서비스를 지원받는 등 특허 유지·관리를 비롯하여 기술거래, 연구개발 질적 평가, 지식재산 금융 지원과 같은 다양한 분야에 활용되었다.

국내 기업 및 연구기관이 보유하고 있는 수만 건의 특허를 효율적으로 관리하기 위한 자동 특허평가시스템의 필요성은 증가하고 있으나, 민간의 상용화된 특허평가시스템은 단 2개에 불과하여 관련 민간 산업 기반은 취약한 실정이다.

(㉠) 민간 기업이 특허평가 기준 및 요소를 선정하고 방대한 특허정보에서 필요한 데이터를 추출하고 분석하는 데 있어, 큰 비용과 시간 부담이 새로운 특허평가 서비스 개발의 진입 장벽으로 작용한다는 의견이 꾸준히 제기되어 왔다.

(㉡) 특허청은 특허분석평가시스템에서 사용 중인 국내특허평가요소 데이터 일체를 제공하여 특허문서에 나타나 있는 각종 정보의 수집·추출·분석·계량화 등 특허정보 가공 과정을 모두 생략하고 바로 특허평가 서비스 개발에 활용할 수 있도록 하여, 민간 지식재산서비스 기업이 특허정보를 정제하는데 걸리는 시간과 비용을 절약함으로써 시장에서 경쟁력 있는 고부가가치 특허평가 서비스를 제공할 수 있는 밑거름을 마련할 계획이다.

(㉢) 개방 후에도 특허청의 다년간 축적된 특허평가 시스템 운영 경험과 정보를 공유하고, 새롭게 진입한 민간 기업 및 기존 서비스 개선 현황 등 민간 시장의 활용도를 모니터링 하여 특허평가시스템 개발이 적극적으로 이루어질 수 있도록 지원해 나갈 예정이다.

01 윗글의 제목으로 가장 적절한 것은?

① 특허평가 데이터 전면 민간 개방
② 민간 특허평가시스템 단 2개뿐, 여전히 경쟁 어려워
③ 특허분석평가시스템 서비스 21일부터 한 달간 한시적 운영
④ 민간 기업 모니터링으로 필요 서비스 찾아 전폭 지원, 현실로
⑤ 특허청, 특허분석평가시스템의 특허평가요소 데이터의 일부 민간에 개방키로

02 윗글의 ㉠~㉢에 쓸 접속어로 가장 적절한 것은?

	㉠	㉡	㉢
①	또한	이에 따라	아울러
②	그러나	그래서	이에 따라
③	그런데도	그러나	그러므로
④	그래서	또한	그뿐 아니라
⑤	이에 따라	더구나	또한

03 다음 〈보기〉의 주제와 요지로 글을 쓰려고 한다. 결론에 들어갈 내용으로 가장 적절한 것은?

> **보기**
> • 주제 : 한국의 현대사 속 정치권력에 대한 국민의 불신
> • 요지 : 한국의 현대인은 돈과 권력에 대한 집착이 매우 강하다. 사실 권력은 책임과 의무의 수행을 위해 주어지는 것이므로, 권력에 대한 의지나 장악하려는 욕망, 권력 행사는 인간의 자연적인 모습과는 거리가 먼 현상이다. 사람을 지배하는 정치권력의 속성에 따라 많은 사람이 해바라기 같이 권력의 중심으로 모여들고, 그러한 한국의 정치인들은 결국 불의하고 부정한 믿음을 주게 되어 국민에게 가장 신뢰받지 못하는 집단으로 전락하고 말았다.

① 대권이라는 말의 의미가 갖는 모순
② 권력이라는 욕망이 가져오는 부정적인 현상
③ 정치권력을 향해 몰려드는 사람들의 속성
④ 정치권력의 부정적이고 반윤리적인 측면 비판
⑤ 한국 정치인들의 집단이 신뢰받지 못하는 이유

04 다음 글 (가)를 통해 (나)와 같은 주장을 전달하고자 할 때, ㉠에 쓸 관용 표현으로 가장 적절한 것은?

> (가) 현재 우리 지역에서 추진되고 있는 ○○산 개발 계획에 대해서 논란이 많습니다. 시청 측에서는 지역 경제를 살리고 시민에게 좋은 휴식 공간을 제공하겠다는 취지를 내세우고 있지만, 시민 단체들은 안전 문제와 환경 문제를 거론하며 반대하고 있습니다. 개발의 취지 자체는 나쁠 것이 없지만, (㉠)필요가 있을 것입니다.
>
> (나) 개발 계획에 문제점은 없는지 여러 측면에서 신중하게 살피고 준비해야 한다.

① 소 잃고 외양간 고칠
② 목마른 놈이 우물을 팔
③ 돌다리도 두드려 보고 건널
④ 천 리 길도 한 걸음부터 내디딜
⑤ 자라 보고 놀란 가슴, 솥뚜껑 보고 놀랄

05 다음 글을 고쳐 쓴 것으로 적절하지 않은 것은?

> 국제금융센터는 '2017년 세계 경제 및 국제금융시장 동향 설명회'에서 "고립주의 강화로 선진국을 중심으로 성장㉠모멘텀이 약화할 전망"㉡이라고 내년 세계 경제를 내다봤다.
> ㉢지역 별로는 미국은 확장적 재정정책의 한계, 시장 기대보다 가파른 정책금리 인상 등이 경기 하방 요인으로 작용할 수 있다고 보고 내년 성장률이 2% 밑돌 가능성을 제기했다.
> 또 유로존은 내년에 브렉시트 문제 등으로 인해 1.2% 성장에 그치고, 일본은 재정지출 확대에도 0.8% 수준 저성장을 지속할 것으로 ㉣예상됐다.
> ㉤그리고 인도는 내년까지 7.6%의 고성장을 이어가고, 브라질과 러시아는 경기침체에서 벗어나 4.6% 성장할 것으로 보았다.

① ㉠은 '동력'으로 순화하여 고쳐 쓴다.
② ㉡은 변화의 방향을 나타내는 격조사인 '으로'로 고쳐 쓴다.
③ ㉢의 '별'은 '그것에 따른'의 뜻을 더하는 접미사이므로 '지역별로는'으로 고쳐 쓴다.
④ ㉣은 불필요한 피동 표현이므로 '예상했다'로 고쳐 쓴다.
⑤ ㉤은 예외적인 사항이나 조건을 덧붙일 때 쓰는 '다만'으로 고쳐 쓴다.

06 다음은 '수준 높은 보고서 작성방법'의 일부이다. 밑줄 친 ㉠의 방법으로 쓴 보고서 제목으로 알맞은 것은?

> 보고서는 반드시 제목을 붙인다. 제목은 문서 전체의 '얼굴'이라 할 수 있다. 얼굴이 없는 상태로 제출하는 일은 없어야 한다.
> 제목을 붙이는 방법에는 크게 2가지가 있다.
>
> **목적을 있는 그대로 표현한다.**
> 예를 들어 출장 보고하는 경우에는 '출장 보고서'와 같은 식으로 그 보고서의 목적을 그대로 제목화하는 방법이다.
> ㉠<u>구체적인 내용을 표현한다.</u>
> '가격 협상을 위한 오사카 출장 보고'와 같은 식으로 구체적인 내용을 제목화하는 방법이다.
> 어느 방법이든 제목은 본문을 단적으로 표현하는 문장으로 하는 것이 중요하다.
> 추상적인 단어를 피해야 하는 것은 물론이고 너무 긴 제목도 역시 삼가야 한다.
> 일반적으로 최대 20자 정도의 간단명료한 문장으로 하는 것이 좋다.
> 제목은 특이하지 않아도 좋다. 오히려 다소 평범하더라도 내용을 단적으로 표현하고 있다면 충분하다.

① 연수 보고서
② 배송 지연에 관한 배송청구 보고
③ 신바람 나는 영업 연수회 참가 보고
④ 원자재 구매를 위한 중국의 수도 북경 출장 보고
⑤ 휴대폰 이용 실태에 관한 정확하고 멋진 비율 그래프로 나타낸 조사 결과

07 다음 중 밑줄 친 부분이 적절하게 쓰여진 것은?
① 그들은 술<u>에</u> 많이 취해서 넘어졌다.
② 얼마나 울었<u>든지</u> 그의 눈이 퉁퉁 부었다.
③ 거머리 침샘<u>으로부터</u> 항생제를 뽑아낸다.
④ 모두 자신의 주장만이 옳<u>다라고</u> 우기고 있다.
⑤ 여당<u>으로서는</u> 지금까지 아무런 언급이 없었다.

08 다음은 촛불집회에 대한 설명문이다. 글의 흐름에 알맞게 배열한 것은?

촛불집회는 시민들이 촛불을 들고 진행하는 시위다. 비폭력 평화시위나 추모 집회의 형식으로 진행된다. 시위는 같은 목적을 가진 다수의 사람이 공개적인 장소에 모여 자신들의 주장을 내보이는 의사 표현 형식이다. 「집회 및 시위에 관한 법률(집시법)」에서는 시위를 '여러 사람이 공동의 목적을 가지고 공공장소를 행진하거나 위력·기세를 보여 불특정한 여러 사람의 의견에 영향을 주거나 제압을 가하는 행위'로 규정하고 있다.

(가) 1988년 3월 25일 슬로바키아(당시 체코슬로바키아) 브라티슬라바에서 열렸던 촛불시위가 대표적이다. 브라티슬라바는 슬로바키아의 최대 도시이자 수도다. 시위에 참여한 시민들은 대부분 가톨릭 신자들로, 체코슬로바키아의 공산주의 정권에 종교의 자유와 인권존중을 요구하며 광장에서 촛불시위를 진행했다. 시위는 평화롭게 진행되었으나 경찰은 시위자들을 폭력적으로 진압했으며 짧은 시간에 수백 명의 시민이 체포되었다. 평화시위에 폭력으로 대응한 이 사건은 세계적으로 큰 반향을 일으켰다. 결국, 다음 해 1989년 학생과 지식인들을 중심으로 벨벳 혁명(무혈혁명)이 일어나면서 체코슬로바키아의 공산 독재 체제가 무너졌다.

(나) 2008년 미국산 쇠고기 수입반대 촛불집회는 역대 최대 규모로 열렸다. 집회는 100일 이상 계속되었으며 쟁점 역시 교육과 민영화 반대 등으로 확대되었다. 2009년에는 용산참사를 추모하는 촛불 문화제가, 2011년에는 대학생들을 중심으로 반값등록금 촉구 촛불집회가 열렸다. 2013년 국가정보원 여론 조작 사건에 항의하는 촛불시위가 열렸으며 2014년에는 세월호 침몰 사고의 진상 규명을 요구하는 대규모 촛불집회가 진행되었다.

(다) 한국에서 촛불집회가 활발하게 열리기 시작한 것은 2000년대 이후부터다. 첫 사례는 1992년 온라인 서비스 유료화에 반대하는 촛불집회다. 이후 2002년 미군 장갑차에 의해 사망한 여중생 추모집회와 2004년 노무현 대통령 탄핵 소추안 통과 반대 집회를 거치며 집단시위의 주요 방식으로 자리 잡았다. 당시 촛불집회는 문화제 형식으로 열리는 것이 일반적이었다. 집시법에 따라 학문이나 예술, 종교, 친목 행사 등에 관한 집회를 제외한 야간 옥외 집회나 시위가 금지되었기 때문이다.

(라) 2016년 11월 12일 서울 광화문 일대에서 대규모 촛불집회가 열렸다. 시위의 명칭은 '2016 민중총궐기대회'로 주최 측 추산 100만 명, 경찰 추산 26만 명 정도가 참여해 역대 최대 규모를 갱신했다. 종전 최다 기록은 주최 측 추산 70만 명(경찰 추산 8만 명)이 모였던 2008년 미국산 쇠고기 수입반대 촛불집회다.

(마) 2009년 헌법재판소는 야간 옥외집회를 금지한 집시법 제10조에 대해 헌법불합치 결정을 내렸다. 헌법불합치는 사실상 위헌인 법률에 대해 법적 공백과 혼란을 피하고자 일시적으로 해당 법을 유지하는 결정이다. 이에 따라 해당 조항은 효력을 잃었지만, 법 개정 전까지는 계속 적용된다. 헌법 불합치 결정 이후로는 촛불집회도 문화제가 아닌 야간 시위의 형태로 이루어지며 비폭력 평화시위라는 촛불집회의 특징은 계속 이어지고 있다. 2016년 10월 기준으로 집시법 제10조의 개정은 이뤄지지 않았으며 2015년 11월에는 이른바 '복면금지법'이라 불리는 집시법 개정안이 발의되어 논란이 되기도 했다.

① (가) → (나) → (다) → (라) → (마)
② (가) → (다) → (나) → (라) → (마)
③ (가) → (나) → (다) → (마) → (라)
④ (가) → (다) → (나) → (마) → (라)
⑤ (가) → (라) → (마) → (나) → (다)

09 다음 〈보기〉의 문장을 쓰기에 가장 적절한 곳은?

> **보기**
> 이런 일을 하는 사람에게는 특별한 도덕법 또는 윤리의식이 있어야 하지 않을까?

국가폭력은 합법적이고 정당한 것으로 간주한다. (①) 그러나 모든 폭력이 그런 것처럼 국가폭력에도 악마성이 내재한다. (②) 국가권력은 선을 실현하는 수단이 될 수도 있고 악을 행하는 도구가 될 수도 있다. (③) 정치는 이처럼 악마적 힘을 가진 국가권력과 관계를 맺는 것이다. (④) 국가 권력이 선을 실현하는 데 쓰이도록 하거나 적어도 악을 저지르지 않게 하도록 정치인이 지켜야 할 윤리에는 어떤 것이 있는가? (⑤) 그들에게는 어떤 도덕법이 요구되는가?

10 다음 중 문장 성분의 호응을 적절하게 쓴 것은?

① 아무리 남들이 경시하고 하찮아 보이는 욕망도 자신이 노력하기에 따라 달라진다.
② 김○○ 장관은 이 중매인들을 도매 법인화하는 대신 현행 지정 도매 법인을 해체한다는 것이다.
③ 그 규격에 꼭 맞춘 새로운 이 병은 어머니가 어느 젖꼭지 용구를 사용하더라도 우유가 새지 않습니다.
④ 확실한 것은 그 사람들이 이제까지 자신들이 저지른 잘못을 반성하고 앞으로 진실한 국민으로 살아갈 것입니다.
⑤ 지금까지 이런저런 이유를 대면서 대출받기가 어려웠던 은행들도 주택 자금 대출 상품을 경쟁적으로 내놓고 있다.

※ 다음 글을 읽고 물음에 답하시오. (11~13번)

(가) 민주주의 시대에도 정치권력은 항상 시민을 '위하여' 정치하겠다는 사람들에게 일정 기간 신탁된다. (나) 유교 정치의 핵심은 "나를 바르게 한 뒤에 다른 사람을 바르게 한다.(正己而正人)"라는 말로 요약할 수 있다. (다) 이는 아무도 들여다볼 수 없는 정치인의 가슴 속에 자신을 스스로 다스리는 자율적인 정치적 인격과 양심이 들어 있어야만 정치가 제대로 된다는 뜻이다. (라) 여기서 정치적 인격이라는 것은 다른 사람을 자기 몸처럼 사랑하는 인(仁), 언제나 공익을 먼저 택하는 의(義) 그리고 수치심과 부끄러움을 느낄 수 있는 마음이 생생하게 살아 있는 것을 말한다. (마) 유교에선 정치인들이 이런 인격을 갖추고 정치해야만 민본 정치가 가능하다고 본다. 이런 민본 정치는 통치자가 (㉠)으로 나아가 "모두가 한 가족처럼 사는 나라를 만들자."는 것이다.

11 윗글의 제목을 쓸 때 가장 적절한 것은?
① 소박한 문화 부드러운 정치
② 신뢰받는 정치가의 큰 정치
③ 여론 정치의 토대는 말하는 기백
④ 민본 정치 정신을 계승한 민주주의
⑤ 조선 건국의 주역인 '정도전' 인물 탐구

12 윗글에서 ㉠에 쓸 문장으로 가장 적절한 것은?
① 백성을 자기 몸처럼 사랑하는 마음
② 임금님을 아버지처럼 사랑하는 자세
③ 실력 있고 청빈한 공직자 되고자 하는 의지
④ 모든 사람이 전부 정치에 대해 말할 수 있는 자유
⑤ 아버지처럼 엄하고 규칙을 중히 여기는 정치권력 생성

13 윗글에서 다음 문장을 쓸 곳으로 가장 적절한 곳은?

> 그렇게 신탁된 권력이 진실로 시민을 위하여 행사되기 위해서는 정치인을 감시하는 제도적 장치도 필요하지만, 역시 중요한 것은 그들 자신의 인격과 양심이다.

① (가)   ② (나)   ③ (다)   ④ (라)   ⑤ (마)

14 다음은 유○○ 씨가 소비자 체험기 초안을 작성한 것이다. 밑줄 친 어휘를 수정한 것으로 적절하지 않은 것은?

> 스마트폰에서 사용하는 다양한 어플리케이션(이하 앱)도 급속도로 개발, 보급됐다. 유료로 구매해 사용하는 앱도 있고, 무료로 받은 후 프리미엄 서비스를 이용하려면 유료 서비스를 추가로 구매하는 등 다양한 형태로 수익을 내는 앱도 있다.
> 앱은 일단 개발을 하고 소비자들이 구매할 수 있는 온라인 마켓에 등록을 하면 전 세계인 누구나 접속하므로 큰 수익을 올릴 수 있다. 다시 말해 소비자의 마음을 얻은 앱은 그만큼 전 세계인의 스마트폰에 깔릴 수 있고 이 앱에 광고를 넣으면 효과는 어마어마하다. 앱 특성상 수익 구조를 다양하게 개발하던 개발자들은 좋은 앱으로 사람을 모으고, 이들에게 광고를 노출하여 이익을 얻는 식의 새로운 수익 구조를 발전시키기 시작했다.
> 소비자는 이런 형식의 앱을 이용하면 무료로 좋은 컨텐츠를 이용하고 그 대가로 약간의 광고만 보거나 그냥 지나쳐도 되니까 합리적인 이용법으로 생각한다.
> 하지만 요즘 앱을 보면 광고가 지나치게 많아 이용에 방해가 된다. 지나친 팝업 광고는 인터넷 신문기사에도 많이 찾아볼 수 있다. 자극적인 기사 제목으로 소비자를 모으고 그렇게 모여진 소비자들을 대상으로 광고를 노출하여 이익을 얻는 구조다.

① 어플리케이션 → 애플리케이션 ② 마켓 → 시장
③ 노출하여 → 노출시켜 ④ 컨텐츠 → 콘텐츠
⑤ 모여진 → 모인

※ 다음은 공문서 일부이다. 물음에 답하시오. (15~16번)

> 수신 농림축산식품부장관(농촌정책국장)
> 제목 요구 자료 제출
>   1. 관련 : 농림축산식품부 농촌정책국-173(2017. 1. 14)
>   2. 위 호와 관련하여 축산업 진흥을 위한 예산 자료를 붙임과 같이 제출하고자 합니다.
>   붙임 축산업 진흥을 위한 예산 자료 끝

15 위 문서에 대한 설명으로 가장 적절한 것은?
① 외부로부터 받은 문서를 접수 담당 부서에서 절차를 거쳐 접수한 문서이다.
② 배포 문서 중 별도의 처리 절차가 필요하지 않고 단순히 상급자에게 보고 또는 열람에 붙인 문서이다.

③ 민원인이 행정 기관에 대해 허가, 인가, 기타 처분 등 특정 행위를 요구하는 문서 및 그에 대한 처리 문서이다.
④ 사무관리 규정에서 정하고 있는 행정기관 또는 공공기관 상호 간에 대외적으로 공무상 작성하거나 시행하는 문서이다.
⑤ 행정기관 또는 기업체 등에서 내부적으로 업무 계획을 수립하거나 처리 방침을 보고 또는 검토하기 위하여 결재를 받는 문서이다.

16 위 문서의 결재자가 문서 결재 시스템에 쓴 수정 의견으로 가장 적절하지 <u>않은</u> 것은?

① 일반적으로 본문 내용과 '붙임' 사이는 한 줄을 띄어야 한다.
② 붙임 자료 '~ 위한 예산 자료' 다음과 '끝' 자 다음에는 마침표(.)를 찍어야 한다.
③ 제목은 간결하되 분명한 의사가 전달되어야 하므로 제목에 누가 요구한 자료인지 밝혀야 한다.
④ '제출하고자 합니다.'는 내부결재 시 사용하는 용어이므로 '제출하려고 합니다.'로 수정해야 한다.
⑤ 본문의 '1. 2.' 항목은 한 단락으로 쓸 수 있으므로 '농림축산식품부 농촌정책국-173(2017. 1. 14.)호와 관련하여 축산업 진흥을 위한 예산 자료를 ~'로 수정해야 한다.

17 입사지원팀의 김○○ 씨는 직무 중심 자기소개서의 양식을 작성하고 있다. 조직이해능력을 평가하기 위한 자기소개서 문항으로 가장 적절한 것은?

① 지원 분야와 관련된 자신의 전문성을 향상하기 위해 어떤 노력을 했는지 최근의 사례를 중심으로 구체적으로 서술하시오.
② 자신이 추진했던 일(프로젝트, 연구활동, 기타 과업)의 질적수준을 높이기 위해 조처를 한 경험이 있다면 구체적으로 기술하시오.
③ 어떤 업무를 처리하면서 자신이 내렸던 의사결정 중 합리적이었다고 생각되는 경험이 있다면 상황, 맡은 업무, 행동, 이유, 결과 등에 대해서 구체적으로 기술하시오.
④ 예상하지 못했던 문제로 인해 계획대로 일이 진행되지 않았을 때, 책임감을 느끼고 적극적으로 끝까지 업무를 수행해내어 성공적으로 마무리했던 경험을 서술하시오.
⑤ 우리 공사의 인재상은 최고의 철도기술을 추구하는 '전문인', 끊임없이 도전하는 '창조인', 봉사 정신을 추구하는 '사회인'입니다. 이 3가지 중 하나를 선택, 본인의 역량을 결부시켜 기술 하시오.

18 다음은 NCS 기반 능력 중심 채용 입사지원서 일부이다. 이를 작성한 홍○○사원에게 해 줄 조언으로 적절하지 <u>않은</u> 것은?

---

4. 경력 혹은 경험 사항(지원하는 직무와 연관성이 있는 경력 혹은 경험 사항)

4-1) 경력

근무기관	기관명	직위/역할	담당 업무

기업조직에 소속되어 (경영기획) 관련 업무를 수행한 경험이 있습니까?	예( ) 아니오( )
기업조직에 소속되어 (경영평가) 관련 업무를 수행한 경험이 있습니까?	예( ) 아니오( )
기업조직에 소속되어 (사무 행정) 관련 업무를 수행한 경험이 있습니까?	예( ) 아니오( )
기업조직에 소속되어 (지원기관의 직무) 관련 업무를 수행한 경험이 있습니까?	예( ) 아니오( )

*그 외의 경력사항은 아래에 기재해 주십시오.

근무기관	기관명	직위/역할	담당 업무

*자세한 경력사항은 경력 및 경험 기술서에 작성해 주시기 바랍니다.

4-2) 경험

(경험기획 업무) 관련 교육과정 내 수행평가, 과제수행 경험 및 기타 활동경험이 있습니까?/	예( ) 아니오( )/
(경험평가 업무) 관련 교육과정 내 수행평가, 과제수행 경험 및 기타 활동경험이 있습니까?	예( ) 아니오( )
(사무 행정 업무) 관련 교육과정 내 수행평가, 과제수행 경험 및 기타 활동경험이 있습니까?	예( ) 아니오( )
(지원기관의 직무) 관련 교육과정 내 수행평가, 과제수행 경험 및 기타 활동경험이 있습니까?	예( ) 아니오( )

*'예'라고 응답한 항목에 해당하는 내용을 아래에 기재해 주십시오.

교육과정 내 수행평가 과제수행 경험 등		기타 활동경험	
수행평가 내용	과제 내용	소속 조직	주요 역할

*자세한 사항은 경력 및 경험 기술서에 작성해 주시기 바랍니다.

① 경력은 금전적 보수를 받고 일정 기간 일했던 이력을 의미해.
② 경험은 직업 외적인(금전적 보수를 받지 않고 수행한) 활동을 의미해.
③ 경험사항에는 팀 프로젝트, 연구회, 동아리/동호회 온라인 커뮤니티, 재능 기부 활동 등이 포함될 수 있어.
④ 경력직에 응시한 것이 아니더라도 경력사항에서 유사 직무 경험은 인정하지 않으므로 반드시 직무와 직접 1:1로 관련 있는 경력을 써야 해.
⑤ 경험사항은 장기간 활동한 경험이 직무 적합성이나 지원 동기를 증명하는 데 유리하므로 될 수 있으면 활동 기간이 긴 것을 기록하는 것이 좋아.

※ 다음 글을 읽고 물음에 답하시오. (19~20번)

○○여행사에 근무하는 서○○ 씨는 국외여행 상품 개발 팀장을 맡고 있으며 주로 유럽 여행 상품을 개발하고 있다. 최근 영국 맨체스터에서 영국 관광박람회를 개최한다는 초청장을 받고 부서원 3명과 함께 영국 출장을 가기 위한 기안서를 작성하려고 한다.

19 다음 〈보기〉는 윗글을 쓰기 위한 계획이다. 잘못 쓴 것은?

보기

①기안부서는 국외여행 상품 개발팀으로 해야겠다. ②제목은 '영국 관광 상품 개발을 위한 사전조사'로 쓰고 본문 내용 중, ③출장 인원은 '본인 포함 3명'으로 쓰고, 출장 지역, 출장 기간을 순서대로 쓴 다음 ④출장 목적은 '영국 관광 상품 개발을 위한 현지 정보 수집과 시장 조사 및 영국 관광회사와의 연계상품 개발 가능성 타진'으로 써야겠다. 다음으로 ⑤출장비는 항목별 총액만 쓰고 자세한 내용은 붙임 문서 참조로 적어야겠다.

20 윗글을 보완하기 위해 첨부할 자료로 적절하게 쓴 것끼리 묶은 것은?

㉠ 영국 관광박람회 초청장
㉡ 영국 관광박람회 일정표
㉢ 유럽 각국의 연간 축제 현황
㉣ 영국에서 유로화가 통용되는 지역
㉤ 출장 세부 일정 및 출장비 예상 명세서

① ㉠, ㉡, ㉢   ② ㉠, ㉡, ㉤   ③ ㉡, ㉢, ㉣
④ ㉡, ㉣, ㉤   ⑤ ㉢, ㉣, ㉤

21 총무부에 근무하는 김○○ 씨가 다음을 참고하여 쓴 기안서의 초안 중 적절한 것은?

> 창사 23주년 기념 체육대회 기안서를 참조하여 체육대회 프로그램으로 축구, 족구, 발야구, 피구, 줄다리기 등을 실시하기로 했다. 각 부서의 직원 현황을 조사해보니 총무부 19명, 영업부 23명, 비서실 5명, 기획실 12명, 생산부 35명 등 임원을 제외하고 총 94명이었다. 체육대회는 창사 25주년 기념일인 5월 20일에 개최하기로 하고, 장소는 생산 공장이 있는 실용시 근린공원 측과 협의를 끝냈다.

① 기안 일자 : 20○2○년 5월 20일
② 제목 : 창립 23주년 기념 체육대회 실시의 건
③ 머리글 : 임직원의 화합과 단결의 장을 마련하고자 다음과 같이 체육대회를 개최하오니 많은 참석 부탁드립니다.
④ 체육대회 장소 : 실용시 근린공원
⑤ 팀 구성 내용 : 축구, 족구, 발야구, 피구

※ 다음 홍보문을 읽고 물음에 답하시오. (22~23번)

〈 '문자, 그 이후' 특별전 안내 〉
○○구민을 위해 ○○문화관에서 전시하는 고대문자 특별전을 안내해 드립니다.

1. 전시회 이름 : '문자, 그 이후' 특별전
2. 전시 장소 : ○○문화관 기획 전시실
3. 전시 기간 : 2017. 1. 15~2017. 1. 31.
4. 주최 : 국립문화재연구소, ○○문화관
5. 전시품 : 시대별 특징적인 유물
6. 입장료 : 무료
7. 전시 안내 사항
   가. 전시 설명 : 화~금 오전 10시, 11시, 오후 2, 3시
   나. 특별 강연회 : 20○○. ○. ○○. 오후 2시~5시
   국립 중앙 박물관 대강당
   2017. 1. 3
   ○○구

22 위와 같은 글의 작성 절차에 대한 설명을 쓴 것으로 적절하지 않은 것은?

① 계획 단계 : 포함할 내용의 범위와 일시 등을 결정한다.
② 계획 단계 : 예상 독자를 고려하여 적절한 표현과 구성을 구상한다.
③ 조직 단계 : 독자가 내용에 관심을 두도록 호감이 가는 비유적인 문구를 사용하도록 한다.
④ 표현 단계 : 예절에 맞도록 정중하게 작성한다.
⑤ 표현 단계 : 독자가 내용을 한눈에 알아볼 수 있도록 제목을 붙인다.

23 다음 중 위 안내문에 추가하여야 할 내용으로 가장 적절한 것은?

① 전시회의 가치
② 다음 전시 안내
③ 전시회 관람 시간
④ 전시회의 후원 기관
⑤ 전시회의 구성 순서

※ 송○○ 대리가 신입사원을 대상으로 효과적인 프레젠테이션 방법에 대한 연수 준비 자료이다. 다음 글을 읽고 물음에 답하시오. (24~25번)

㉮ 프레젠테이션을 준비하면서 시간에 쫓기다 보면 '프레젠테이션을 준비하는 목적'에 대한 기본적인 명제를 잊어버리고 허겁지겁 준비하는 경우가 많습니다. 즉 목적에 대한 부분인데, 목적은 방향을 제시해주는 열쇠 역할을 합니다. 만약 시사 관련 내용이 주제라면 청중은 발표에서 사회를 꿰뚫어 보는 통찰력, 판단력, 그리고 논리를 전개하는 논리성과 기획력 등도 함께 볼 것입니다.

㉯ 프레젠테이션을 통해 어떤 내용을 전달해야 할지를 분명히 해야 합니다. 같은 주제일지라도 어느 부분을 강조하느냐에 따라 듣는 사람은 확연히 다르게 느낄 수 있기 때문이지요. 예를 들어 'FTA의 장단점을 제시하라'는 주제를 받았다면 여러 가지 장단점 중에서 어느 부분을 집중적으로 부각할 것인지 결정해야 합니다. 물론 이런 경우에는 대상 기업에 미치는 영향을 정리하여 제시하면 좋습니다.

㉰ 먼저, 어떻게 전달할지에 대한 작전을 세워야 합니다. 프레젠테이션을 앞둔 상황에서 우선 고민할 부분은 프레젠테이션 자료를 만들어서 할 것인지, 종이에 작성하여 발표할 것인지, 말로 할 것인지에 대한 결정입니다. 대부분 회사는 발표 방식을 정해주지만 최근의 추세는 본인이 직접 정하게 하는 경우가 많습니다. 이 경우 어느 것이 좋은 선택이라고 단언할 수는 없습니다. 따라서 자신의 장점과 상황을 고려하여 결정해야 하지요. 프레젠테이션에 충분한 시간을 준다면 파워포인트로 만들어 발표하는 것이 좋습니다.

24 다음 중 ㉮~㉰에 대한 설명으로 적절하지 <u>않은</u> 것은?

① ㉮의 의미는 왜 프레젠테이션을 해야 하는지에 대한 고민과 통찰이 먼저 있어야 한다는 것이다.
② ㉮에서는 프레젠테이션의 목적을 확실히 알고 준비해야 주제와 관련한 통찰력과 기획력도 함께 인정받을 수 있다고 전하고 있다.
③ ㉯에서 강조하는 것은 전달하는 내용에서 어떤 것을 부각하여 전달할 것인가이다.
④ ㉰에서 강조하는 것은 발표 방식은 회사가 결정해 주는 방식에 따르는 것이 가장 효과적이라는 것이다.
⑤ ㉮, ㉯, ㉰ 모두에서 함축하고 있는 것은 프레젠테이션을 효과적으로 하려면 사전 준비가 적절한 전달 기술과 함께해야 한다는 것이다.

25 윗글의 자료 내용을 보완하여 쓰고자 할 때 적절하지 <u>않은</u> 것은?

① ㉮, ㉯, ㉰에 내용을 한눈에 보여줄 수 있는 소제목을 넣는다.
② ㉮에 '물론 프레젠테이션을 전개하는 부분과 관련하여 표현력, 의사소통 역량도 검증하고자 할 것입니다.'를 추가한다.
③ ㉯에 '이때 고려해야 할 사항은 바로 듣는 대상인데 프레젠테이션을 듣는 대상이 자문위원인지, 교수인지, 기업체 임원인지, 기업체 실무자인지를 고려하여 결정해야 합니다.'를 추가한다.
④ ㉰에 '이와 함께 대상과 상황에 맞게 적절한 동작을 한다면 좋은 전략이겠죠'를 추가한다.
⑤ 전체 내용을 포괄하고 요약하는 항목을 만들어 '그러므로 프레젠테이션을 준비하는 사람은 목적에 대한 인식이 제대로 되어 있어야 합니다.'를 추가한다.

26 다음은 지방자치단체(갑)와 기업(을)이 맺은 '민간위탁 교육훈련사업 계약'의 내용이다. '계약위반'이라는 문제 상황이 발생했다고 볼 수 <u>없는</u> 것은?

〈 민간위탁 교육훈련사업 계약 〉

(가) 계약금액(사업비)은 7,000만 원이고, 계약 기간은 1월 1일부터 12월 31일까지이다.
(나) 갑은 을에게 사업비의 50%에 해당하는 금액을 반기(6개월)별로 지급하며, 을이 청구한 날로부터 14일 이내에 지급하여야 한다.
(다) 을은 하반기 사업비 청구 시 상반기 사업추진실적과 상반기 사업비 사용내역을 함께

제출하여야 하며, 갑은 이를 확인한 후 지급한다.
(라) 을은 사업비를 위탁받은 교육훈련 이외의 다른 용도로 사용하여서는 안 된다.
(마) 을은 상·하반기 사업비와는 별도로 매 분기(3개월) 종료 후 10일 이내에 관련 증빙서류를 갖추어 갑에게 훈련참여자의 성과상여금 지급을 청구할 수 있다.
(바) 갑은 (마)에 따른 관련 증빙서류를 확인한 후 인정된 취업 실적에 대한 성과상여금을 취업자 1인당 10만 원씩 지급한다.

① 을은 6월 1일에 1/4분기 성과상여금의 지급을 청구하며 관련 증빙서류를 제출하였다.
② 을은 9월 10일 교육훈련과 관련 없는 갑의 등산대회에 사업비 100만 원을 협찬하였다.
③ 을은 1월 25일에 상반기 사업비를 청구하였으며 갑은 2월 10일에 3,500만 원을 지급하였다.
④ 을은 8월 8일에 하반기 사업비 지급을 청구하면서 상반기 사업추진실적 및 사업비 사용내역을 제출하였다.
⑤ 을은 10월 9일에 관련 증빙서류를 갖추어 성과상여금의 지급을 청구하였으나, 갑은 증빙서류의 확인을 거부하고 지급하지 않았다.

※ 다음 기사문을 읽고 물음에 답하시오. (27~29번)

(가)
(나)

　29일 적십자사 혈액관리본부에 따르면, 이날 적혈구제제 보유량은 1만 2,440유닛(팩)으로 23일분에 그쳤다. 특히 사용량이 많은 O형 혈액은 2,597유닛, 18일분에 불과한 것으로 집계됐다. 나머지 A형(2.4일분), AB형(2.5일분), B형(2.9일분) 보유량도 지난해 같은 기간과 비교해 크게 낮아졌다. 농축 혈소판도 전체 재고량이 21일분에 불과하다. 혈액 보유량이 1일분 미만이면 '심각' 단계로 즉각적인 비상대응체계에 돌입한다. 2일분 미만은 경계, 3일분 미만은 주의 단계로, 적정 혈액 보유량은 5일분이다.
　혈액이 부족한 이유는 인구 고령화로 헌혈자는 급감했지만, 수술은 크게 늘었기 때문이다. 이날 현재 헌혈자 수는 18만 3,589명으로 지난해 9월과 비교해 5만 명 가까이 줄었다.
　헌혈자 수가 20만 명에 미달한 달은 2014년 이후 올해 1월(19만 6,135명)과 2월(18만 8,187명), 지난해 2월(19만 7,593명)뿐이었다. 하반기에는 한 번도 없었다.
　심지어 메르스(중동호흡기증후군)가 유행했던 지난해와 비교해도 헌혈자 수가 크게 줄었다. 실제로 메르스가 유행 정점에 있었던 지난해 6월 헌혈자 수는 22만 9,270명이었지만, 올해 6월은

20만 4,236명으로 2만 5,000명 가까이 급감했다. 전혈 헌혈은 만 69세까지 가능하지만, 혈소판 성분헌혈과 혈소판 혈장 성분헌혈은 만 59세까지 가능해 고령자가 늘면 헌혈 가능 인구는 급감하게 된다.

 혈액관리본부 관계자는 "겨울철에는 헌혈자가 적어서 혈액 재고량이 연말에는 최저가 될 것 같다. 최근 저출산, 고령화로 헌혈 인구가 급감했지만, 수혈해야 하는 심장질환자, 암 환자, 수술환자는 꾸준히 증가해 수혈용 혈액 확보에 어려움을 겪고 있다."며 "수혈용 혈액을 확보하기 위해 다방면으로 노력하고 있지만, 적정 보유량에 미치지 못하고 있다."고 토로했다.

27 윗글의 성격에 대한 설명으로 가장 적절한 것은?

① 면접자인 기자가 독자의 입장에서 피면접자에게 궁금한 내용을 대화하듯 직접 질문하여 대답을 끌어내는 글이다.
② 신문에서 가장 흔히 볼 수 있는 형태의 보도 기사문으로 다른 형태의 기사문보다도 객관성을 더 중시하는 글이다.
③ 공식적으로 널리 알릴 목적으로 작성하는 글로 읽는 사람에게 유용한 정보와 함께 어떤 행위를 하도록 요구하는 글이다.
④ 대상의 정보를 제공함으로써 대상에 대한 이해를 돕거나 설명서대로 따라 해야만 일정한 결과를 얻을 수 있도록 안내하는 글이다.
⑤ 앞부분에서는 주로 독자의 흥미를 끌 만한 내용으로 가볍게 시작하다가 점점 중요한 내용을 드러내어 긴장감을 끌어올리고 마지막에 핵심을 제시하는 피라미드형 글이다.

28 윗글의 각 부분을 작성하는 방법으로 적절한 것만을 〈보기〉에서 고른 것은?

보기

㉠ 부제는 표제를 뒷받침하는 제목으로 표제보다 더 포괄적이고 추상적인 문구로 쓴다.
㉡ 전문은 본문에 드러낼 내용을 미리 요약문의 형태로 배치하는 글로 반드시 한 문장으로만 써야 한다.
㉢ 본문은 한 편의 완성된 글이 되도록 통일성과 긴밀성을 유지하면서 쓰되, 한 문단은 하나의 내용만을 독립적으로 다루어야 한다.
㉣ 표제는 다루고 있는 사안의 가장 중요한 내용을 압축하여 제시하며 사안의 핵심과 윤곽을 독자에게 한 번에 전달할 수 있도록 쓴다.

① ㉠, ㉡ ② ㉠, ㉢ ③ ㉠, ㉣
④ ㉡, ㉢ ⑤ ㉢, ㉣

29 윗글에 〈보기〉의 내용을 가장 적절하게 쓴 것은?

> **보기**
> ㉠ 적정 보유량 5일분에 크게 미달
> ㉡ O형 혈액 보유량 1.8일분뿐 '수급 비상'
> ㉢ 겨울철일수록 헌혈자 적은 편… 올 연말 혈액 재고량 최저 우려
> ㉣ 혈액 수급에 비상등이 켜졌다. 대한적십자사가 보유한 O형 적혈구제제가 1.8일분에 불과한 것으로 나타났다. 정부는 전체 혈액 보유량이 1일 미만이면 비상 상황으로 간주한다. 통상적으로 겨울철에 헌혈자가 적다는 점을 고려하면 올 연말 혈액 보유량이 사상 최저치를 기록할 것이라는 우려마저 나오고 있다.

① 〈보기〉의 ㉠을 윗글의 (가)에 쓴다.
② 〈보기〉의 ㉡을 윗글의 (나)에 쓴다.
③ 〈보기〉의 ㉢을 윗글의 (가)에 쓴다.
④ 〈보기〉의 ㉠과 ㉢을 모두 윗글의 (나)에 쓴다.
⑤ 〈보기〉의 ㉣은 윗글의 맨 마지막 문단에 쓴다.

※ 다음을 읽고 물음에 답하시오. (30~31번)

> 〈 직영점 예정지 주변 지역 시장 조사 기획서 〉
>
> • 작성일 : 2017년 1월 16일
> • 작성자 : 소속 (영업부), 직위 (대리), 성명 (박실용)
>
> 당사에서 ○○시에 개점 예정인 직영점 예정지 주변 지역시장 조사를 다음과 같이 기획하였습니다.
>
> 1. 개점 예정지의 부동산 조사 내용
>   • 1지역 : 해당 점포 82평, ○○부동산신탁(주) 소유
>   • 2지역 : 해당 점포 50평, ○○은행 소유
>   • 3지역 : 해당 점포 90평, 개인 소유
>
> 2. 조사 방법
>   • 일 시 : 2017년 1월 18일~2017년 1월 20일
>   • 조사원 : 총무과 6명/기획실 3명/영업부 4명
>   • 내 용 : 경쟁 업체의 현황, 반경 5km 이내 유동 인구 및 세대별 인구분포도, 교통 조건 및 유동 인구 통행량 조사, 지역 개발 계획 여부 등

- 역할 분담 : 3개 팀으로 나누어 활동함
  A팀 : 거주지별 인구 이동, 20개 지점에서 사람과 차량 수 조사
  B팀 : 인터뷰에 의한 설문 조사와 반응, 목적지, 쇼핑 장소 조사
  C팀 : 설문 용지의 배포와 회수

3. 조사 계획
   팀 단위로 토론하여 조사 방법을 정한 후, 각각 적용함으로써 오차를 줄인다. 각 팀의 일정에 맞추어 조사하며 1주일 단위로 각 팀이 동시 토론회를 개최하여 최종 결과를 도출한다.

30 위와 같은 문서의 서술 원칙으로 가장 적절하지 <u>않은</u> 것은?

① 어떤 행동이 필요한지 명확하게 표현해야 한다.
② 문장은 간결해야 하며 자료의 출처를 명기해야 한다.
③ 하나의 기획서에 두 가지 이상의 목적을 제시해야 한다.
④ 주어와 서술어가 명백하고 문장에 논리적 오류가 없어야 한다.
⑤ 추상적인 표현을 피하고 될 수 있으면 전문용어나 약자를 쓰지 않아야 한다.

31 위 문서를 결재하기 전에 김 과장이 쓴 적절한 수정 의견을 〈보기〉에서 있는 대로 고른 것은?

〈보기〉
㉠ 충분히 이해할 수 있도록 자세하게 작성한다.
㉡ 어떤 결과를 얻을 수 있는지에 대한 내용을 추가한다.
㉢ '3. 조사 계획'을 개조식으로 작성하여 가독성을 높인다.
㉣ 제목을 '직영점 예정지 시장 조사 기획서'와 같이 간결하게 고친다.

① ㉠, ㉡
② ㉡, ㉢
③ ㉢, ㉣
④ ㉠, ㉡, ㉢
⑤ ㉡, ㉢, ㉣

※ 다음은 의약품 사용 설명서의 일부이다. 물음에 답하시오. (32~33번)

〈 지친 간장에 활력을 주는 ○○큐 〉

- 원료 약품의 분량 : 이 약 1캡슐(1,135mg) 중
  밀크시슬엑스(생규) ·· 350mg
  첨가제(타르색소) ························· 청색 1호, 황색 5호, 황색 203호
- 성상 : 황갈색의 유상(기름 상태) 내용물을 함유한 녹색의 장방형 연질 캡슐제
- (㉠) : 독성간질환, 만성간염, 간경변질환의 보조 치료
- (㉡) : 성인 1일 1회, 1회 1캡슐 복용
- 사용상의 주의 사항
  1. 다음과 같은 사람은 이 약을 먹지 마십시오.
     1) 심한 담도(담관) 폐쇄 환자
     2) 이 약의 과민증 환자
     3) 12세 이하의 소아
  2. 다음 환자에는 신중히 투여하십시오.
     고지단백혈증, 당뇨병성 고지질혈증 및 췌장염 등 지방 대사 이상 환자 또는 지질성 유제를 신중히 투여해야 하는 환자
  3. 이 약의 복용 시 주의 사항

  － 중간 생략 －

- (㉢) : 기밀용기, 실온(1~30℃) 보관(사용 기간 : 제조일로부터 24개월)
- (㉣) : 60캡슐, 120캡슐
- (㉤) : ○○제약주식회사
- 제조원 : ㈜▲▲ 충남 ○○시 ○○구 ○○길 15

  － 이하 생략 －

32 윗글의 서술 방법을 가장 적절하게 설명한 것은?

① 육하원칙을 적용하여 내용을 구체적으로 서술해야 한다.
② 어떤 대상으로부터 비롯된 느낌과 생각의 생성 과정을 서술해야 한다.
③ 어떤 대상을 분석하고 해석한 후 가치를 지닌 개성적인 견해를 세밀하게 서술해야 한다.
④ 전문 용어를 쉬운 용어로 바꿔서 쓰거나 그럴 수 없는 경우에는 전문 용어를 자세하게 풀어서 서술해야 한다.
⑤ 읽는 사람에게 유용한 정보를 제공하고 어떤 행위를 하도록 요구하는 글이므로 일시와 장소를 구체적으로 서술해야 한다.

33 윗글의 ㉠~㉤에 들어갈 단어를 가장 적절하게 쓴 것은?

① ㉠ : 효능·효과   ② ㉡ : 용량   ③ ㉢ : 저장
④ ㉣ : 포장   ⑤ ㉤ : 회사

34 윗글의 '3. 이 약의 복용 시 주의 사항'에 쓸 내용을 다음에서 적절한 것을 모두 고른 것은?

> ㉠ 정해진 용법과 용량을 지키십시오.
> ㉡ 황달의 경우에는 의사 또는 약사와 상의하십시오.
> ㉢ 직사광선을 피하고 될 수 있으면 습기가 적고 서늘한 곳에 뚜껑을 꼭 닫아 보관하십시오.
> ㉣ 1개월 정도 복용하여도 증상의 개선이 없는 경우나 장기 복용 시에는 의사 또는 약사와 상의하십시오.

① ㉠, ㉡   ② ㉡, ㉢   ③ ㉢, ㉣
④ ㉠, ㉡, ㉢   ⑤ ㉠, ㉡, ㉣

35 다음은 ○○ 설문조사 보고서의 결론 부분이다. ㉠에 들어갈 내용을 적절하게 쓴 것은?

> 지금까지의 설문 조사와 원인 분석을 통해 ○○대학교에 적합한 건축물의 구조를 제시함으로써 A 관과 B 관 사이 4층 통로의 유동 인구 밀집 현상을 해결할 방안을 조사해보았다. 설문 조사를 통해 유동 인구의 밀집 현상이 얼마나 심각한지 알 수 있었고 근본적인 원인을 분석할 수 있었다.
>
> ㉠

① ○○대학교의 건물 통로가 실용적으로 연결되었는지를 점검하기 위하여 다른 학교의 경우를 참고해보기로 하자.
② 이러한 유동 인구의 밀집 현상에 대한 원인과 그러한 현상을 해소할 방안을 제시하는 것이 본 조사의 목적이라고 할 수 있다.
③ ○○대학교의 유동 인구 밀집 현상은 학교의 지형적 특성과 학생 수 증가에 따른 공간의 미흡한 확보와 한 건물로만 집중된 캠퍼스 생활이 원인이었다.
④ 마지막으로 설문 조사를 통한 학생들의 의견과 건축에 관련된 참고문헌을 바탕으로 학교 내의 이러한 문제를 구체적으로 해결할 수 있는 대안을 모색하고자 한다.

⑤ 세 번째로 ○○대학교와 비슷한 환경을 가지고 있으면서 이를 효과적으로 개선한 ▲▲대학교와 ●●대학교의 이동 통로를 조사해보고 이를 참고하여 ○○대학교의 문제점을 해결할 방안을 찾아보았다.

36 다음 특허 명세서의 ㉠에 공통으로 들어갈 고안의 명칭으로 가장 적절한 것은?

등록실용신안 20-0476641

(19)대한민국특허청(KR) (12)등록실용신안공보(Y1)	(45) 공고일자 20○○년 ○월 ○○일 (11) 등록번호 20-0476641 (24) 등록일자 20○○년 ○월 ○○일

(21) 출원번호 20-20○○-0004858
(22) 출원일자 20○○년 ○월 ○○일
	(73) 실용신안권자 강○○
	     경기도 시흥시 대○로 72 (대야동)
	(72) 고안자 강○○
	     경기도 시흥시 대○로 72 (대야동)
	(74) 대리인 임○○

전체 청구항 수 : 총 1항	심사관 : 박○○

(54) 고안의 명칭 (㉠)

(57) 요 약

　본 고안은 (㉠)에 관한 것으로서, 전원(10)에 전기적으로 연결된 모터(20)와; 상기 모터(20)의 회전축과 연결되는 흡입 임펠러(30)와; 상기 모터(20)의 회전축과 연동되는 지우개 장착부(40)와; 상기 모터(20), 흡입 임펠러(30), 지우개 장착부(40) 및 전원 스위치(50)가 설치되는 부재로서, 상기 흡입 임펠러(30)를 외기(外氣)에 노출하는 흡입 구멍(91)과, 지우개(70)를 상기 지우개 장착부(40)에 결합하기 위한 장착 구멍(92)이 형성되어 있는 케이스(90)를 포함하여 구성되는 것을 특징으로 하므로, 지우는 작업이 매우 용이하고, 주위가 청결하며 손이 더러워지지 않는다는 장점이 있다.

대 표 도 - 도1

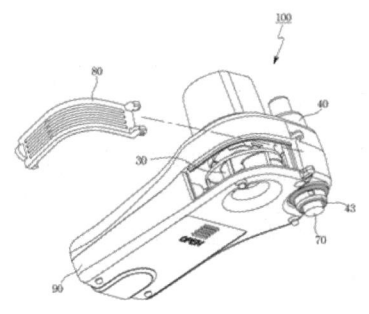

① 전동식 지우개　　　　② 흡입형 전동 지우개
③ 전동 지우개 자동 털이기　　④ 탈부착 가능 전동 지우개
⑤ 분필 홀더 겸용 전동 지우개

※ ○○기업의 조직 문화를 진단하기 위한 항목별 점수를 종합한 표를 읽고 물음에 답하시오. (37~38번)

〈만점 : 50〉

전략적 강조		
구분	내용	점수
가	우리 회사는 인적자원개발을 중요하게 여기며 신뢰, 개방성, 참여를 강조한다.	4.6
나	우리 회사는 경쟁과 성과를 중시하여 시장에서 목표 달성과 이기는 것을 강조한다.	1.2
다	우리 회사는 영속성과 안정성을 강조한다. 효율성, 통제, 원활한 운영을 중요하게 여긴다.	2.0
라	우리 회사는 새로운 자원을 발굴하고, 도전하는 것을 중요하게 여기며 새로운 시도와 기회의 창조를 높이 평가한다.	1.5

성공의 기준		
구분	내용	점수
가	우리 회사에서 성공은 인적자원개발, 팀워크, 헌신도, 동료에 대한 배려를 기준으로 평가한다.	4.3
나	㉠	1.5
다	우리 회사에서 성공은 시장 경쟁에서 이기고 앞서가는 등 경쟁적인 시장을 이끌어 가는 것을 기준으로 평가한다.	1.0
라	우리 회사에서 성공은 효율성을 기준으로, 신뢰성 있는 납품, 원활한 일정 관리, 저비용 생산 등을 중요하게 여긴다.	2.0

37 위 표의 ㉠에 들어갈 내용을 가장 적절하게 쓴 것은?

① 우리 회사는 매우 개인적인 장소이다.
② 우리 회사에서 실패는 팀워크, 합의, 참여 등을 기준으로 평가한다.
③ 우리 회사에서 성공은 개발자나 혁신자로서의 모습을 기준으로 평가한다.
④ 우리 회사에서 리더십이란 일반적으로 합리적이고 적극적이며 결과 지향적인 성격을 띤다.

⑤ 우리 회사에서 근무태도는 회사 내부의 규율 준수와 안정적인 조직 유지를 기준으로 평가한다.

38 위 표의 점수를 근거로 ○○기업의 조직 문화 특징을 가장 적절하게 쓴 것은?
① 조직구성원의 업무수행에 대한 자율성과 자유 재량권 부여 여부를 핵심으로 한다.
② 주어진 과업을 효율적으로 수행하기 위하여 실적을 중시하고, 직무에 몰입하여 미래를 위한 계획 수립을 강조한다.
③ 성과를 강조하는 문화로서 조직에 대한 조직구성원들의 방어적인 태도와 개인주의적인 성향을 드러내는 경향을 보인다.
④ 관계 지향적인 문화이며, 조직구성원 간의 인간애를 중시하는 문화로서 조직 내부의 통합과 유연한 인간관계를 강조한다.
⑤ 조직구성원의 개성을 강조하며 외부 환경에 대한 변화지향성과 신축적 대응성을 기반으로 조직구성원의 도전의식, 모험성, 창의성, 혁신성 등을 중시한다.

39 ○○운하 관리소 직원인 김○○ 씨는 소장님의 지시에 따라 운하를 통과할 수 있는 배의 길이를 계산하여 안내문을 쓰려고 한다. 운하 통과의 최대 기준으로 다음과 같은 자료를 수집하였다. 다음 자료에 나타난 선박의 길이로 적절한 것은?

> 운하를 통과한 배 중 최장 길이를 가진 ○○호는 속력이 일정한 상태에서 1, 2운하를 통과하고 있다. 길이 1km인 1운하를 통과하는 데 28초, 길이 2km의 2운하를 통과하는데 53초가 걸렸다.

① 90m ② 100m ③ 110m ④ 120m ⑤ 130m

40 신입사원 연수에서 다음과 같은 시간 관리 능력에 관한 강의를 들은 윤○○ 사원이 일의 우선순위를 정리하여 쓴 것 중 수정이 필요한 것으로 적절한 것은?

> 직장인이 시간 계획을 세울 때 생각할 수 있는 기본적인 원리는 계획된 행동과 계획되지 않은 행동의 비율을 나눈 60:40의 비율을 지키는 것입니다. 해야 할 일이 많을 때 일의 우선순위를 판단하여 긴급함과 중요함의 정도에 따라 나누는 것이 좋습니다.

① 중장기 계획은 긴급하지 않지만 중요한 일이다.

② 기간이 정해진 프로젝트는 긴급하면서 중요한 일이다.
③ 하찮은 일, 우편물, 소모적인 일은 긴급하면서 중요하지 않은 일이다.
④ 잠깐의 급한 질문이나 일부 보고서는 긴급하면서 중요하지 않은 일이다.
⑤ 새로운 기회를 발굴하거나 인간관계를 구축하는 것은 긴급하지 않지만 중요한 일이다.

41 다음에서 제시한 합리적인 인사관리의 원칙을 설명하는 글로 가장 적절한 것은?

종업원 안정의 원칙

① 해당 직무 수행에 가장 적합한 인재를 배치해야 한다.
② 직무의 배당과 승진, 임금 등을 공정하게 처리해야 한다.
③ 직장에서 신분이 보장되고 계속 근무할 수 있다는 믿음을 갖게 해야 한다.
④ 근로자의 인권을 존중하고 공헌도에 따라 노동의 대가를 공정하게 지급해야 한다.
⑤ 근로자가 창의력을 발휘할 수 있도록 새로운 제안을 할 기회를 마련하고 적절한 보상을 하여 인센티브를 제공해야 한다.

42 다음 도표를 보고 2015년 기준으로 ㉠~㉣까지 들어갈 말을 모두 적절하게 쓴 것은?

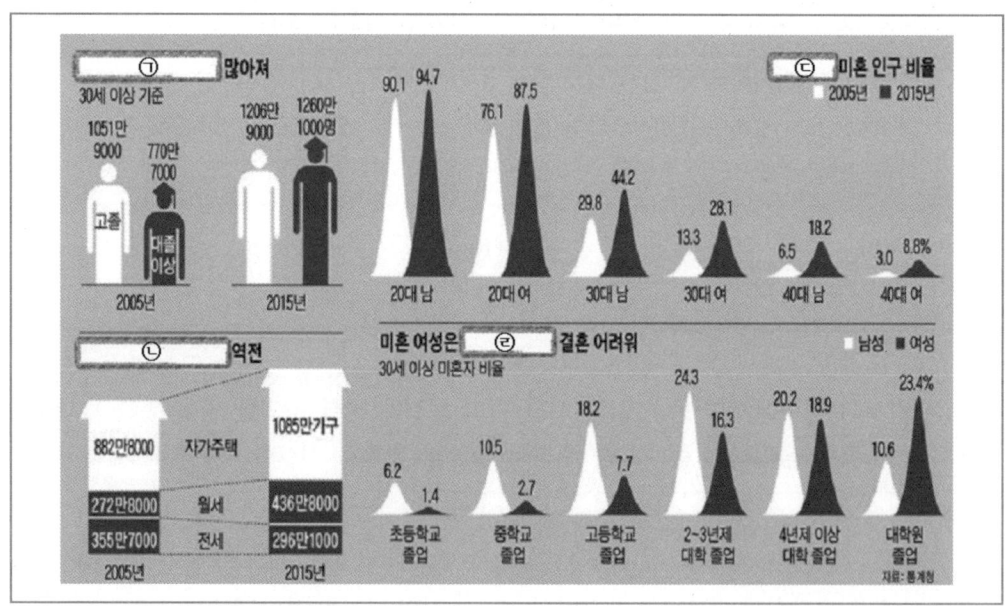

① ㉠ : 고졸자가 대졸자보다, ㉡ : 월세 가구가 전세 가구, ㉢ : 줄어드는, ㉣ : 학력 높을수록

② ㉠: 고졸자가 대졸자보다, ㉡: 전세 가구가 월세 가구, ㉢: 늘어나는, ㉣: 학력 낮을수록

③ ㉠: 대졸자가 고졸자보다, ㉡: 전세 가구가 월세 가구, ㉢: 줄어드는, ㉣: 학력 높을수록

④ ㉠: 대졸자가 고졸자보다, ㉡: 월세 가구가 전세 가구, ㉢: 늘어나는, ㉣: 학력 낮을수록

⑤ ㉠: 대졸자가 고졸자보다, ㉡: 월세 가구가 전세 가구, ㉢: 늘어나는, ㉣: 학력 높을수록

43 다음 〈보기〉에서 '2015년 인구주택총조사 표본집계 결과' 중 '1인가구 현황' 그래프를 보고 쓸 수 있는 글만 묶은 것은?

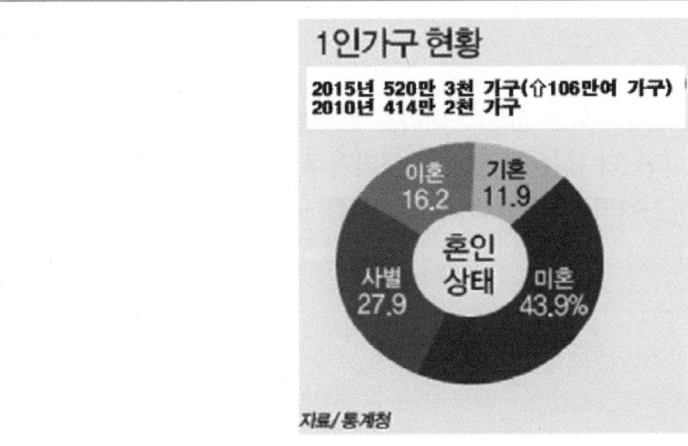

보기
㉠ 1인가구 중 미혼인구는 2010년 184만 3,000명에서 2015년 228만 6,000명으로 240% 늘었다.
㉡ 이혼 상태의 1인가구는 지난해 84만 5,000명으로 5년 전(55만 6,000명)보다 519% 증가했다.
㉢ 2015년 기준 우리나라 1인가구는 520만 3,000가구로 2010년(414만 2,000가구)보다 약 256% 증가했다.
㉣ 전체 1인가구 구성비로는 미혼이 439%로 가장 많았고 사별(279%), 이혼(162%), 기혼(119%) 등의 순으로 나타났다.

① ㉠, ㉡ ② ㉡, ㉢ ③ ㉢, ㉣
④ ㉠, ㉡, ㉢ ⑤ ㉡, ㉢, ㉣

44 다음을 참고하여 하○○ 사원에 대한 평가지에 쓸 조언으로 적절하지 <u>않은</u> 것은?

> 〈 하○○ 사원에 대한 동료들의 평가 〉
> - 책상에서 매번 필요한 것을 찾는 데 시간을 허비해서 답답합니다.
> - 사소한 문구를 계속 수정하고 마음에 들 때까지 같은 작업을 반복합니다.
> - 항상 바쁘고 늘 뭔가 열심히 하는 것 같은데 마감기한을 자주 넘기는 편입니다.

① 물건은 항상 제자리에 두는 습관을 들이는 것이 좋겠습니다.
② 서류는 하나하나 숙독하며 완벽하게 정리를 해두는 것이 좋겠습니다.
③ 일의 우선순위를 정하고 긴급하고 중요한 일을 먼저 하는 것이 좋겠습니다.
④ 할 일에 드는 예상 시간을 결정하고 시간 계획서를 작성해보는 것이 좋겠습니다.
⑤ 완벽하게 일을 처리하기 위해 기한을 넘기는 것보다는 기한내에 일을 끝내는 것이 좋겠습니다.

45 ○○ 기업의 구매부서에 근무하는 김○○ 대리는 업무상 거래처를 자주 방문하는데 보통 시속 60km의 속도로 다닌다. 다음은 김○○ 대리가 시속 80km로 가서 평소보다 10분 빠르게 도착하여 ○○ 기업에서 거래처까지의 거리를 구한 후 그 과정을 적은 메모이다. 잘못 옮겨 쓴 부분은?

> **보기**
> ㉠ x : 평소 걸리는 시간(단위 : 분)
> ㉡ $60x = 80(x-10)$
> ㉢ $60x = 80컾-10$
> ㉣ $x = 40분$
> ㉤ 거리 : 40km

① ㉠ ② ㉡ ③ ㉢
④ ㉣ ⑤ ㉤

46 다음은 상품 ㉮와 ㉯의 1년 동안의 계절별 판매량을 나타낸 그래프이다. 다음 그래프를 보고 쓴 문장으로 적절한 것은?

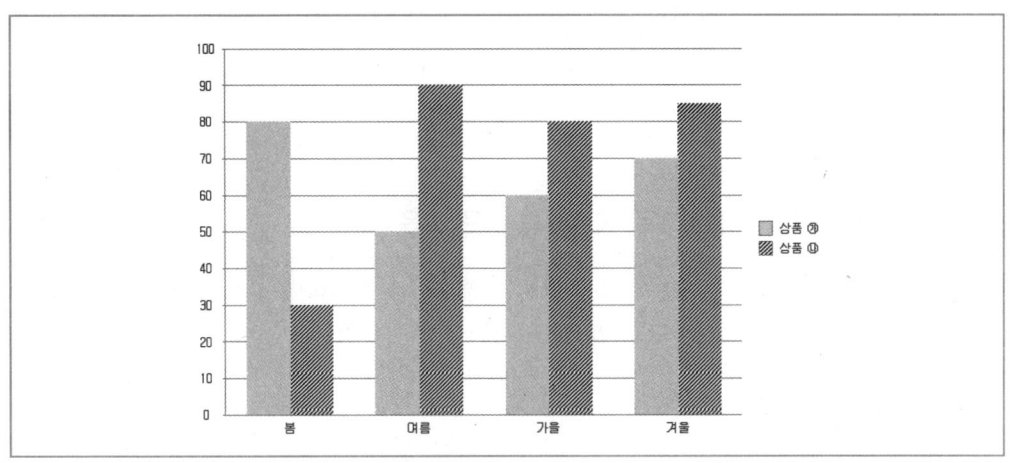

① 상품 ㉮와 상품 ㉯의 연간 판매량의 차이는 거의 없다.
② 두 상품의 판매량의 차는 시간이 지남에 따라 감소한다.
③ 상품 ㉮와 상품 ㉯의 판매량의 차가 가장 큰 계절은 여름이다.
④ 상품 ㉮와 상품 ㉯의 판매량의 합이 가장 적은 계절은 겨울이다.
⑤ 계절이 바뀔 때 상품 ㉮의 판매량이 상품 ㉯보다 크게 달라진다.

47 다음은 국민연금공단에서 발표한 2009~2015년 9월말 통계이다. 자료를 보고 판단하여 쓴 문장 중 적절하지 <u>않은</u> 것은?

〈 연도별 국민연금 가입자 현황 〉(단위 : 명)							
구분	2009년	2010년	2011년	2012년	2013년	2014년	2015년9월말
계	18,623,845	19,228,875	19,885,911	20,329,060	20,744,780	21,125,135	21,513,201
사업장 가입자	9,866,681	10,414,780	10,976,501	11,464,198	11,935,759	12,309,856	12,665,012
지역 가입자	8,679,861	8,674,492	8,675,430	8,568,396	8,514,434	8,444,710	8,400,743
임의 가입자	36,368	90,222	171,134	207,890	177,569	202,536	234,952
임의 계속 가입자	40,935	49,381	62,846	88,576	117,018	168,033	212,494

① 지역 가입자 수는 최근 4년 동안 점차 줄고 있다.

② 조사 기간 사업장 가입자 수는 매년 꾸준히 늘었다.
③ 전체 가입자는 2009년에 비해 2015년 9월 말 20% 가까이 늘었다.
④ 전년 대비 임의 가입자 수의 비율이 가장 많이 증가한 해는 2011년이다.
⑤ 조사 기간 내내 임의가입자 수가 다른 가입자 수보다 가장 많이 증가하였다.

48 다음 제도에 대한 설명으로 적절하지 <u>않은</u> 것은?

> 이 제도는 근로자 또는 노동조합이 경영과정에 참여하여 자신의 의사를 반영함으로써 공동으로 문제를 해결하고, 새로 아이디어를 제시하거나 현장에 적합한 개선방안을 마련해 줌으로써 경영의 효율성을 높일 수 있다.

① 경영자의 고유한 권리인 경영권을 약화할 수 있다.
② 경영 참가, 이윤 참가, 자본 참가의 3가지 유형이 있다.
③ 모든 조직에 효과적이거나 반드시 확대되어야 할 제도는 아니다.
④ 분배 문제를 해결함으로써 노동조합의 단체교섭 기능을 강화할 수 있다.
⑤ 경영능력이 부족한 근로자가 경영에 참여할 경우 의사결정이 늦어질 수 있다.

※ 다음은 실용사의 정보보안 연수 자료 중 일부이다. 자료를 읽고 물음에 답하시오. (49~50번)

> USB는 기업 내부 정보 유출의 주요 경로 중 하나다. 모바일 및 클라우드 업무 환경이 급속도로 퍼지고 있지만, 여전히 기업 내에서 생산성의 주축이 되는 업무는 주로 PC에서 이뤄지고 있기 때문이다. 특히 서버 같은 핵심 인프라와는 달리 PC는 개인화된 장비라는 인식이 저변에 깔려있기 때문에 그만큼 위험에 노출될 가능성이 크다.
> 또한, 의도적인 정보 유출뿐만 아니라 업무용 USB를 분실하거나 도난당하면서 뜻하지 않게 중요한 정보를 노출하게 되는 사례도 적지 않다. 업계에 따르면 최근 은행, 증권사, 보험사 등에서 보안 USB 도입이 많이 증가하는 추세다. 보안 USB는 사용자 인증, 데이터 암호화, 복제 방지, 분실 및 도난 방지 기능 등을 하나 이상 탑재하고 있어 사소한 실수로 기업의 중요 정보가 유출되는 것을 막는 데 도움을 줄 수 있다.
>
> (가)
>
> 단, 보안 USB도 하나의 보안 솔루션이라는 점에서 이를 사용하는 기업 또는 개인이 보안 수칙을 준수하지 않으면 무용지물이 될 수 있다는 점을 명심할 필요가 있다. 내부자에 의한 치명적인 정보 유출을 막기 위해 기업들은 보안 솔루션 도입은 물론, 정기적인 보안 교육을 통해 정보 유출

의 위험성과 위법성을 적극적으로 알리고 협력 업체와 기밀유지 계약을 맺는 등 기업 내부 정보의 흐름을 파악하려는 노력이 필요하다.
　이에 본사는 지난달부터 개인 USB 사용 금지, PC 외부메일 단속 등 정보유출방지를 위한 제도적 장치를 마련하고 있다. 업무용 컴퓨터에서 작업한 파일은 어떤 것이든지 외부저장 매체에 저장할 수 없다.

49 윗글의 (가) 문단에 쓸 내용으로 적절하지 않은 것은?

① ○○카드는 작년부터 지정한 시간 동안 사용하지 않으면 자동으로 잠금 상태로 전환되는 타이머 자동 잠금, 무차별 비밀번호 대입으로 인한 해킹 방지 등의 기능이 있는 USB를 제공하고 있다.

② ○○시큐리티가 올해 개발한 USB는 암호화 칩을 탑재해 USB에 저장되는 모든 데이터를 실시간으로 암호화하는 보안 USB다. 암호화된 데이터는 USB를 분해하더라도 데이터 확인이 불가능하다.

③ 지문 인식으로 특정인만 사용 가능한 보안 USB가 대표적인 예다. 지문 인식 USB는 인가된 사용자가 지문을 등록해두면, 이후 해당 사용자가 USB를 손에 쥐고 PC에 꽂아야만 인식되기 때문에 분실이나 도난에도 걱정 없다.

④ 기업체마다 보안 USB 사용이 필수 매뉴얼로 자리 잡고 있다. 작년 말 ○○사 내부자료 유출 사고 당시 ○○사에서도 보안 USB를 사용하고 있었으나 정작 관리가 소홀했다는 지적을 피하지 못했던 것도 기본 보안 수칙의 중요성을 잘 말해준다.

⑤ ○○사는 데이터가 기록되는 디스크의 논리적 구조를 바꾸고, 이를 커널 레벨에서 자체적으로 처리하는 기술을 적용한 보안 USB 출시를 앞두고 있다. 평소에는 보안 영역이 존재하지 않는 것처럼 모습을 숨기고 있다가 전용 소프트웨어를 실행하고 비밀번호를 입력하면 모습을 드러내는 제품이다.

50 위의 연수를 듣고 퇴근 준비를 하던 김원칙 사원은 동료가 회사 업무용 컴퓨터에 저장된 자료를 개인용 USB에 저장하는 듯한 모습을 보았다. 김원칙 사원이 취해야 할 행동으로 가장 적절한 것은?

① 회사 감사팀이나 외부업체에 알려 조사받게 한다.
② 타 직원들로부터 신뢰받는 동료이므로 못 본 척한다.
③ 잘못된 습관인지 고의적인 행동인지 판단하기 위해 다음 행동을 관찰한다.
④ 성실한 사람이고 조금 전에 정보 보안 연수를 같이 들었으므로 믿고 바로 퇴근한다.
⑤ 관계가 서먹해질 수도 있지만 목격한 장면에 대해 직접 물어서 사실관계를 확인한다.

제 3 회 한국실용글쓰기 검정 기출문제

01 다음 중 맞춤법에 어긋난 부분을 고쳐 쓴 것으로 적절하지 않은 것은?

① 어따대고 큰 소리야! ⇨ 얻다대고 큰 소리야!
② 육계장 한 그릇 먹으러 갑시다. ⇨ 육개장 한 그릇 먹으러 갑시다.
③ 저기 가서 널빤지 하나 가져오세요. ⇨ 저기 가서 널판지 하나 가져오세요.
④ 웟층에 사는 사람이 누구인지 궁금하다. ⇨ 위층에 사는 사람이 누구인지 궁금하다.
⑤ 공연히 섯부른 행동은 삼가는 것이 좋겠다. ⇨ 공연히 섣부른 행동은 삼가는 것이 좋겠다.

02 다음 문장을 바르게 고친 것은?

> 봄날에 운전할 때는 특히 졸음운전을 하거나 과속을 자제하도록 조심해야 한다.

① 봄날에 운전할 때는 특히 졸음운전이나 과속을 하지 않도록 조심해야 한다.
② 봄날에 운전할 때는 절대 졸음운전을 하고 과속을 하지 않도록 조심해야 한다.
③ 봄날에 운전할 때는 절대 졸음운전을 하거나 과속을 자제하도록 조심해야 한다.
④ 봄날에는 운전할 때 특히 졸음운전을 하거나 과속을 자제하도록 조심해야 한다.
⑤ 봄날에는 운전할 때 특히 졸음운전을 하거나 과속을 자제할 수 있도록 조심해야 한다.

03 다음 중 밑줄 친 외래어 표기가 적절한 것은?

① 문자 메세지(massage)는 확인해 보셨습니까
② 슈퍼마켓(supermarket)이 맞는다면 슈퍼맨도 맞는 거겠지
③ 가을옷은 새로 생긴 아울렛(outlet) 매장에 가서 사기로 하자.
④ 이번 행사 플랭카드(placard) 문구는 제가 작성해 보겠습니다.
⑤ 악세사리(accessory)는 여러 종류를 한꺼번에 하는 것보다 한두 가지에 집중하는 것이 좋다.

04 다음 글의 ( ) 안에 공통으로 들어갈 말로 적절한 것은?

> 교수신문은 지난 8~17일 전국의 교수 724명을 대상으로 설문조사를 한 결과 201명(27.8%)이 올해의 사자성어로 '(　　)'(을)를 선택했다고 21일 밝혔다.
> '(　　)'(은)는 남을 속이려고 옳고 그름을 바꾸는 것을 비유하는 표현이다. 정치적으로는 윗사람을 농락해 자신이 권력을 휘두른다는 의미를 담고 있다.
> 이 사자성어를 추천한 교수는 "2014년은 수많은 사슴이 말로 바뀐 한 해"라며 "온갖 거짓이 진실인 양 우리 사회를 강타했다. 사회 어느 구석에서도 말의 진짜 모습은 볼 수 없었다."고 말했다.

① 이심전심(以心傳心)　② 동상이몽(同床異夢)　③ 순망치한(脣亡齒寒)
④ 역지사지(易地思之)　⑤ 지록위마(指鹿爲馬)

05 다음 중 중의적으로 해석될 수 있는 문장은?

① 나는 어제 회사에서 일찍 퇴근했다.
② 하루에 커피를 석 잔 이상 마시면 해롭다.
③ 회사는 개인적인 일을 하는 곳이 아닙니다.
④ 이번 주 토요일에는 시장 조사를 마쳐야 한다.
⑤ 당신에게 밥을 먹여주는 사람이 누구인지 알아야 한다.

06 ○○기업 인사과에 근무하는 박대리는 직업기초능력을 근거로 면접 질문지를 작성하고 있다. 다음과 같은 수행 준거에 따라 면접 질문을 만들 때 적절하지 <u>않은</u> 것은?

평가영역	수행 준거
의사소통 능력	• 문서이해 1.1 업무를 수행하면서 문서의 정보 확인과 획득을 할 수 있다. 1.2 업무를 수행하면서 문서의 정보 이해와 수집을 할 수 있다. 1.3 업무를 수행하면서 문서의 정보를 평가할 수 있다. • 문서작성 2.1 업무를 수행하면서 작성 문서의 정보 확인과 조직을 할 수 있다. 2.2 업무를 수행하면서 목적과 상황에 맞는 문서를 작성할 수 있다. 2.3 업무를 수행하면서 작성한 문서의 교정과 평가를 할 수 있다.

① 업무를 수행하기 위해 문서를 작성했던 경험에 관해서 설명해 주시기 바랍니다.
② 업무 문서를 작성하는 데 필요한 자료를 수집했던 경험을 설명해 주시기 바랍니다.
③ 자료를 수집하여 문서 목적에 맞는 정보를 선택했던 경험을 말씀해 주시기 바랍니다.
④ 아이디어를 내서 어떤 문제를 개선했거나 해결한 사례가 있다면 말씀해 주시기 바랍니다.
⑤ 문서를 작성할 때, 귀납적으로 작성한 문서와 연역적으로 작성한 문서의 차이점을 설명해 주시기 바랍니다.

07 다음 ○○무역의 김 팀장 사례를 보고 의사소통을 저해했던 요인으로 가장 적절한 것은?

> ○○무역에 근무하는 김 팀장은 깐깐하고 꼼꼼한 업무 처리와 결재 성향 탓에 부하 직원들에게 업무 스트레스를 많이 주는 사람이다. 하지만 대체로 엄하고 꼼꼼한 상사 밑에서 일 잘하는 직원이 성장하듯 그에게 힘들게 일을 배운 직원들은 업무능력을 인정받아 회사에서 승진 기회를 많이 잡는다.
> 반면 많은 직원이 김 팀장과는 의견교환이 되지 않는다며 불만을 표시한다.
> 한편, 회사 차원에서는 유독 김 팀장과 함께 근무하는 직원들이 불만을 많이 표시하는 것에 관해 의문을 갖게 되었고, 결국 김 팀장의 지도력과 의사소통능력에 문제가 있음을 지적하게 되었다. 김 팀장은 처음에는 회사 차원의 지적에 대해 이해가 되지 않았으나 결국 자신의 잘못을 알게 되었다.
> 왜냐하면 김 팀장의 상관인 최 이사가 "자네는 지나치게 성과 중심적으로 말하는 점이 문제야."라고 충고했기 때문이다.

① 과거의 경험 ② 정보의 부재
③ 표현 능력 부족 ④ 고정관념
⑤ 과업 지향성

08 ○○은행 고객센터에서는 고객과의 공감을 위해 상담 직원 안내문을 작성 중이다. 다음 〈보기〉 ㉠의 내용으로 가장 적절한 것은?

> **보기**
> ◆ 면대면 고객의견 경청 과정에서의 장애 극복 전략
> 1. 고객이 말하는 내용에 관련한 정보를 떠올리며 경청에 몰입하라.
> 2. (㉠)
> 3. 모든 이야기를 다 듣기 전에 결론에 이르지 말라.
> 4. 말하는 사람의 관점에서 그의 이야기에 피드백하라.
> 5. 고객의 말을 다 들은 후에 목적을 파악하고 내용을 요약하라.

① 편견 없는 어휘로 말하라.
② 고객과 시선은 마주치지 마라.
③ 응대에 있어 결론부터 말하고 이야기하라.
④ 다른 고객이 대기하고 있음을 자주 알려라.
⑤ 고객의 비언적 신호의 숨은 의도를 파악하라.

※ 다음 프레젠테이션 자료를 보고 물음에 답하시오. (10~12번)

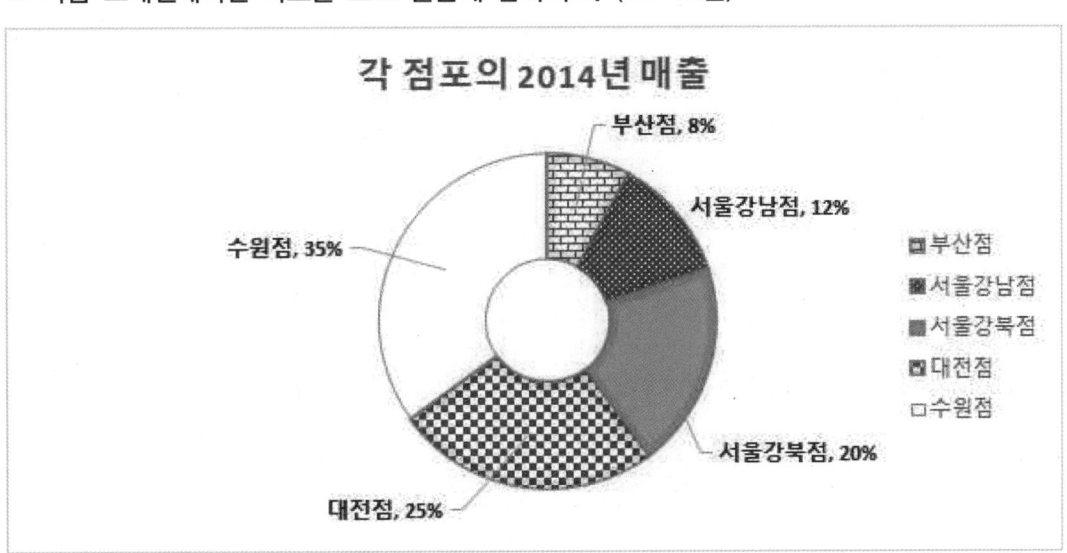

10 위와 같이 프레젠테이션에서 그래프를 사용할 때 효과로 가장 적절한 것은?
① 복수의 그래프를 나열하여 비교할 수 있다.
② 개개의 수치 변화나 차이를 나타낼 수 있다.

③ 시간 순서대로 수치의 변화를 나타낼 수 있다.
④ 시간 순서대로 수치의 차이를 나타낼 수 있다.
⑤ 개개의 항목이 전체에서 차지하는 비율을 나타낼 수 있다.

11 위 그래프를 보고 알 수 있는 점이 아닌 것은?
① 각 점포의 매출액을 알 수 있다.
② 가장 매출이 많은 점포를 알 수 있다.
③ 가장 매출이 적은 점포를 알 수 있다.
④ 조사에 참여한 점포의 수를 알 수 있다.
⑤ 각 점포가 전체 매출에서 자치하는 비율을 알 수 있다.

12 위와 같은 그래프를 프레젠테이션에 삽입할 때 유의할 점이 아닌 것은?
① 표제는 반드시 붙인다.
② 눈길을 끌도록 화려하게 구성한다.
③ 데이터의 정확한 일자를 기재한다.
④ 데이터의 수치는 정확하게 기재한다.
⑤ 인용했을 경우에는 반드시 출처를 적는다.

13 다음을 참고로 할 때 〈보기〉의 ㉠~㉢ 중에서 가장 적절한 것은?

[물음 1]
　직장에서 거래처의 사람과 말할 때는 '-시-'를 넣어야 할지, 말아야 할지 모호한 경우가 많습니다. 이것을 유형별로 나누어 설명해 주시겠습니까?

[답변 1]
　거래처의 사람에게 말할 때는 그 말하는 대상이 우리 직장의 평사원이라면 듣고 있는 다른 회사 사람의 직급과 관계없이 '은행에 갔습니다.' 처럼 '-시-'를 넣지 않습니다.
　만일 말하는 대상이 직급이 있는 사람이라면 그 사람과 같은 직급의 사람이나 그 아래의 사람에게 말할 때 자기보다 직급이 낮더라도 "(부장이 과장을 다른 회사의 과장이나 평사원에게) 김 과장 은행에 가셨습니다." 처럼 '-시-'를 넣습니다. 하지만 그 사람보다 높은 직급의 사람에게 말할 때는 "(부장이 과장을 다른 회사 부장에게) 김 과장 은행에 갔습니다." 처럼 '-시-'를 넣지 않고 말합니다.

자기보다 직급이 높은 사람을 다른 회사 사람에게 말할 때는 상대방의 직급과 관계없이 "(평사원이 과장을 다른 회사 부장에게)김 과장님 은행에 가셨습니다." 처럼 '-시-'를 넣어 말합니다.

그러나 전화로 대화할 때는 누가 누구를 누구에게 말하든지 '-시-'를 넣어 말하는 것이 바람직합니다. 거래처의 사람을 거래처의 사람에게 말할 때는 대상과 관계없이 존경법의 '-시-'를 넣어 말합니다.

[물음 2]
어느 강연회에서 연사로 나온 분이 자기를 "종로구의 홍길동의원입니다."하고 소개하는 것을 보았습니다. "종로구의 의원 홍길동입니다."라고 해야 옳지 않습니까?

[답변 2]
옳은 지적이십니다. 이름 뒤에 직함을 넣는 것은 그 사람을 높이는 것입니다. 그러므로 남이 아닌 자신을 소개할 때는 직함을 이름 앞에 두어야 합니다. 이것은 지위가 높고 낮음에 상관없이 항상 그렇게 써야 합니다. 예를 들어 대통령도 어떤 선언문을 낭독한 다음에 '대통령 홍길동'이라고 끝맺으며, 낮은 직책의 군인도 '이병 홍길동입니다.'라고 말합니다. 자신을 '홍길동 대통령'이라고 하거나 '홍길동 이병입니다.' 하고 말하지 않습니다. 이것은 자신을 일컬어 '김철수 군', '김영희 양'하고 말하지 않는 것과 같습니다. 이러한 것은 국어에서 매우 일반적인데, 종종 다른 사람들이 자신을 불러 주는 대로 '홍길동 의원'과 같이 스스로 말하는 사람들이 있습니다. 이것은 반드시 고쳐야 할 언어 습관입니다.

보기

(다음은 주요 거래 관계에 있는 A 회사 김 부장과 B 회사 박 대리 간의 전화통화 내용이다. 두 회사는 비슷한 규모의 제조업체이고 부장이 대리보다 직급이 높다.)

㉠ 김 부장 : 안녕하세요. A 회사 김대한 홍보부장입니다. 이민국 부장님과 통화를 하고 싶은데요.
㉡ 박 대리 : 예. 안녕하세요. 현재 홍보부장 이민국 씨는 출장중입니다.
㉢ 김 부장 : 아. 그렇군요. 그럼 곽만세 홍보 이사님은 계신가요
㉣ 박 대리 : 죄송합니다. 그분도 잠시 외출했습니다.
㉤ 김 부장 : 그럼 들어오시는 대로 김대한 홍보부장님이 전화하셨다고 전해주세요.

- 이하 생략 -

① ㉠   ② ㉡   ③ ㉢   ④ ㉣   ⑤ ㉤

※ 다음은 ○○석유공사의 '경영환경분석보고회'의 내용이다.
다음 내용을 보고 물음에 답하시오. (14~15번)

(가)
　경영전략실 최 이사 : 현재 우리 ○○석유공사의 대외적인 경영환경 분석을 말씀드리겠습니다. 먼저, 대외적으로 석유산업 공급능력 증대를 위한 투자여건에 제약이 따르고 있습니다. 그 이유는 첫째, 산유국들의 자원통제 강화로 석유자원 접근성에 장애 요인이 작용하는 것입니다.

　둘째, 석유개발 투자 증대에 따른 인력·장비 수요증대로 고생산 비용 구조화된다는 것입니다. 두 번째, 글로벌 석유개발투자 회사 간 M&A 및 투자 거래가 증가하고 있습니다. 다시 말해서 '08년 세계금융위기와 경기침체로 석유개발투자가 하락하였으나, '10년 이후 증가세로 전환된 후 현재까지 세계 주요 석유기업들 간 M&A가 확산되고 있습니다.

　세 번째, 고유가에도 불구하고 세계 석유수요 증가로 인해 국제유가는 계속 강세를 유지할 전망입니다. 이러한 유가 강세 원인으로는 첫째, OPEC 및 비OPEC의 공급능력 제한, 둘째, 중동 및 북아프리카지역 정정불안 지속으로 유가 상승압력 작용하고 있다는 것입니다. 셋째로는 과잉 유동성 및 미 달러화약세 등으로 석유시장으로의 자금 유입 규모가 증대되면서 유가 변동성이 확대되었기 때문입니다.

- 중 략 -

(나)
　경영전략실 최 이사 : 따라서 우리 ○○석유공사에서는 다음과 같은 경영전략과 과제를 선정하여 강력하게 추진하고 있습니다. 여기 그림을 보시겠습니다.

전략목표	전략과제
석유개발사업 활성화	신규매장량 확보 광구운영의 효율화 탐사 성공률 향상
(㉠)	국내 석유생산시설 투자 확대 해외 생산원유 트레이딩 역량 강화 동북아오일허브 구축 사업투자 정부 석유비축계획 적극 지원
글로벌경영역량 강화	해외석유회사 인수를 통한 유망자산 확보 다국적 경영관리체계 확립

14 ○○석유공사 임원의 비서인 박 대리는 해외 출장 중인 임원을 대신하여 보고회에 참석하고, (가)의 주요 내용을 전화로 간략하게 보고하기 위해 메모를 하였다. 박 대리가 〈보기〉 (가)의 경영 환경 분석 내용을 정리한 것으로 가장 적절한 것은?

① 산유국 자원 통제와 고생산 비용에 따른 투자여건 제약, 글로벌 석유 기업들 간 M&A 및 투자거래 확산, 세계 석유수요 증가로 국제유가 강세 전망
② 산유국 자원 통제에 따른 석유자원 접근성 장애 요인 발생, M&A 확산과 인력·장비 수요증대, OPEC 및 비OPEC의 공급능력 제한
③ 석유개발 투자 증대에 따른 인력·장비 수요증대로 고생산 비용구조, M&A 확산, 중동 및 북아프리카지역 정정불안 지속과 유가 변동성 확대
④ 석유개발 인력·장비 수요증대와 고생산 비용, 글로벌 석유 기업들 간 M&A 및 투자거래, 고유가 전망
⑤ 석유개발 인력·장비 수요증대와 고생산 비용, OPEC 및 비 OPEC의 공급능력 제한과 중동 및 북아프리카지역 전쟁불안에 따른 고유가 전망

15 〈보기〉(나)의 ㉠에 들어갈 전략목표로 가장 적절한 것은?
① 석유사업역량 강화   ② 석유산업 품질관리   ③ 해외석유사업 진출
④ 석유영업망 확장   ⑤ 석유비축량 확보

※ 다음 글을 읽고 물음에 답하시오. (16~17번)

> 1990년 이전까지 과학자들은 남극과 북극에서 캐낸 빙하 코어와 해저 바닥에 쌓여 있는 퇴적층을 통해 과거에 지구의 기후가 오르락내리락 여러 차례 변화해 왔다는 사실을 밝혀냈다.
> 하지만 과학자들은 운석 충돌과 같은 급작스러운 환경의 변화가 없는 한 기후 변화는 수천 년에서 수만 년에 걸쳐 천천히 조금씩 이루어져 왔다고만 생각했다.
> 그런데 1990년대 중반에 과학자들을 어리둥절하게 만드는 일이 벌어졌다. 1993년 북극 얼음의 보고인 그린란드에서 캐낸 빙하 코어를 조사하던 과학자들이 12,000년 전쯤 지구의 기온이 현재보다 더 높았다가 다시 수십 년 사이에 극심한 추위로 변화했음을 확인한 것이다. 그러나 (㉠) 빙하가 바닥이 고르지 못한 땅을 흘러내려 가면서 빙하 코어가 손상되었을 것이라고 단정 지었던 것이다. 이후 과학자들은 빙하 코어의 훼손 문제를 피하려고 빙하 코어의 안정된 부분만 집중적으로 조사했다.
> 그러나 1990년대 후반에 드러난 연구 결과는 과학자들의 생각을 뒤집어 놓았다. 안정적인 부분의 빙하 코어 역시 손상되었다고 믿었던 빙하 코어와 같은 결과를 보여 주었던 것이다.
> 즉, 지구의 기후는 수천 년에서 수만 년이 아니라 수십 년 만에도 급격하게 변화할 수 있다는 것이다.
>
> *빙하코어 : 빙하에 구멍을 뚫어 추출한 얼음 조각

16 윗글의 ㉠에 들어갈 말로 가장 적절한 것은?
① 연구 과정에는 아무런 오류가 없었다.
② 당시 과학자들은 이 결과를 믿지 않았다.
③ 갑작스러운 빙하기가 찾아올 가능성이 있다는 뜻이었다.
④ 과학자들은 확인된 결과에 따라 기존의 가설을 뒤집었다.
⑤ 아시아는 한랭기로 접어들었고 아마존 열대우림은 파괴되었다.

17 윗글의 결론으로 가장 적절한 것은?
① 기후 변화는 수천 년에서 수만 년에 걸쳐 조금씩 이루어진다.
② 과학자들은 빙하코어와 퇴적층을 통해 지구의 기후를 예상한다.
③ 연구 결과에 따르면 급격한 기후 변화가 단기간에 일어날 수도 있다.
④ 빙하 코어가 일부 훼손되더라도 연구 결과에 미치는 영향은 미미하다.
⑤ 빙하가 바닥이 고르지 못한 땅을 흘러 내려가면 빙하 코어가 손상된다.

※ 다음 글을 읽고 물음에 답하시오. (18~20번)

인공지능이 과연 인간을 압도할 위협이 될 것인가는 많은 논쟁이 있는 문제이다. 빌 게이츠나 일론 머스크와 같은 이들은 그 위험을 분명히 인식해야 하며, 인공 지능의 발전에 대해 명확한 제한을 가해야 한다는 의견이다. 하지만 유명도나 경륜에서나 이에 못지않은 많은 이들은 이러한 걱정은 기우일 뿐이라는 주장을 펴기도 한다.

(A) ㉠오늘날 우리가 정신노동이라고 부르는 일련의 작업이 총체적인 인간 이성의 복합적이고 미묘한 작업이라기보다는 사실상 컴퓨터 프로그램과 다름없이 일련의 알고리즘으로 이루어진 기계적 과정이 되어가고 있음을 보여주는 일이기 때문이다. ㉡이는 분명히 컴퓨터 과학의 진보를 보여주는 사건이기도 하지만, 동시에 인간 정신노동의 쇠퇴를 보여주는 일이기도 하다. ㉢얼마 전 AP통신의 기사가 큰 화제로 떠올랐는데 그 이유는 기사 내용 때문이 아니라 기사 작성 과정 때문이었다. ㉣그 기사는 작성 프로그램이 애플사의 보고서를 놓고 이와 관련된 수백 개의 리포트와 문서들을 참조해 단 30분만에 내놓은 분석 기사였다.

(가)

각종 소프트웨어의 비약적인 발전으로 매일매일 감가를 겪고 존재가치마저 위협당하는 정신노동의 직종은 그 외에도 무수히 많다. 이른바 제3차 산업혁명의 진전과 그 귀결인 전면적인 자동화(이 또한 오늘날 대단히 고색창연한 용어가 되었다.)로 인해 노동이 위협을 받게 된다는 경고는 오래전부터 있었다.

그런데 이러한 위협은 비교적 단순하다고 말할 수 있는 노동에만 적용되는 일이 아니다. 지금처럼 정신노동이 정형화되고 기계화되는 쇠퇴 과정이 계속된다면, 기자건 교수건 변호사이건 인간 활동의 모든 영역에서 벌어질 수 있는 일이다.

말할 것도 없이 이러한 변화는 우리에게 지금 존재하는 노동시장, 보상체계, 교육시스템 전반을 근본적인 차원에서 다시 생각하고 다시 설계할 것을 촉구한다. 이러한 기술 변화의 흐름을 되돌릴 것이 아니라면, 인간도 사회도 이러한 흐름에 적응해 나가면서 기계와 데이터의 흐름이 아니라 이성과 감성과 육신을 가진 인간만이 할 수 있고 또 해야 할 역할이 무엇인지를 새롭게 찾아 나가야만 한다.

18 윗글의 필자가 글을 검토하고 두 번째 문단 (A) 부분 ㉠~㉣의 문장을 논리적 순서에 맞게 고쳐 배열하려고 할 때 가장 적절한 것은?

① ㉠-㉡-㉢-㉣
② ㉠-㉢-㉡-㉣
③ ㉢-㉡-㉣-㉠
④ ㉢-㉣-㉡-㉠
⑤ ㉣-㉢-㉡-㉠

19 윗글의 필자가 (가)에 내용을 보충하고자할 때 들어갈 문장으로 적절하지 않은 것은?

① 회사 실적 보고서에 대한 기사는 원래 정형화되어 있는 자료들을 놓고 정형화되어 있는 정보들을 뽑아내는, 뻔하게 정해진 기사라서 그런 것 아니냐는 반문이 나올 수 있다.
② 오늘날의 신문과 여러 미디어에서 정형화되어 있지 않은 기사가 얼마나 되느냐고 물을 수 있다.
③ 인공 지능이 인간을 압도할 위협이 될 것인가는 많은 논쟁이 있는 문제지만 이러한 걱정은 기우에 불과하다.
④ 저널리즘뿐만이 아니라 가장 고단위의 정신노동 산물이라고 할 학술지 논문의 생산 과정과 생산물의 내용은 놀랄 정도로 정형화되어 있고 이러한 경향은 계속될 것으로 보인다.
⑤ 이미 핵심 어구와 핵심 논지의 방향을 입력하면 알아서 논문의 초안을 생산하는 프로그램이 존재한다는, 심지어 그렇게 투고된 논문을 심사하는 프로그램까지 존재한다는 소문도 돌고 있다.

20 독자가 윗글을 읽고 블로그에 내용을 간단히 소개하고자할 때 가장 적절하게 소개한 문장은?

① 인간의 정신노동은 인공지능보다 훌륭한 결과물을 낸다.
② 정신노동의 가치에 대한 위협은 산업혁명 때부터 시작되었다.
③ 소프트웨어가 발전하면 정신노동보다 육체노동의 가치가 위협 받는다.
④ 스마트폰을 제대로 쓰지 못하는 사람은 좋은 기사를 작성하기 힘들다.
⑤ 인간의 정신노동이 기계화되고 정형화되면 존재 가치가 떨어질 수 있다.

※ 다음 글을 읽고 물음에 답하시오. (21~22번)

㉠하지 말라고 하면 이상하게 더 하고 싶어지는 것이 사람 마음이다. ㉡그리고 외부로부터의 강압적 지시는 왜 어기고 싶은 걸까? ㉢금지된 것은 왜 더 하고 싶어지는 걸까? ㉣'만지지 마시오.'라는 푯말을 보면 그 전시물을 더 만지고 싶어진다. ㉤'들어가지 마시오.'라는 표지판이 있을수록 더 많은 이들이 그 잔디밭에 들어간다.

심리학자 펜베이커와 샌더즈는 한 대학의 화장실에 낙서를 금지하는 경고문을 붙였다. 하나는 대학본부의 명의로 된 "낙서엄금!"이라는 강력한 경고문이었으며, 다른 하나는 "낙서를 하지 마세요."라는 부드러운 어조의 경고문이었다. 두 경우를 비교했더니 강력한 금지 문구 밑에 오히려 더 많은 낙서가 적혀 있었다. 이처럼 사람들은 외부에서 주어지는 압력이 강력할수록 금지된 행동을 도리어 더 많이 하는 경향이 있다.

인간은 자신과 주변 세계를 통제하려는 욕구를 가지고 있다.

그래서 외부에서 자신의 행동을 통제하려 할 때 강력히 반발하면서 자신이 지닌 통제하려는 욕구를 회복하려 한다. 금지하는 경고문이 강력할수록, 반발심은 더욱 커진다. 경고문이 없다면 낙서를 하지 않을 사람들의 반발심까지 결국 부추기는 것이다.

인간에겐 '하지 말라'는 금지는 너무나 매력적인 것이다. 자유롭게 내버려 두면 하지 않을 일도 하지 말라고 하면 오히려 한번 더 돌아보게 된다. 꼭 지켜야 할 규칙이라면, 그리고 그것이 중요하다면, 하지 말라는 무조건인 강압만으로는 불충분하다.

일방적인 강요보다는 규칙 자체의 필요성에 대한 설명을 들려주어 이해시켜야 한다. 이해가 되면 자발적으로 규칙을 따르게 되기 때문이다. 이는 하지 말라는 것만 강요하는 사회, 지나치게 억압적인 사회에서는 어려운 일이다.

21 윗글의 첫 번째 문단의 ㉠~㉤을 논리적인 순서에 따라 적절하게 배치한 것은?

① ㉠-㉡-㉢-㉤-㉣
② ㉠-㉤-㉣-㉡-㉢
③ ㉡-㉠-㉤-㉣-㉢
④ ㉣-㉤-㉠-㉢-㉡
⑤ ㉣-㉢-㉤-㉠-㉡

22 윗글을 바탕으로 할 때 다음 실험의 결과로 가장 적절한 것은?

> 아이를 실험실로 데려와 '하고 싶은데 금지된 것'을 제시하고 아이들이 만져 보고 싶어 하는 재미있는 장난감을 선반 위에 올려놓고는 그것을 만지지 못하게 한다.

① 금지사항을 많이 제시하면 아이의 인내심이 강화된다.
② 지시사항을 명확하게 전달할수록 아이는 금지사항을 잘 지킨다.
③ '만지지 마세요.'는 말보다는 글로 제시하는 것이 더 효과적이다.
④ 규칙을 지켜야 하는 이유를 설명해 줄 때 아이는 자신을 더 잘 통제한다.
⑤ 장난감을 만지지 못하게 하는 지시가 강압적일수록 아이는 말을 잘 듣는다.

※ 다음 글을 읽고 물음에 답하시오. (23~24번)

시간의 흐름은 우리에게 종종 무력감을 느끼게 한다. 아무리 좋은 시간도 결국에는 끝나기 마련이고 나이 듦과 죽음은 결국에는 누구에게나 공평하게 찾아오기 마련이다. 물론 그런 이유로 시간의 흐름을 되돌리거나 영생을 얻으려는 인류의 시도는 오랜 역사를 가지고 있지만 말이다.

그런데 생각해보면 사람들이 어떻게 누구에게나 똑같이 흐르는 '절대 시간' 개념을 갖게 되었는지가 신기하다. 왜냐하면, 아인슈타인이 자신의 상대성 이론을 쉽게 설명해달라고 조르는 신문기자에게 농담 삼아 말했듯이, 우리가 시간을 느끼는 방식은 누구와 함께 있는지에 따라 달라질 정도로 (㉠)이기 때문이다. 병원에서 주사 맞는 순서를 지루하게 기다릴 때의 시간은 침대에 누운 채로 좋아하는 웹툰을 깔깔거리며 볼때의 시간과 분명 다르게 간다.

결국 (㉡)으로 흐르는 '절대 시간'의 개념은 인간의 (㉢)의식 경험이 아니라 외부 사물, 즉 특정 현상의 반복되는 패턴에 대한 인식에서 유래할 수밖에 없다. 예를 들어, 까마득한 옛날부터 인간이 깨달았듯이 봄·여름·가을·겨울이 반복된다거나, 갈릴레오를 비롯해 자연현상을 유심히 관찰하던 사람들이 깨달았듯이 일정한 길이를 가진 진자는 항상 같은 시간 안에 같은 위치로 돌아온다는 사실처럼 말이다.

이런 자연현상의 규칙성은 인간의 삶과 직결되어 있기에 중요했다. 구석기 시대에 그려진 라스코 동굴 벽화에는 사계절의 규칙적인 현상에 따라 인류 집단의 삶이 어떻게 이루어지는지를 묘사한 장면이 많다. 그때부터 일종의 달력을 만들기 시작했다.

지금과는 다른 단위를 사용했지만, 그들도 별자리나 기온의 변화 등을 통해 시간의 길이를 (㉣)으로 측정하려 노력했다. 그 이유는 시간 측정이 어떤 시기에 어떤 동물을 어디에서 사냥할 수 있는지에 대한 지식처럼 생존에 결정적인 정보를 담고 있기 때문이었다. 마찬가지 이유로 고대 이집트인들은 시간의 흐름을 그림자의 길이로 측정했고, 이 방법이 불가능한 밤에는 양동이에 작은 구멍을 내서 '일정하게' 새어 나오는 물의 양으로 시간을 측정했다.

23 윗글의 ㉠~㉣에 쓸 어휘끼리 바르게 묶은 것은?

	㉠	㉡	㉢	㉣
①	주관적	객관적	객관적	주관적
②	주관적	주관적	개관적	객관적
③	주관적	객관적	주관적	객관적
④	객관적	주관적	객관적	주관적
⑤	객관적	객관적	주관적	주관적

24 윗글의 전체적인 논지를 가장 적절하게 서술한 것은?
① 시간의 흐름은 모든 이에게 평등하다.
② 모든 자연 현상은 일정하게 규칙성을 띤다.
③ 시간의 흐름은 주관적인 것이기도 하고 객관적인 것이기도 하다.
④ 자연 현상이 지닌 규칙성에서 인간은 '절대 시간' 개념을 확립하였다.
⑤ 인간 생존에 필수적인 '절대 시간' 개념은 시간에 대한 의식적 경험으로부터 비롯되었다.

25 (가)를 기준으로 할 때 (나)의 의미 구조로 가장 적절한 것은?

(가)	원인-결과 구조	시간적으로 '앞서 일어난 일'인 원인 개념과 시간적으로 '뒤이어 일어난 일'인 결과 개념 사이의 인과적 관련성을 보여 주는 관계 구조이다.
	비교-대조 구조	두 대상(사물, 사람, 사건 등)의 공통점이나 차이점을 들어 설명하는 구조로 어떤 대상의 본질이나 속성을 드러내고자 할 때나 다른 대상과 관계를 맺어 해명할 때 이 방식을 사용한다.
	수집 구조	하나의 주제에 대한 개념들이 속성, 예시의 집합 관계에 따라 조직된 구조이다. 수집 관계는 공통된 의미로 묶을 수 있는 의미가 나열되는 관계를 말하는데, 다른 관계 유형보다 관계의 정도가 약하고 단순하다. 수집 구조로는 나열, 시간순서, 과정 등이 있다.
	분류-분석 구조	대상이 되는 여러 개념이나 사물을 일관된 기준에 따라 묶거나 나누어 유형화하는 설명 방법으로, 임의의 기준에 따라 분류하는 것이 아니라 쓰고자 하는 목적에 따라 분류한다.

문제-해결 구조	문제를 제기하고 문제를 해결하는 방식으로 의미 관계를 형성하는 구조이다. 문제-해결 관계는 문제를 나타내는 개념이 해결을 나타내는 개념보다 선행한다는 점에서 인과 관계와 비슷하지만, 문제와 해결 사이에는 대상에 대한 내용에서 공유되는 측면이 반드시 있어야 한다는 점에서 인과 관계와 구별된다.

(나) 지리산 일대에서 나는 약초나 산나물이 그 지방 사람들의 식생활에 활력소 역할을 한다. 그뿐만 아니라 남해안에서 나는 생선과 굴, 김, 미역, 해삼, 전복 같은 해산물이야말로 천연 그대로의 건강식품이어서, 그 지방 사람들의 건강을 도와주고 질병을 예방해 준다.

이처럼 깨끗한 자연환경 속에서 건강에 좋은 식품을 섭취하기 때문에 그곳 사람들은 대체로 건강하게 오래도록 산다. 그곳에서 80세가 넘은 노인은 말할 것도 없고 100세가 넘은 할아버지, 할머니를 쉽게 만날 수 있는 것도 이 때문이라 할 것이다.

① 원인-결과 구조
② 비교-대조 구조
③ 수집 구조
④ 분류-분석 구조
⑤ 문제-해결 구조

※ ○○기관에서는 국민건강보험제도에 관한 설문조사를 실시하였다. 다음 표를 보고 물음에 답하시오. (26~27번)

〈 2014년도 응답자 특성별 국민건강보험제도 만족도 〉

(단위 : 명, %)

구 분		사례 수	비중	만족도 평균 점수
전 체		(1500)	100.0	69.1
성별	남성	(752)	50.1	69.1
	여성	(748)	49.9	69.1
연령별	20대	(297)	19.8	69.0
	30대	(353)	23.5	69.5
	40대	(372)	24.8	68.3
	50대	(298)	19.9	68.8
	60대	(180)	12.0	70.5
거주지 규모	대도시	(716)	47.7	70.8
	중소도시	(531)	35.4	67.4
	농어촌	(253)	16.8	67.7

구 분		사례 수	비중	만족도 평균 점수
직역	직장 건강보험	(945)	63.0	70.4
	지역 건강보험	(555)	37.0	67.0
교육 수준	중졸 이하	(119)	7.9	67.2
	고졸	(510)	34.0	69.1
	전문대졸 이상	(868)	57.9	69.4
	거절/무응답	(3)	0.2	72.8
직업	전문/관리직	(97)	6.5	70.6
	사무직	(325)	21.7	71.7
	서비스/판매직	(388)	25.9	66.2
	기술직/기능직	(101)	6.8	67.6
	단순노무직	(39)	2.6	67.6
	주부	(371)	24.7	69.9
	학생/무직/기타	(143)	9.5	70.0
	거절/무응답	(35)	2.3	65.6
가구 월 소득	100만 원 미만	(33)	2.2	63.7
	100-200만 원 미만	(142)	9.5	65.5
	200-300만 원 미만	(253)	16.9	67.9
	300-400만 원 미만	(363)	24.2	69.4
	400-500만 원 미만	(345)	23.0	69.7
	500만 원 이상	(336)	22.4	71.7
	거절/무응답	(29)	1.9	61.6
거주 지역	서울	(320)	21.3	77.2
	경기/인천	(431)	28.7	65.2
	부산/울산/경남	(239)	15.9	69.6
	대구/경북	(154)	10.3	62.5
	광주/전라	(146)	9.7	69.6
	대전/충청	(151)	10.1	71.3
	강원/제주	(59)	3.9	61.5

26 ○○기관에서 위와 같은 설문조사를 할 때 사전에 정해야 할 것이 아닌 것은?

① 조사 대상 ② 조사 지역
③ 표본 크기 ④ 표본 오차
⑤ 표본추출 방법

27 ○○기관에서 위 표를 토대로 작성한 보고서의 내용 중 적절하지 <u>않은</u> 것은?

① 연령대가 높을수록 만족도가 높다.
② 월 가구 소득이 높을수록 만족도가 높다.
③ 직장가입자가 지역가입자보다 만족도가 높다.
④ 대도시 거주자가 중소도시 거주자보다 만족도가 높다.
⑤ 서울 지역 거주자가 다른 지역 거주자보다 만족도가 높다.

28 다음 표를 바탕으로 기사문을 쓸 때 적절한 해석이 아닌 것은?

〈 우리나라의 에너지 발전 현황 〉

(단위 : 10억kWh, (%))

원료 연도	석유	무연탄	유연탄	가스	수력	원자력	기타	총발전(%)
2007년	21.2(5.2)	4.5(1.1)	150.2(37.3)	78.4(19.4)	5.1(1.3)	142.9(35.5)	0.8(0.2)	403.1(100.0)
2008년	15.4(3.7)	5.0(1.2)	168.8(39.9)	75.8(17.9)	5.6(1.3)	151.0(35.7)	1.1(0.3)	422.4(100.0)
2009년	19.9(4.6)	5.5(1.2)	187.7(43.3)	65.3(15.1)	5.5(1.2)	147.8(34.1)	1.8(0.4)	433.6(100.0)
2010년	21.0(4.4)	4.4(0.9)	197.6(39.8)	96.7(20.4)	4.4(0.9)	148.6(31.3)	4.0(0.8)	474.7(100.0)

① 2007년 이후 에너지의 총발전량은 지속해서 증가하고 있다.
② 2007년 이후 에너지의 전년 대비 총발전 증가율은 2010년이 가장 높다.
③ 2007년 이후 매장 에너지 발전량의 합은 원자력과 수력 에너지 발전량의 합보다 높다.
④ 2007년 이후 석유 에너지가 총발전량에서 차지하는 비율은 지속해서 감소하고 있다.
⑤ 2010년도 가스 에너지 발전량의 전년 대비 증가분은 같은 해 석유 에너지 발전량의 전년 대비 증가분보다 높다.

29 다음 자료에서 각 기관별 만족도(%)가 높은 것부터 내림차순으로 정렬한 것은?

〈 공공기관 운영 고객 만족도 조사 〉

(단위 : 천 명)

공공기관 \ 만족 여부	만족	불만족	계
기관 A	76	32	108

공공기관 \ 만족 여부	만족	불만족	계
기관 B	45	30	75
기관 C	62	22	84
기관 D	52	24	76

① 기관 A, 기관 B, 기관 C, 기관 D ② 기관 A, 기관 C, 기관 D, 기관 B
③ 기관 B, 기관 D, 기관 C, 기관 A ④ 기관 C, 기관 A, 기관 D, 기관 B
⑤ 기관 C, 기관 D, 기관 B, 기관 A

※ 다음 기획회의 보고서를 읽고 물음에 답하시오. (30~31번)

관리본부장 앞

신사업 기획회의 보고서

1. 일 시
    20○○년 ○월 ○일(△) 오후 1시~4시
2. 장 소
    본사 제1 회의실
3. 참석자
    신규사업 추진부 ○○○부장, ○○○ 차장, ○○○ 과장
    영업1부 ○○○ 부장, ○○○ 과장, ○○○ 계장
    인사부 ○○○ 과장
    경리부 ○○○ 과장
4. 의제
    (㉠)
5. 회의의 목적
    리사이클 사업을 새롭게 시작하는 것이 ○월에 했던 경영회의에서 결정되었다. 그래서 이후의 절차와 각 부문의 책임 범위에 대해 검토한다.
6. 회의 내용
    가. 리사이클사업 시작까지의 과제
        (1) 인원의 보충 여부
            막무가내로 인원을 늘린다고 해도 의미가 없다. 사업이 궤도에 오를 때까지는 인원을 늘리지 않고 현상유지를 해야 한다.
        (2) 판촉 자료 작성과 영업 개시 시기
            판촉 자료 준비 기간으로 3개월은 필요하다.

나. 정기적인 연락회의 개최
　　앞으로 최소한 1회는 연락회의를 열고 업무 단계별 과제를 검토하고 보고한다. −이상− 끝.

30 위 기획회의 보고서 ㉠에 쓸 가장 적절한 내용은?
　① 신사업 추진을 위한 일정 검토
　② 리사이클 사업의 추진 여부 결정
　③ 경영회의 결과 재심의 추진 보고
　④ 사업 추진을 위한 인원 보강 건의
　⑤ 영업 이익을 위한 판촉 행사 기획

31 위 기획회의 보고서를 고쳐 쓸 때 보충이 필요 없는 내용은?
　① 업무 분담 내용　② 영업 개시 시기　③ 작성일과 작성자
　④ 업무 담당 책임자　⑤ 판촉자료 준비 기간

※ 다음 글을 읽고 물음에 답하시오. (32~34번)

채용 분야	㉠	분류 체계	대분류	2. 경영·회계·사무	
			중분류	1. 기획·사무	2. 총무인사
			소분류	1. 경영기획	3. 일반사무
			세분류	1. 경영기획 2. 경영평가	2. 사무행정
공단 주요 사업	• 능력개발, 자격검정, 외국인고용지원, 해외취업/국제교육협력, 숙련기술진흥/기능경기대회, 국가직무능력표준(NCS)				
직무 수행 내용	• (경영기획) 경영목표를 효과적으로 달성하기 위한 전략을 수립하고 최적의 자원을 효율적으로 배분하도록 경영진의 의사결정을 체계적으로 지원 • (경영평가) 조직의 지속적 성장을 위하여 경영목표에 따른 평가 기준을 마련하고, 일정 기간에 조직이 수행한 성과를 이 기준에 따라 분석·정리하여 보고 • (사무행정) _____㉡_____ 등 조직 내부와 외부에서 요청하거나 필요한 업무를 지원하고 관리				

32 위와 같은 글을 쓰는 목적으로 가장 적절한 것은?
① 직업을 구하기 위해서
② 직원을 채용하기 위해서
③ 학력중심의 채용을 위해서
④ 공단의 업무를 홍보하기 위해서
⑤ 직원들에게 직무수행능력을 알리기 위해서

33 윗글의 ㉠에 들어갈 채용분야로 가장 적절한 것은?
① 영업   ② 행정
③ 사회복지   ④ 정보통신
⑤ 출제연구

34 윗글의 ㉡에 들어갈 직무수행 내용으로 적절하지 않은 것은?
① 문서관리   ② 문서작성
③ 데이터관리   ④ 상담서비스 제공
⑤ 사무자동화 관리운용

35 다음 청구서의 밑줄 친 ㉠~㉤ 중 가장 올바른 문장은?

반품 청구서

통지인   ○○주식회사
          대표이사 김○○
수신인   주식회사○○
          대표이사 정○○

  귀사의 발전을 기원합니다. 드릴 말씀은 다름이 아니옵고, 귀사에서 당사에 판매한 물품의 하자로 인한 반품청구의 건입니다.
  ㉠당사에서는 2015년 7월 16일에 당사를 방문한 판매사원 이병하의 권유로 귀사의 생산품인 냉온 정수기 10대를 구매했습니다. ㉡그리고 당일에 금 4,500,000원(금 사백오십만원)을 받았습니다. ㉢그로부터 16일 후인 2015년 7월 31일에 당사의 물품이 귀사에 납품되었으나, 수령 후 확인 결과 모든 제품이 중대한 하자로 인하여 작동할 수 없는 상태에 있었

습니다.
　㉣이에 귀사는 2015년 8월 15일까지 구매한 물건의 교환을 청구하였습니다. ㉤해당 기일까지 교환이 이루어지지 않을 시는 당사에서 지급한 물품대금인 금 4,500,000원(금 사백오십만원)을 청구하여 주십시오.

2015년 8월 3일

통지인　○○주식회사
　　　　　서울시 ○○구 ○○동 ○○번지
　　　　　대표이사 김○○ (인)
수신인　주식회사○○
　　　　　서울시 ○○구 ○○동 ○○번지
　　　　　대표이사 정○○ 귀하

① ㉠　　② ㉡　　③ ㉢　　④ ㉣　　⑤ ㉤

36. 다음 표를 해석하여 쓴 서술로 가장 적절하지 <u>않은</u> 것은?

〈 우리나라 성불평등 지수(GI) 현황 〉

[단위 : %]

		2012년	2013년
순위		27위	17위
대상		148개 국가	152개 국가
점수		0.153	0.101
생식건강	모성 사망비	16	16
생식건강	청소년 출산율	5.8	2.2
여성권한	여성의원 비율	15.7	15.7
여성권한	중등이상 교육받은 여성 인구 비율	79.4	77
여성권한	중등이상 교육받은 남성 인구 비율	91.7	89.1
노동참여	경제활동참가 여성 인구 비율	49.2	49.9
노동참여	경제활동참가 남성 인구 비율	71.4	72

① 2013년도 중등교육 이상을 받은 여성 비율과 남성 비율은 둘 다 이전 해보다 떨어졌다.
② 2013년 우리나라는 총 152개국 중 17위로, 2012년 대비 성불평등지수 수준이 10단계 상승했다.
③ 생식건강 부문의 모성 사망비는 전년과 같지만 청소년 출산율은 58에서 22로 매우 감소하였다.

④ 성불평등 지수가 하락한 주된 요인은 경제활동 참가 인구 비율이 남성과 여성 모두 증가하였기 때문이다.
⑤ 총 점수가 2012년 0153에서 2013년 0101로 나타난 것으로 보아 2013년에는 이전 해보다 양성이 더 평등해졌다.

※ 다음 글을 읽고 물음에 답하시오. (37~38번)

○○제품 마케팅 기획서

20○○년 10월 1일 출시 예정인 가정용 생활용품 ○○의 판매와 관련하여 지역별 영업본부를 대상으로 (㉠)를 기획하였습니다.

1. 기간 및 장소
   • 기간 : 20○○년 10월 1일~10월 5일(5일간)
   • 장소 : 지역별 8개 영업본부
2. 대 상
   ○○제품을 전문적으로 판매하는 도・소매 유통업체 영업 관리자
3. 전시 제품
   신제품 ○○을 비롯한 당사 생산품 85종
4. 전시 형태
   제품을 6개 주제로 분류하여 개별 전시관을 설치하며, 각 전시관은 가을 이미지에 맞게 장식하고, 각 제품의 이미지가 드러날 수 있도록 조명 장비를 설치한다. 또한, 당사의 제품이 환경 친화적인 상품임을 강조할 수 있도록 제품의 소비에서부터 수거 후 폐기까지의 과정을 프로젝터로 상영한다.
5. 예상 경비 및 예상 매출 증가액
   * 별지 : '전시관 인테리어 시공 견적서' 및 '예상 매출액 분석 표' 참조

37 ㉠에 들어갈 내용으로 가장 적절한 것은?

① 신제품 판촉 행사
② 제품 검수 체계 홍보
③ 신제품 개발 업무 보고
④ 도・소매 유통업체 초청행사
⑤ 제품 판매 예상 경비 결산 보고

38 윗글에 반드시 추가되어야 할 항목은?

① 작성일과 작성자
② 경비사용 명세서
③ 기획의도 및 예상효과
④ 전년도대비 매출 증가 그래프
⑤ 유통업체 영업 관리자 초청명단

※ 다음 보도자료를 읽고 물음에 답하시오. (39~41번)

"2015 인구주택 총조사"
(㉠)
- 10월 24일부터 31일까지 2015 인구주택 총조사 인터넷 조사 시행
- 인터넷 사용이 가능한 곳이면 언제 어디서나 쉽게 참여 가능

- 통계청(청장 유○○)은 2015 인구주택 총조사 방문면접조사(11. 1.~11. 15.)에 앞서 10월 24일부터 31일까지 8일간 인터넷조사를 시행한다.
- 인구주택 총조사는 5년마다 전국의 모든 인구·가구·주택에 대해 조사하는 것으로 국가 주요 정책 및 기업활동 등에 필요한 정보를 제공하는 중요한 국가 기본통계조사 중 하나다.
- 2015 인구주택 총조사는 등록센서스 방식으로 변경되어 전수항목은 행정자료로 대체하고, 심층 조사가 필요한 표본항목은 20% 가구를 표본으로 선정하여 먼저 인터넷 조사를 한 후, 응답하지 않은 가구를 대상으로 방문 면접조사를 한다.
- 통계청에서는 국민 참여를 확대하기 위해, 인터넷조사입력화면을 국민이 쉽고 편리하게 접근할 수 있도록 설계하였으며, 방화벽, 보안 프로그램 설치 등으로 조사 자료에 대한 보안 대책도 강화하였다.
- 2015 인구주택 총조사 표본조사 대상으로 선정된 가구에는 조사원이 준비조사 기간(10월 22일~23일)에 방문하여 인터넷조사 참여 번호가 있는 조사안내문을 전달한다. 인터넷조사를 원하는 가구는 2015 인구주택 총조사 홈페이지(www.census.go.kr)를 방문하여 참여 번호를 입력하고 조사항목에 응답하면 된다. 혹시 참여번호를 분실하여도 인구주택 총조사 홈페이지에서 주소를 입력하여 쉽게 조회할 수 있다.

39 위와 같은 보도자료 작성법으로 적절하지 않은 것은?

① 난해하고 전문적인 어휘는 사용하지 않는다.
② 내용은 객관성과 신뢰성, 공정성 등을 고려하여 작성한다.
③ A4 용지 1매를 초과할 정도로 장황하게 작성하지 않는다.
④ 보도 기관명이 명시되어 있으므로 인용 자료의 출처를 밝힐 필요는 없다.
⑤ 적절한 양의 정보를 제공하여야 하고 시각적 편의를 고려하여 구성하여야 한다.

40 위 보도자료의 ㉠에 들어갈 부제 중에서 가장 적절한 것은?

① 편의성 vs 보안
② 등록센서스 방식 도입
③ 20% 가구만 표본 조사
④ 행정자료 대체로 국민 참여 확대
⑤ 인터넷 조사와 방문 면접 동시 시행

41 위 보도자료를 바탕으로 안내할 내용이 적절하지 않은 것은?

① 10월 24일부터 31일까지 표본가구를 대상으로 인터넷 조사를 진행합니다.
② 11월 1일부터 15일까지는 인터넷 조사에 응하지 않은 가구를 대상으로 방문조사를 합니다.
③ 인터넷 조사를 원하는 가구는 인구주택 총조사 홈페이지를 방문해 참여 번호를 입력하고 조사항목에 응답하면 됩니다.
④ 인터넷 조사 참여 번호를 분실하면 인구주택 총조사 홈페이지에서 주소를 입력하고 2차 방문 조사에 참여하면 됩니다.
⑤ 표본조사 대상으로 선정된 가구에는 10월 22일, 23일에 통계청 조사원이 방문해 인터넷 조사 참여 번호가 있는 안내문을 전달합니다.

42 직무기반(NCS) 입사지원서에 기재할 내용으로 적절하지 않은 것은?

① 해당 직무와 관련 있는 자격
② 학적, 어학 점수, 수상 경력, 가족 관계
③ 직무와 관련된 일이나 경험 여부를 평가하기 위한 항목
④ 개별 지원자들을 관리하고 식별하기 위한 성명, 생년월일, 연락처
⑤ 직무 수행에 필요한 지식, 기술, 태도를 갖추고 있는지를 평가하기 위한 항목

※ 다음 글을 읽고 물음에 답하시오. (43~44번)

문제제기	시장이 한정적인 것에 반해 수많은 경쟁 브랜드와 제품, 품질, 가격, 서비스, 홍보, 마케팅 등을 수시로 비교당하고, 소비자는 가격이나 혜택 비교를 통해 언제든지 브랜드를 떠날 준비가 되어 있다. 따라서 브랜드나 어느 정도 성장하고 난 이후에는 새로운 고객의 유입이 어렵고, 브랜드가 가질 수 있는 시장에서의 범위가 점점 줄어들게 된다. 단계별로 브랜드의 성장에 따른 브랜드 확장에 대해 미리 생각해 두어야 한다.
해결책	1. 라인 확장을 통해 브랜드를 확장하라. 　모 브랜드가 현재 판매하고 있는 제품군 안에서 시장을 세분화하여 이에 어울리는 제품을 모 브랜드의 이름으로 출시하는 것을 말한다. 　　　　　㉠ 2. 카테고리 확장을 통해 브랜드를 확장하라. 　모 브랜드와 성격이 완전히 다른 카테고리의 사업에 모 브랜드의 이름을 같이 사용하여 전개하는 방식이다. 　　　　　㉡ 3. 라이선싱을 통해 브랜드를 확장하라. 　등록된 상표를 가진 자가 타인에게 대가인 로열티를 받고 상표를 사용할 권리를 일정 계약 기간 동안 타인에게 빌려주는 라이선싱은 독자적인 제품이나 서비스에 대한 직접적인 개발 비용이 상대적으로 적게 들면서 라인 확장과 카테고리 확장을 할 방법이다. 　　　　　㉢ 4. 프랜차이징을 통해 브랜드를 확장하라. 　프랜차이징은 브랜드의 소유주인 본사가 가맹점에 같은 브랜드 아이덴티티, 제품, 용역, 노하우 공급, 점포개설, 서비스, 직원 교육, 광고 등을 제공하는 영업 활동을 하고 대가로 가맹점비, 제품 독점 공급권, 매출에 따른 이익금을 받는 방식이다. 　　　　　㉣

43 위 자료의 '문제 제기'를 한 문장으로 가장 적절하게 요약한 것은?

① 어떻게 브랜드를 키우고 확장해 나갈 것인가?
② 브랜드의 미래에 대한 청사진을 그려야 하는 이유는?
③ 기업의 경쟁력을 키우는 방법에는 어떤 것들이 있는가?
④ 잠재 고객과 새로운 고객 중 어느 쪽에 집중할 것인가?
⑤ 시장을 확장하여 새로운 고객을 창조하기 위한 전략은?

44 ㉠~㉢에 들어갈 사례를 순서대로 바르게 묶은 것은?

A	불도저나 굴착기 같은 중장비 기계를 생산하는 ◇◇사가 신발, 의류, 장난감 등으로 브랜드를 확장했다.
B	□□사는 프랜차이지들의 확보로 다수의 영업망을 적은 자본과 인력으로 운영하며 인지도 상승의 효과를 거두었다. 제품 공급량의 증가로 제품 원가를 줄일 수 있었고, 전국 체인은 물론이거니와 해외까지도 사업을 확장할 기회를 얻었다.
C	베이킹소다와 워싱 소다를 판매하던 ○○사는 천연 세정 탈취 성분을 강조한 애완동물 탈취제, 냉장고 탈취제, 카펫 탈취제 등을 다양하게 만들어 브랜드 확장을 이루었다.
D	▽▽사는 브랜드 네임과 캐릭터 등 브랜드 아이덴티티를 라이선시에게 빌려주고 라이선시가 만들고 싶은 제품을 생산하고 서비스를 제공하게 했다. 독자적인 제품이나 서비스에 대한 직접적인 개발 비용이 상대적으로 적게 들고 전문 조력자를 통해 서로 도움이 될 수 있는 제품과 서비스를 개발할 기회를 얻었다.

	㉠	㉡	㉢	㉣
①	A	B	C	D
②	B	C	D	A
③	B	D	A	C
④	C	A	D	B
⑤	D	A	C	B

※ 다음을 읽고 물음에 답하시오. (45~47번)

자기소개서
[자기개발능력] 　최근 5년 동안에 귀하가 성취한 일 중에서 가장 자랑할 만한 것은 무엇입니까? 그것을 성취하기 위해 귀하는 어떤 일을 했습니까?
㉠
[문제해결능력] 　예상치 못했던 문제로 인해 계획대로 일이 진행되지 않았을 때, 책임감을 느끼고 적극적으로 끝까지 업무를 수행해내어 성공적으로 마무리했던 경험이 있으면 서술해 주십시오.
㉡

[조직이해능력]
지금까지 학교생활 및 여러 조직에서 생활해 오면서 조직의 중요성 및 경험을 설명하여 주시고, 또한 우리 공단 조직의 역할이 무엇인지 설명하십시오.
ⓒ
[대인관계능력]
약속과 원칙을 지켜 신뢰를 형성/유지했던 경험에 관해 기술해 주세요.
ⓓ
[의사소통능력]
"K라는 직원이 업무 관련으로 고객과 대화를 나누고 있다. 그런데 고객은 이해가 되지 않는다고 반문을 했다." 대화 중 무엇이 문제이고 어떻게 하면 해결할 수 있는지 설명하십시오.
ⓔ

45 위와 같은 글을 쓸 때 유의사항으로 가장 적절하지 <u>않은</u> 것은?

① 말하고자 하는 바를 분명하게 전달하기 위해 짧고 명료한 문장으로 작성한다.
② 질문이 요구하는 범위 내에서 논리적이고 체계적으로 내용을 구성하여 작성한다.
③ 여러 번 퇴고 과정을 거치면서 문장을 다듬고 맞춤법과 띄어쓰기를 점검하면서 작성한다.
④ 공식 문서이기 때문에 개인적인 에피소드나 이야기 중심이 아니라 다소 건조한 문투로 개별 사항을 일반화하여 작성한다.
⑤ 입학 또는 입사 등과 같은 분명한 목적성을 가지고 해당 전공 또는 해당 직무와 관련된 내용으로 다른 서류와 내용상 모순이 발생하지 않도록 작성한다.

46 위 항목 중에서 〈보기〉의 (가), (나) 문항을 통해 파악하고자 하는 것끼리 바르게 묶은 것은?

> **보기**
> (가) 현재 자신의 위치에 오기 위해 수행해 온 노력과 지원한 직무 분야에서 성공을 위한 노력 및 계획을 기술해 주십시오.
> (나) 우리 공단에 입사 지원한 동기 및 입사 후 실천하고자 하는 목표를 다른 사람과 차별화된 본인의 역량과 결부하여 작성해 주십시오.

    (가)   (나)
① [자기개발능력] [조직이해능력]
② [자기개발능력] [문제해결능력]

③ [대인관계능력] [조직이해능력]
④ [조직이해능력] [자기개발능력]
⑤ [문제해결능력] [조직이해능력]

47 위의 ㉠~㉤ 중에서 〈보기〉의 내용이 들어가기에 가장 적절한 것은?

> **보기**
>
> 　3년 전, S 전자회사 홍보부서에서 광고 촬영 진행 업무를 맡은 적이 있습니다. 곧 판매할 에어컨 광고 영상 촬영 하루 전에 촬영지인 남해안에 있는 ○○섬에 배를 타고 들어갈 예정이었습니다.
> 　그런데 풍랑주의보가 발령되어 이틀간 출항을 하지 못했습니다. 촬영 자체가 무산될 위기였습니다. 항만 관계자에게 출항이 가능한 선박이 있는지 문의를 하자 해경 순시선 정도의 대형 선박이어야 출항할 수 있다고 했습니다. 곧바로 우리의 광고에 해경과 해경 순시선 장면이 들어갈 만한지를 다른 스텝들과 검토했습니다. 광고 내용을 일부 수정한 후 담당 해경 공보실에 연락해서 사정을 이야기하고 협조를 구했습니다. 우리 광고를 통해 해경의 활동에 대해 홍보도 할 수 있음을 강조했습니다.
> 　2시간 동안 설득과 협의를 거쳐 우리는 해경 순시선을 타고 ○○섬에 도착, 무사히 촬영을 마칠 수 있었습니다.

① ㉠　　② ㉡　　③ ㉢　　④ ㉣　　⑤ ㉤

※ 다음은 공문서의 일부이다. 다음을 읽고 물음에 답하시오. (48~50번)

　　　　　　　　　　　　　- 두 문 생 략 -
1. 관련 : 부패방지위-2015-276 (2015, 09, 07)
2. 정부 운영 3년간의 부패방지성과를 돌아보고 국가청렴도 향상을 위한 정책방향을 정립하기 위해 "20○○년 부패방지평가보고대회"를 붙임 1과 같이 개최하고자 합니다.
3. 본 보고대회의 원할한 진행을 위하여 붙임 2의 협조 사항을 확인하시고 20○○, 09, 03(화)까지 확인 여부를 알려주시기 바랍니다.

※ 초청장은 추후 별도 송부 예정임.

붙임 1. "20○○년 보고대회" 기본계획
　　 2. (㉠). 끝.

48 위 공문서의 가장 적절한 핵심내용은?
① 부패방지위원회 설립
② 부패 방지 성과 보고
③ 부패방지평가보고대회 개최 안내
④ 부패방지평가보고대회 개최 협조 사항
⑤ 부패방지평가보고대회 참석 당부

49 위 문서를 검토한 상사가 문서 항목이나 내용을 추가 또는 수정하라고 할 지시 내용으로 적절하지 <u>않은</u> 것은?
① 문서번호를 기입해 주세요.
② 연월일 표기를 정확히 하세요.
③ 회신 받을 담당자를 표기해 주세요.
④ 붙임 1의 문서명을 정확히 표기해 주세요.
⑤ 맞춤법 표기가 잘못된 부분이 있으니 고쳐 쓰세요.

50 위 문서의 ㉠에 들어갈 내용으로 적절한 것은?
① 대회장 설계도
② 행사준비 관련 협조사항
③ 부패방지 성과 사례집 원고
④ 부패방지 성과 사례 보고 양식
⑤ 부패방지 성과 우수 기관 표창장

제 4 회 한국실용글쓰기 검정 기출문제

01 ○○시청 민원실 ○○주무관은 시민에게 알리는 글을 작성 중이다.
다음을 참고하여 고쳐 쓴 문장으로 적절하지 않은 것은?

> ◇ 고쳐 쓰기 내용
> 1. 외국어 번역 투 표현을 고쳐 쓴다.
> 2. 과도한 피동 표현이나 사동 표현을 사용한 문장은 우리말답게 고쳐 쓴다.
> － 쉬운 공공언어 쓰기 길잡이

① 관내 맛집으로 선정된 점포에 대해서는 → 관내 맛집으로 선정된 점포에는
② 공산품의 품질에 있어서 세계 최고 → 공산품의 품질은 세계 최고
③ 이런 사실을 아무리 강조해도 지나치지 않습니다. → 이런 사실을 꼭 알아야 합니다.
④ 이번 설문 조사 결과에서 ○○을 알 수 있다. → 이번 설문조사 결과는 ○○을 말해 주고 있다.
⑤ 우리에게 가장 필요한 것 중 하나는 성실성이 되어야 한다. → 우리에게 가장 필요한 것은 성실성이다.

※ ○○신문사 편집부에서는 기고 칼럼 내용을 검토 중이다. 다음 글을 보고 물음에 답하시오. (2~4번)

지난 8일 발생한 '캣맘' 사망 사건을 11일 경찰이 본격적으로 수사에 착수하면서 ㉮<u>이 사건은 인터넷에서 논쟁거리가 되었다.</u> 사건은 아파트 공원에서 '길고양이 집을 만들던 여성이 아파트 고층에서 떨어진 벽돌에 머리를 맞아 사망한 내용이다.
당시 경찰은 '고의 범죄에 무게를 두고 수사 중'이라고 밝혔다. 그러나 사건 정황은 목격자도 주변 CCTV도 없는 상태여서 사실관계가 매우 빈약한 상황이었다. 그렇지만 언론은 이 사건에 대해 넘겨짚기를 시작했다. ㉯<u>신문·방송 등 언론은 '캣맘 혐오자'가 저지른 범죄라고 억측성 기사를 경쟁적으로 내놓았다.</u> 이 사건에 대한 용의자가 드러난 이후, ㉰<u>동물보호 시민단체인 '카라'는 언론의 보도 행태를 비판하는 성명을 발표했다.</u> 즉, 언론이 '캣맘'의 비극적인 사고를 놓고 사건과는 관계없는 '캣맘' 혐오자의 범행이라는 등 선동에만 급급했다는 것이다. 이러한 언론 보도에 관해

동물보호시민단체 '카라'는 동물보호자원봉사자를 비하하는 등의 자극적인 보도에 관해 쓴소리를 했다.

　확인되지 않은 '캣맘 혐오증'으로 도배한 언론들의 행태는 충분히 질책받을 만하다. 그렇다면 이런 섣부른 결론은 어디서 비롯된 것일까? 이는 인지심리학에서 말하는 '상관착각'의 오류를 언론이 범했기 때문이다. ㉰다시 말해 관계없는 두 변수에 대해 서로 인과관계를 성립한다고 착각한 보도이다.

　이른바 '까마귀 날자 배 떨어진다'라는 식이다. 두 사건이 동시에 일어나는 바람에 당치 않은 인과관계가 성립한다고 해석하는 착각이다.

　㉱상관착각의 결과는 무고한 사람에게 죄를 뒤집어씌우는 사태를 발생시킨다. 이런 측면에서 이번 사건에 대한 언론 보도는 '벽돌 투척 사건'을 '캣맘'과 '벽돌', '사망'이라는 요인을 근거로 '캣맘을 살해한 것은 캣맘 혐오자'라는 착각을 만들어 낸 것이다.

02 위 칼럼 내용을 정리한 '개요'의 ㉠~㉤ 항목 중 적절하지 않은 것은?

- 도입 -
1. '캣맘' 사망 사건에 관한 인터넷 논쟁 소개 ·············· ㉠

- 본론 1 -
1. '캣맘' 사망 사건에 대한 언론의 반응
 (1) 신문·방송 등의 억측성 기사 ·············· ㉡
 (2) 언론 보도에 대한 시민단체의 반응 ·············· ㉢

- 본론 2 -
1. 언론 보도에 대한 시민단체의 견해 ·············· ㉣
2. 언론 보도와 상관착각
　 (1) 예시(속담)
　 (2) 상관착각의 내용

-결론-
상관착각의 결과 ·············· ㉤

① ㉠　　② ㉡　　③ ㉢　　④ ㉣　　⑤ ㉤

03 윗글 칼럼의 밑줄 친 ㉮~㉲ 중 어색한 문장은?

① ㉮   ② ㉯   ③ ㉰   ④ ㉱   ⑤ ㉲

04 윗글을 작성한 칼럼니스트의 의도로 가장 적절한 것은?

① '캣맘' 사망 사건에 대한 진실 규명의 필요성 제기
② '캣맘' 사망 사건에 대한 억측성 보도에 관한 질책
③ '캣맘' 사망 사건에 대한 동물보호시민단체의 입장 옹호
④ '캣맘' 사망 사건과 상관착각의 관계 분석
⑤ '캣맘' 사망 사건에 관한 우리 사회의 반성 촉구

05 다음 〈보기〉를 참고하여 문서 작성 시 단위·수량·순서를 나타내기 위한 생각으로 적절하지 않은 것은?

> **보기**
>
> 단위를 나타내는 명사는 그 앞의 수 관형사와 띄어 쓴다. 다만, 순서를 나타내는 경우나 숫자와 어울리어 쓰이는 경우는 붙여 쓸 수 있다.

① '종이 한 장'에서 '장'은 종이를 세는 단위를 나타내는 말이므로 '한'과 띄어 쓴 것이군.
② '1 차, 2 차 서류'에서 '1 차', '2 차'는 '1차', '2차' 또는 '일차', '이차'로 쓸 수 있겠군.
③ "제가 일단 한번 해 보겠습니다."에서 '한번'은 '번'이 순서를 나타내기 때문에 붙여 쓴 것이군.
④ 책 내용의 차례를 나타내는 '제일 장', '제이 장' 등은 '제일장', '제이장'으로 붙여 쓸 수 있겠군.
⑤ '2년 8개월'에서 '년'과 '개월'은 모두 숫자와 어울리어 쓰이고 있으므로 숫자와 붙여 쓴 것이군.

06 다음 대화의 내용과 관계가 적절하지 않은 것은?

> 김 부장 : 김 대리 오늘 할 이야기가 많으니 나와 회식하면 어떨까요?
> 김 대리 : 내일까지 제출할 서류가 많아서요.
> 김 부장 : 그래요, 오늘 열심히 하면 끝내겠지요.

① 관련성의 격률을 깨뜨렸다.
② 거절의 뜻을 완곡히 전달했다.
③ 숨은 의미를 전달한 대화함축이다.
④ 의도적으로 협력의 원리를 깨뜨렸다.
⑤ 예의 바른 태도를 지키는 관계를 중요시하는 공손성의 원리이다.

※ 다음 글을 읽고 물음에 답하시오. (7~8번)

개인안전수칙
1. 공통사항 　- 드릴 등 회전하는 기계에 접근하여 작업하는 자는 장갑을 착용하지 말 것 　- 옥외 및 유해·위험작업을 수행하는 옥내에서는 안전화와 안전모를 착용할 것 　- 출입이 금지된 작업장에서는 해당 장소를 관리하는 자의 허가를 득한 후 출입할 것 　- 물건을 적재할 때는 큰 것부터 작은 것, 무거운 것부터 가벼운 것 순으로 할 것
2. 작업감독자의 의무 　- 기구 및 공구를 점검하고 불량품을 제거할 것 　- 작업순서 및 그 순서마다 작업 방법을 정하고 작업을 지휘할 것 　- 작업자에게 안전모 등 필요한 안전보호구를 사용하도록 할 것
3. 작업자의 의무 　㉠

07 윗글과 같은 글을 쓸 때 바른 작성법은?
① 전달하려는 내용을 간결하게 표현한다.
② 예의 바른 표현보다는 친근한 표현을 중시한다.
③ 명확하기보다는 비유적 표현을 많이 활용한다.
④ 다양하고 유연한 안내 문구보다는 꼭 공문서 양식을 준수한다.
⑤ 여러 사람이 보는 문서이므로 최대한 전문 용어를 써서 공신력을 높인다.

08 윗글의 ㉠에 들어갈 내용으로 적절하지 <u>않은</u> 것은?

① 작업지휘자의 지시에 따라 작업할 것
② 공정 구역 내에서는 긴급할 때를 제외하고 뛰어다니지 말 것
③ 작업자의 위반 사항 적발 시 경고 조치하며 경고 조치 3회차에 벌점 1점 부과할 것
④ 중량물 운반용으로 사용하는 밧줄은 가닥이 절단되거나 손상된 것을 사용하지 말 것
⑤ 밧줄을 묶거나 덮개를 벗기는 작업을 할 때는 적재된 화물의 낙하 위험성을 확인한 후 해당 작업을 하도록 할 것

※ 다음 글을 읽고 물음에 답하시오. (9~10번)

> 광고회사에 다니는 장○○ 씨는 좋은 아이디어를 갖고 있어도 이를 제대로 표현하지 못하는 안타까운 상황이다. 장○○씨는 종종 남들 앞에서 프레젠테이션하는 상황만 되면 당황해서 혼자 중얼거리거나 우왕좌왕한다. 이를 안타깝게 여긴 상사는 장○○ 씨에게 지난 4년간 연도별 매출 상승 상황을 프레젠테이션으로 만들어 보고 연습을 해보라고 권하였다.

09 위 상황에서 장○○ 씨가 만들 프레젠테이션 자료의 레이아웃으로 가장 적절한 것은?

①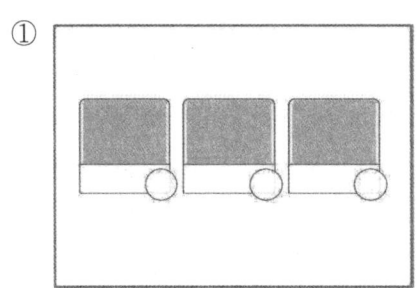
②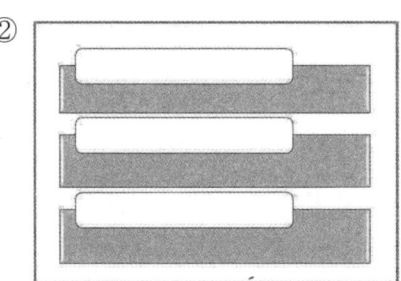
③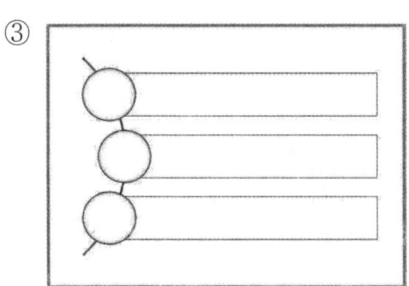
④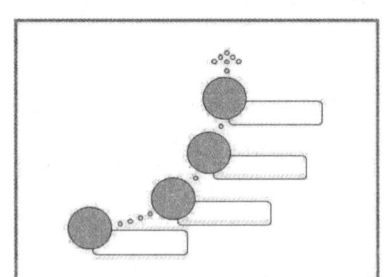

⑤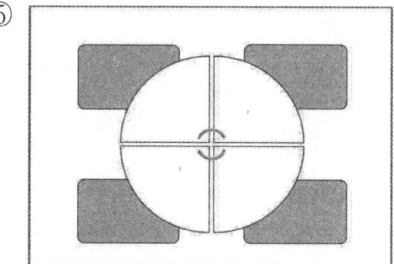

10 위의 장○○ 씨가 프레젠테이션을 성공적으로 수행하기 위한 태도로 적절하지 <u>않은</u> 것은?
① 밝고 긍정적으로 프레젠테이션해야 한다.
② 제한된 시간을 효과적으로 활용하는 기술을 익혀야 한다.
③ 내용을 숙지하고 자신감 있는 태도로 프레젠테이션을 한다.
④ 철저한 연구를 하되 설득해야 할 대상은 제외하고 준비한다.
⑤ 공포감을 극복하고 여유 있는 마음으로 천천히 프레젠테이션해야 한다.

※ ○○시민단체 회원들이 모여 인터넷 게임중독 예방을 위한 글을 작성하기 위해 회의를 하고 있다. 다음 〈보기〉를 보고 물음에 답하시오. (11~13번)

영민 : 이번 캠페인 주제는 '인터넷 폭력게임이 청소년들에게 악영향을 미친다.'입니다. 어떤 내용을 언급하는 것이 좋을까요?
진서 : 일단 (㉠)을/를 명확하게 제시하는 것이 좋을 것 같습니다. 인터넷에 유통되거나 시판되는 게임 중 폭력게임의 공통적인 특징을 제시하고, 언급하고자 하는 폭력게임의 선정 기준을 밝혀야 할 것 같습니다.
윤주 : 기업이윤을 위해 자극적인 게임을 제작하는 우리나라게임 산업의 풍토가 어느 나라에서 전래하였는지 그 과정을 제시할 필요가 있을 것 같습니다.
명진 : (㉡)을/를 통해 문제를 제기하고 본론을 시작하는 건 어떤가요?
기섭 : 그리고 인터넷 폭력게임을 모방한 청소년 범죄의 문제점을 제시하고, 그 심리적 원인으로 호기심, 영웅 심리, 자제력 결핍 등을 밝힌 뒤 해결책을 모색하면 될 것 같습니다.
은성 : 결론 부분에서는 인터넷 폭력게임에 대한 청소년들의 비판적인 태도와 게임 제작자들도 인터넷 폭력게임 제작을 자제할 것을 촉구하면서 마무리하면 되겠네요.

11 ㉠에 들어갈 내용으로 적절한 것은?
① 폭력게임 제작 업체 ② 폭력게임의 유통 경로
③ 폭력적인 게임의 개념 ④ 게임에 필요한 무기의 특징
⑤ 폭력게임으로 인한 정신적 충격

12 위 글쓰기 회의에서 통일성에 어긋난 발언을 하고 있는 사람은?
① 영민 ② 진서 ③ 윤주 ④ 기섭 ⑤ 은성

13 ㉡에 들어갈 사례로 가장 적절한 것은?
① 인터넷 폭력게임에 노출되는 청소년의 가정환경 실태
② 인터넷 폭력게임을 즐기는 시간과 성적 하락의 상관관계
③ 인터넷 폭력게임을 모방한 청소년 범죄가 증가하는 현상
④ 인터넷 폭력게임으로 인한 청소년의 폭력성과 청소년 보호법의 성과
⑤ 인터넷 폭력게임이 사춘기 청소년의 감성 발달에 미치는 영향

14 여러 상황별 화법으로 가장 적절하지 않은 것은?
① 형의 친구에게 자신을 밝힐 때 "박대한 씨가 제 큰 형입니다."라고 말한다.
② 식당이나 은행, 관공서에서 손님을 호칭하거나 가리킬 때 '손님'으로 부르는 것이 좋다.
③ 방송 매체에서 사회자가 출연자를 소개할 때에는 "아무개 씨를 모시겠습니다."라고 말한다.
④ 아내가 남편의 회사에 전화해서 남편을 찾을 때는 "박대한씨가 제 남편입니다."라고 말한다.
⑤ 부모님의 친구나 부모님을 아는 사람에게는 "저희 아버지는 김 철자 수자 쓰십니다."로 자신을 소개한다.

15 다음 중 높임 표현으로 가장 적절한 것은?
① 체납세가 있으세요.
② 팥빙수가 나오셨어요.

③ 거스름돈 800원이십니다.
④ 맛있는 커피 한 잔 주세요.
⑤ 손님께 맞는 치수가 없으십니다.

※ ○○기업 연수원 강사인 유명해 씨는 2016년도 신입사원 연수과정에 리더십을 강의하기 위해 준비 중이다. 다음 글을 읽고 물음에 답하시오. (16~17번)

> 왕년의 '위대한 리더'들을 대체하기 위해, 지금 우리는 다양성과 상호의존성 사이의 강화된 긴장을 대처할 수 있는 새로운 리더를 찾고 있다. 현재 우리 시대가 요구하는 리더십의 변화는 단순한 리더의 개성이나 새로운 리더의 탄생과 같은 것이 아니다. 또한, 단순히 일에 서투른 사람이나 일을 잘못하는 사람들을 축출하려는 의도도 아니다. 새로운 리더십은 서로 다른 배경과 가치를 지닌 개인과 집단의 충돌을 통합하여 공통의 가치와 이해에 초점을 맞추는 상호성과 동질화를 이끌어내는 통합의 실천적 리더십이다. 통합의 실천적 리더십은 3가지의 일반적인 행동 범주와 자신의 목적 달성을 위해 사용되는 일련의 성취 스타일로 구성된다. 이 모델은 자기 지향적 행동, 관계 지향적 행동 그리고 도구 지향적 행동으로 구성되어 있다.
>
> 자기 지향적 리더십은 스스로 설정한 과업에만 관심을 둔다. 다양성을 존중하는 이 스타일은 개인주의와 독립성을 중요하게 생각한다. 자기 지향적 리더십을 선호하는 사람들은 과업이나 상황에 대한 정면 대응을 선호한다. 그들은 목적을 달성하는 데 있어서 실행과 완벽함에 특별한 관심을 기울인다. 완벽하게 이루어낸 일, 개인적인 실적, 앞서는 경쟁력, 통제 등에 주로 관심을 갖는다. 이런 스타일을 선호하는 사람들은 목적을 정의하고, 그것을 성취하기 위해 사용하는 수단을 철저하게 통제한다. 관계 지향적 리더십은 다른 사람이 목적을 달성하는 것을 돕는 데 보람을 찾는다. 이런 유형은 상호의존성이라는 사회적 관계를 존중한다. 집단적 과업에 쉽게 참여하고 다른 사람이 목표를 달성할 수 있도록 돕는다.
>
> 성취 수단이나 목적에 한계를 두지 않는다. 자신이 동일시하는 사람이나, 심지어 개인적인 관계가 없는 경우에도 열정적인 참여를 통해 강한 성취감이나 자부심 그리고 기쁨을 얻는다. 그리고 성취 스타일의 마지막 유형은 도구 지향적 리더십이다. 이런 전략을 선호하는 사람은 모든 것 —자기 자신, 사람 사이의 관계, 상황 그리고 자원—을 목적 달성을 위한 도구로 취급한다. 그 이유는 도구 지향적 리더십을 선호하는 사람은 인간 사이의 미묘한 상호 작용이나 집단행동 그리고 가장 복잡한 인간 시스템에 대한 이해를 바탕으로, 우정이나 모든 종류의 인간관계를 원활하게 뒷받침하는 조직 내 비공식적 시스템을 잘 활용하기 때문이다. 이런 스타일을 선호하는 사람은 자신의 목적을 달성하기 위해 자기 자신과 다른 사람을 도구로 이용한다. 또한, 통제력을 잘 발휘할 뿐만 아니라, 다른 사람을 목적 달성의 수단으로 삼곤 한다.
> － 『성공한 리더, 성공하는 리더십』, Geonjoo James Kim, 옮긴이 김건주 －

16 유명해 씨가 윗글에서 제시한 '도구 지향적 리더십'을 실천하는 사람이 갖추어야 할 윤리적 덕목으로 가장 필요한 것은?

① 협동성　　② 다양성　　③ 윤리성
④ 근면성　　⑤ 성실성

17 윗글을 쓰기 위한 유명해 씨의 글쓰기 계획으로 적절하지 <u>않은</u> 것은?

① 도입 부분은 새로운 리더십의 개념을 설명한다.
② 통합의 실전적 리더십을 3가지 행동 범주로 나누어 설명한다.
③ 자기 지향적 리더십은 구체적 사례를 들어 설명한다.
④ 각각의 성취 스타일에 관한 특징을 대비하여 설명한다.
⑤ 인과적 서술방식으로 도구 지향적 리더십을 설명한다.

※ 다음 글을 읽고 물음에 답하시오. (18~19번)

> "우리 것은 좋은 것이여." 모든 사람이 다 그렇게 말을 한다.
> 감히 공개적으로 우리 것이 좋지 않다고 말하는 사람은 없다.
> 그러나 과연 그런가 대부분 사람이 갖고 있다고 말하는 우리 것에 대한 사랑은 결코 '눈높이 사랑'이 아니다. 그건 위에서 측은하게 내려다보는 동정에 가깝다. 그 동정이 겸연쩍어 더욱더 과장된 사랑의 언어를 쏟아 내겠지만, 돌아서면 그만큼 허전함만 더 커질 뿐이다.
> 너무 비뚤어진 생각일까? 그럴 수도 있겠다. 그러나 생각해 보자. 우리 것이라는 게 뭐 그리 대단한 것이란 말인가? 별것도 아닌데 단지 우리 것이라는 이유로 우리 것을 사랑해야 한단 말인가? ㉠<u>몸은 딴 데가 있으면서 입으로만 떠드는 그런 사랑이 무슨 소용이 있을까?</u> 우리 것이기 때문에 무조건 떠받들어야 한다는 그런 강요된 '우리 것' 사랑이 오히려 우리 것을 실질적 삶에서 멀어지게 만든 건 아닐까?

18 ㉠에 대한 설명으로 가장 적절한 것은?

① 우리 것에 대한 사랑은 동정에 가깝다.
② 우리 것을 보다 아끼고 사랑할 필요가 있다.
③ 요즘에는 우리 것을 아끼는 사람이 별로 없어서 안타깝다.
④ 우리 것에 대한 사랑의 강요는 우리의 마음을 멀어지게 만들뿐이다.
⑤ 실제로는 남의 것을 쓰기도 하지만 겉으로는 우리 것을 사랑한다고 말한다.

19 윗글에 대한 평론을 쓰기 전에 분석한 내용으로 적절하지 <u>않은</u> 것은?

① 자신의 의견을 밝히는 논설문이군.
② 통념에 대한 비판으로 글을 마무리하고 있군.
③ 통념이 지니고 있는 문제점을 분석하고 있군.
④ 통념에 대한 문제 제기로 첫 문단을 시작하고 있군.
⑤ 궁극적으로 저자가 하고 싶은 말은 '위선의 문제점'이군.

※ 다음 글을 읽고 물음에 답하시오. (20~22번)

(가) 알프스산맥에 추락한 비행기 사고 소식을 들었을 때 사람들은 어린 나이에 숨진 독일 학생들의 청춘을 안타까워하며 명복을 빈다. 그리고 이내 탑승자 가운데 우리나라 사람이 없다는 사실을 확인하고 안도한다. 내 손가락이 조금 아픈 것은 우리를 며칠 밤잠을 못 이루게 하지만 먼 이국에서 일어난 참사는 곧 기억에서 사라지고 우리는 잠에 떨어진다.

(나) 많은 사람이 희생된 참사에서 나와 같은 국적자의 생존 여부를 먼저 확인하는 일은 어떻게 설명할 수 있을까? 가장 이성적인 설명은 재분배를 통해 서로의 삶에 개입하며 책임을 나눠 갖는 동료 시민에 대한 관심이라고 보는 것이다. 이 관점은 재분배의 사회정의가 이루어지는 현실적인 단위로서 국민국가의 경계가 갖는 도덕적 중요성을 전제하고 있다.

(다) 그렇다면 국경 안에서 일어난 참사에 대해 우리의 연민이 사라지는 현실은 어떻게 설명할 수 있을까? 정치철학자 마사 누스바움은 연민이 발현되기 위해 네 가지 조건이 충족되어야 한다고 말한다. 첫째, 상대방의 고통이 충분히 심각한 것이어야 한다. 둘째, 그 고통이 스스로가 아닌 타인에 의해 유발된 것이어야 한다. 셋째, 그 고통이 나의 삶에서도 일어날 가능성이 있다고 생각되어야 한다. 넷째, 그 사건이 나의 행복에 영향을 미치는 중요한 것이어야 한다. 여기서 유사한 발생 가능성에 대한 판단은 우리가 경험을 공유하지 않는 타인들에게까지 관심을 두도록 해주는 역할을 한다.

(라) 그러나 이 조건이 충족되어도 연민이 항상 발현되는 것은 아니다. 개인들의 사회계급 차이가 연민의 발현을 위해 필요한 공감을 종종 가로막기 때문이다. 마치 고대의 귀족이 노예의 고통을 공감하지 못했던 것처럼 어떤 부류의 사람들은 자기 삶의 가능성이 타인과 질적으로 다르다고 여긴다.
누스바움은 또한 세 개의 병리학적 감정이 연민의 발현을 방해한다고 분석한다. 첫째, 수치심은 자신의 잘못된 감정에 빠져 그가 자신 밖으로 나오지 못하게 만든다. 둘째, 질투는 타인의 성취에 눈멀어 타인의 상실과 슬픔에 무감각하게 만든다. 셋째, 혐오감은 우리와 그들을 마음대로 갈라 그들을 증오하도록 만든다.

(마) 물론 연민이 완전한 것은 아니다. 예컨대 누군가가 연민의 마음을 갖고 있더라도 공정하지 않다면 그는 어떤 일도 하려고 들지 않을 것이다. 그의 이기심이 손해를 보면서까지 남을 돕는 행위를 가로막기 때문이다. 반면 누군가가 완벽하게 공정하지만, 연민의 마음을 갖고 있지 않다면 그 또한 고통에 빠진 사람을 발견해도 아무런 조처를 하지 않을 것이다. 그는 공정할 뿐 연민의 마음이 없어서 타인을 위해 행동할 동기가 부족하기 때문이다. 결국, 우리가 누군가를 돕기 위해서는 공정함과 연민을 동시에 필요로 한다. 즉 이성과 공감이 함께 작용할 때 우리는 타인을 이해하고 행동하는 도덕적 인간이 될 수 있다.

20 윗글을 읽은 독자가 (나)~(마) 문단의 소제목을 작성한 내용 중 적절하게 묶은 것은?

(나) – 나와 같은 국적자의 생존 여부를 먼저 확인하는 이유
(다) – 국경 내 참사에 대해 연민을 느끼지 않는 이유
(라) – 연민을 느끼지 못하게 하는 요인
(마) – 연민을 행동으로 이어지게 하는 데 필요한 것

① (나), (다)
② (다), (라)
③ (라), (마)
④ (나), (다), (라)
⑤ (나), (라), (마)

21 윗글의 필자가 아래 내용을 문단 뒤에 첨가하려고 할 때 (가)~(마) 중 가장 적절한 곳은?

그러나 이 논리는 동시에 타인의 불행에 함께 아파하는 우리의 연민이 국경을 쉽게 넘지 못하는 현실도 보여준다. 우리와 문화, 인종, 종교를 달리하며 생활세계를 공유하지 않는 개인의 불행에 대해 연민은 그 물리적 거리를 쉽게 뛰어넘지 못하는 것이다.

① (가)문단 뒤
② (나)문단 뒤
③ (다)문단 뒤
④ (라)문단 뒤
⑤ (마)문단 뒤

22 윗글의 필자는 아래 내용을 (마)문단에 이어 쓰려고 한다. 아래 내용 ㉠~㉢을 가장 논리적으로 배열한 것은?

> ㉠ 그러나 만약 우리를 둘러싼 현실이 연민도 없고 공정함은 더구나 없는 상태로 변해간다면 어떻게 할까?
> ㉡ 홉스는 국가가 이 상태에서 우리를 구원해줄 것이라고 믿었지만, 우리의 국가는 그런 참사가 나한테는 일어나지 않을 것이라고 믿는 사람들과 진영을 가르는 혐오감에 포위되어 있다.
> ㉢ 공정함도 연민도 없이 모두가 오직 생존을 위해 자기 이익만을 좇는 홉스의 자연 상태에서 개인은 만인과 투쟁하며 '외롭고, 가난하고, 불편하고, 잔인하고, 부족한' 상태를 견뎌내야 한다.

① ㉠ – ㉡ – ㉢
② ㉠ – ㉢ – ㉡
③ ㉡ – ㉠ – ㉢
④ ㉡ – ㉢ – ㉠
⑤ ㉢ – ㉠ – ㉡

※ 다음 글을 읽고 물음에 답하시오. (23~25번)

알에서 갓 깨어난 새끼 거북이는 다른 모든 생명이 그러하듯 신비하기만 하다. 수십 개의 조그만 생명체가 모래 속에서 꿈틀거리며 위대한 생명을 시작한다. 태어난 지 몇 분도 지나지 않은 새끼 거북이들은 마치 자신들이 가야 할 길을 아는 것처럼, 저멀리 들려오는 파도 소리와 태양 빛에 반사된 빛의 파장을 따라 바다를 향해 단호하고도 후회 없이 힘차게 나아간다. 새끼 거북이의 인생 여정은 어미 거북이에서부터 출발한다.

어미 거북이가 바다를 횡단해 자신의 고향 해안까지 헤엄쳐오는 여정은 매 순간 죽음과의 투쟁이다. 호시탐탐 상어와 고래가 노리고 있고, 인간이라는 동물이 막강한 무기로 언제든 자신들을 포획해 죽일 수 있다. 어미 거북이는 바다의 파고가 제일 높은 날, 여름 중 가장 뜨거운 날, 거칠고 높은 파도를 가르며 2,300㎞를 헤엄쳐 자신이 태어난 땅 해변에 도착한다. 5~6주 전에 임신한 알을 낳을 셈이다. 이는 거북이의 삶에서 가장 중요한 순간이므로 아무도 없는 한밤중에 도착해 바닷물이 닿지 않도록 해안으로부터 수십m 떨어진 후미진 모래사장에 둥지를 틀기 시작한다.

어미 거북이는 자신의 몸이 충분히 들어갈 수 있게 30㎝ 정도 모래를 판 다음, 그 안에 들어가 머리만 모래사장 위로 삐쭉 내놓고는 사방을 둘러본다. 칠흑같이 어둡고 고요한 해변이지만 모래사장 밑에서는 바쁜 발길질이 시작된다. 뒷지느러미로 더 깊은 구덩이를 파는 것이다. 비로소 거북이 알이 안주할 공간이 마련되면 어미 거북이는 그곳에 50~200개의 알을 낳는다. 알을 낳은 뒤 어미 거북이는 곧바로 모래로 둥지를 덮어놓는다. 맹금류로부터 보호하기 위해서이기도 하고 점액이 마르지 않도록 적당한 온도를 유지하기 위해서다. 세 시간여 동안 이 모든 일을 마친 어미 거북이는 다시 바다로 간다. 자신이 해야 할 일을 한 뒤 후회 없이 다시 바다로 가는 것이다.

  2개월 정도 지나면 모래 속에 낳아놓은 알들이 깨지기 시작한다. 신비롭게도 새끼 거북이는 알 속에서도 자기 생존을 위한 무기를 만든다. 그 무기는 '카벙클(carbuncle)'이라는 임시 치아(臨時齒牙)다. 새끼들은 카벙클로 알의 내벽을 깨기 시작한다. 자신이 사는 환경이 자신의 자유를 억제한다면 스스로 자신만의 카벙클을 만들어야 한다. 이 벽을 깨지 못하면 새끼 거북이는 자신을 억누르고 규정하고 정의하는 환경이 세상 전부로 알고 살다 빛 한번 보지 못하고 그 안에서 죽을 것이다.

(가)

  새끼 거북이는 바다에 입수한 뒤 48시간 동안 미친 듯이 수영을 한다. 그들이 향하는 곳은 바다의 가장 밑바닥 심연(深淵)이다. 이곳에는 자신들을 위협하는 큰 물고기들이 많지 않기 때문이다. 그들은 이곳에서 새끼 거북이의 인생을 시작한다. 바다거북의 첫 1년간 바다 생활을 관찰한 사람은 거의 없다. 이 시간은 '실종의 기간'이다. 이 1년을 홀로 살아남아야 비로소 '거북이'로서의 삶을 시작할 수 있다. 그 후 그들은 대개 떠다니는 미역에 몸을 실어 영양을 보충한다. 그리고 20년 정도가 지나면 짝짓기를 하고, 암컷 거북이는 자신이 태어난 곳으로 돌아와 알을 낳는다. 새끼 거북이가 어른 거북이가 되어 다시 고향으로 돌아올 확률은 0.1%다. 천 마리 중 한 마리만 생존하고 대부분은 이 기나긴 과정에서 죽는다.

(나)

23 윗글의 (가)에 여러 개의 문단을 삽입한다고 할 때, 들어갈 내용으로 가장 적절하지 <u>않은</u> 것은?

① 새끼 거북이가 알을 깨고 나왔다고 해서 모든 것이 끝난 것은 아니다. 진정한 시작은 이제부터다.
② 새끼 거북이는 미역과 같은 해초를 찾아 바다 곳곳을 뒤지기 시작한다. 산호초 사이를 헤집고 다니기도 하고 심해의 바닥을 파헤치기도 한다.
③ 새끼 거북이가 이 모래를 뚫고 나오기까지는 3일에서 7일 정도가 걸린다. 새끼 거북이의 몸무게는 알을 깨고 나올 때 비해 30% 정도 줄어든다.
④ 갈매기와 독수리가 쏜살처럼 하강한다. 신기하게도 모래 위에서 그들의 돌진을 감지한 새끼 거북이는 재빨리 자신의 사지를 딱딱한 껍데기 안으로 집어넣는다.
⑤ 새끼 거북이는 섣불리 모래 표면으로 올라오지 않는다. 모래위에서는 바다 갈매기, 독수리, 그리고 사람이라는 괴물이 이들의 연약한 목숨을 한순간에 없앨 수 있기 때문이다.

24 〈보기〉는 윗글의 마지막 문단에 해당하는 (나)에 쓸 문장들이다. 이것들을 논리적인 순서에 맞게 바르게 배열한 것은?

> **보기**
> ㉠ 나는 경계에 서 있다.
> ㉡ 연약하지만 이 치아로 편견, 상식, 전통, 흉내, 부러움이라는 알을 깨기 시작해야겠다.
> ㉢ 그 세계가 전부가 아니며 수많은 모래 중에 하나라는 절실한 깨달음이 나의 임시 치아다.
> ㉣ 나를 감싼 세상이 알이라고 인식하는 순간, 내 입안에서는 임시 치아가 만들어지기 시작한다.
> ㉤ 그 편하고 단단하고 나를 길러준 알이 이제는 나를 감금하여 죽게 만드는 무덤도 되기 때문이다.
> ㉥ 내가 다음 단계로 진입하기 위해서는 자신을 둘러싼 세계와 그 안에서 알게 모르게 굳어진 세계관을 깨야 한다.

① ㉠-㉢-㉡-㉣-㉤-㉥
② ㉠-㉢-㉥-㉤-㉣-㉡
③ ㉠-㉤-㉥-㉢-㉣-㉡
④ ㉠-㉥-㉤-㉡-㉢-㉣
⑤ ㉠-㉥-㉤-㉣-㉢-㉡

25 윗글에 대한 설명으로 가장 적절한 것은?
① 거북이의 일생을 생물학적으로 탐구하고 있다.
② 거북이의 생태를 자세히 살펴봄으로써 바다 생태계 보전의 중요성을 일깨우고 있다.
③ 거북이의 탄생과 생존 과정을 인간의 관점에서 해석하고 특별한 의미를 부여하려고 한다.
④ 거북이의 탄생과 성장 과정에 약육강식의 법칙이 철저히 적용되고 있음을 보여주려고 한다.
⑤ 거북이가 알을 깨고 나올 때 사용하는 임시 치아가 거북이의 생존 과정에서 매우 중요한 역할을 한다는 새로운 연구 결과를 보여주려고 한다.

26 〈보기 1〉과 같은 제품 사용설명서를 작성하기 위한 〈보기 2〉의 작성 원칙 중 적절한 것만을 묶은 것은?

보기 1

- 화이트 밸런스(white balance)
1. 카메라가 색을 정확하게 재현하도록 카메라의 색 균형을 미리 조정하는 기능입니다.
2. 비디오 카드의 출력이 규정된 레벨과 다른 경우에는 영상신호의 왜곡으로 색감이 저하될 수 있는데 이 기능은 비디오카드의 출력 레벨을 표준에 맞도록 신호 레벨을 바로잡음으로써 최적의 영상을 제공해주는 기능입니다.
3. 이 기능을 실행하기 위해서는 화면에 WHITE와 BLACK색상이 존재할 때 실행하시기 바랍니다. (RGB/DVI 입력에만 해당)

보기 2

㉠ 글 내용의 객관성과 공정성을 최대한 유지해야 한다.
㉡ 시각 정보 활용과 간결한 표현 사용에 유의해야 한다.
㉢ 강한 구매 욕구를 유발할 수 있는 문구를 동원하여 작성해야 한다.
㉣ 사용자가 이해하기 쉬운 어휘로 써야 하지만, 대체 용어가 없을 때는 이에 관해 설명을 해야 한다.

① ㉠, ㉡　　② ㉠, ㉢　　③ ㉡, ㉢
④ ㉡, ㉣　　⑤ ㉢, ㉣

※ 다음 문서를 보고 물음에 답하시오. (27~28번)

| 제목 | ㉠ |

1. 관련 : 직업교육정책과-2366(2015. 6. 15)
2. 위 호와 관련하여 국가직무능력표준(NCS) 기반 대학 직업 교육과정 3차 포럼을 다음과 같이 개최하오니 희망자가 참석할 수 있도록 안내하여 주시기 바랍니다.
  가. 일시 : '15. 6. 24(수) 13:30-18:00
  나. 장소 : 정부 세종컨벤션센터(세종시)
  다. 주제 : NCS 기반 대학 직업교육 교과교육과정 개정 방안
  라. 참석자 : 현장교원, 교육전문직, 학계·산업계·관계기관·정부 관계자 등
  마. 참석자 명단제출 : '15. 6. 18(목) 까지(붙임 참조)
붙임 NCS 기반 대학 직업교육과정 3차 포럼 개최 계획(안) 1부. 끝.

27 ㉠에 들어갈 위 문서의 내용으로 가장 적절한 것은?

① 직업교육정책과 사업 알림
② 정부 세종컨벤션센터에서 포럼 개최
③ NCS 기반 대학 직업교육과정 3차 포럼 개최 계획안 발송
④ 국가직무능력표준(NCS) 기반 대학 직업교육과정 3차 포럼 안내
⑤ NCS 기반 대학 직업교육 교과교육과정 개정 방안에 관한 포럼 개최와 안내 희망

28 위 공문을 수정한 것으로 적절하지 않은 것은?

① '위 호와 관련하여'는 불필요한 말이므로 삭제한다.
② '가~마' 항목의 뒤에 오는 쌍점의 왼쪽은 붙이고 오른쪽은 한 칸 띄어 쓴다.
③ 공문에서 연도를 줄여 쓰면 안 되므로 '가'와 '마' 항목의 연도를 '2015년'으로 수정한다.
④ '마' 항목에서 참석자 명단을 제출하라고 하였으므로 붙임에 참석 신청 명단 서식을 첨부한다.
⑤ ~에서 ~까지를 나타낼 때는 물결표(~)를 쓰므로 '13:30-18:00'은 '13:30~18:00'로 수정한다.

※ 다음 품의서를 보고 물음에 답하시오. (29~30번)

품 의 서

품의제목	실내 형광등 교환의 건			최종 결재자	
결재번호	HS-2015054			품의번호	2015P0029
결 재 일	2015년 8월 13일			품의일	2015년 8월 10일
인 가	조건부인가	보류	부결	기안자	홍현재 ㊞
결 재	담 당	대 리	과 장	부 장	이 사	사 장

㉠

1. 교환 이유
  가. 종래의 형광등 ○○은 어둡고 수명이 짧아 교환 주기가 짧고, 근무자의 눈을 피로하게 하여 직원들 사이에 교환 요청이 잦았음.

> 나. 다만, 형광등 1개당 단가가 기존의 형광등보다 높다는 점이 문제임.
> 다. 이번에 교환 구매할 예정인 □□은 ○○보다 조도면에서 3배나 밝고, 전력 소모량도 적으며 눈의 피로감도 적어 다른 기업체에서도 교환하는 추세에 있음.
> 라. 그러나 내구성 면에서는 기존의 형광등보다 수명이 2배이므로 단가의 문제를 상쇄할 수 있다고 판단함.
>
> 2. 교환 제품명
>
> – 이하 생략 –

29 위 품의서 ㉠에 쓸 내용으로 가장 적절한 것은?

① 실내 형광등 교환 요구
② 다음은 형광등 교환 요구이다.
③ 실내 형광등을 교환해야 하는 이유입니다.
④ 다음과 같이 실내 형광등을 교환하고자 합니다.
⑤ 다음에서 실내 형광등 교환 원인을 파악하시오.

30 위 품의서를 검토한 결재권자가 기안자에게 '1. 교환 이유' 항목에 관해 보완 지시할 내용으로 가장 적절한 것은?

① 교환 구매할 예정인 □□의 장점을 구체적으로 서술할 것.
② 형광등 ○○과 □□의 1개당 단가와 전체 구입 가격을 서술할 것.
③ 형광등 ○○의 조도, 교환 주기, 눈의 피로 정도, 교환 요청 횟수 등을 서술할 것.
④ 배열 순서를 '가 – 다 – 나 – 라'로 변경하고 교환 이유를 더욱 구체적으로 서술할 것.
⑤ 형광등 □□을 사용하고 있는 기업체 수를 조사하여 기록하고 교환해야 할 형광등 ○○의 개수를 서술할 것.

※ 다음 글을 읽고 물음에 답하시오. (31~32번)

품의제목	임시직 사원 채용의 건				
결재번호	15-			품의번호	15-102
결 재 일	20 년 월 일			품 의 일	2015년 월 일
인 가	조건부인가	보류	부결	기 안 자	홍 길 동
				최종결재자	이순신 귀하

발송 업무의 폭주로 다음과 같이 신규 임시직 사원의 채용을 요청합니다.

증원·충원을 요하는 직종	배송업무
해당 직종의 근무자 수	2명
증원·충원 신청자 수	4명

사 유

최근 배송 업무의 증가로 인해 기존 인력으로는 업무 처리가 한계에 이르고 있음. 따라서 임시직 사원을 채용하여 배송업무와 포장 등의 작업을 병행하여 실시할 필요가 있음.
배송 시 확인을 잘못하는 경우가 많고 소비자의 불만이 증가하고 있으므로, 이번 기회에 임시직 사원을 채용하여 업무를 보조하도록 함.

특 이 사 항

* 급여 책정액은 일급 ○만 원(8시간 기준)
* 교통비 및 식대는 정규직 기준으로 별도 지급함

31 위와 같은 문서를 작성할 때 기본 원칙으로 가장 적절한 것은?

① 중간보고용 메모나 통화 기록을 삽입한다.
② 사원 모두가 읽을 수 있도록 핵심만 정리한다.
③ 결재가 필요한 근거를 여러 각도에서 검토하여 분명하게 제시해야 한다.
④ 상대방의 호의를 얻어내야 하므로 부탁하고 싶은 바를 정중하게 적는다.
⑤ 불확실한 일이나 구두로 한 약속을 다시 확인해야 하므로 사실 관계를 정확하게 적는다.

32 결재권자의 판단을 돕기 위해 위 문서에 첨부할 것으로 가장 적절한 것은?

① 승급에 따른 직원 보수 산정표
② 경쟁사 직원의 근무 조건 현황
③ 사건 발생 원인에 대한 경과 조치 내용
④ 최근 2~3년 동안, 작업 인원의 업무량 증가 비교표
⑤ 향후 5년 이내 회사의 사업 전망에 대한 사원의 기대치 분석표

※ 다음 행사 시행 제안서를 읽고 물음에 답하시오. (33~35번)

홀몸 노인 후원 행사 시행 제안서

- 작성일 : 20○○년 ○월 ○일
- 작성자 : 소속(   )/직위(   )/ 성명(   )

1. 제안 이유
    우리 회사는 최근 노인 세대를 주 소비층으로 하는 노인 주택 건설업 분야에 신규로 (㉠)하였다. 그러나 사회적으로 노령화가 (㉡)되면서 노인 주택의 수요가 (㉢)했고 이에 대다수 건설업체가 노인 주택 건설에 참여하면서 경쟁이 (㉣)되고 있다. 이러한 경쟁 속에서, 우리 회사의 안정적인 매출 증가를 위한 방안으로 제안서를 제출한다.

2. 현재 상태
    노인 주택 건설에 참여하고 있는 건설업체가 증가하면서 우리 회사의 매출 실적이 감소하고 있어, 적절한 대응 방안이 필요한 상황이다. 현재 분양되고 있는 노인 주택의 설계와 품질은 회사마다 특별한 차이가 없으므로, 마케팅과 홍보 경쟁이 심해지고 있는 상황으로 판단된다. 따라서 제안자는 홍보와 마케팅의 관점에서 제안한다.

3. 제안 내용
    미디어에 투입되는 마케팅·홍보비용의 일부를 저소득층 홀몸 노인들을 위한 후원금으로 사용한다.

4. 기대 효과
                      - 이하 생략 -

---

33 위와 같은 문서에 대한 설명으로 가장 적절한 것은?

① 상사가 지시한 업무의 수행 결과를 논리적이면서 설득력 있게 전달하기 위해 쓰는 문서이다.
② 일상 업무에서 벗어나 하루 이상 업무를 위해 외부에서 수행한 업무 결과를 보고하는 문서이다.
③ '무엇을 위해, 무엇을, 언제까지 알고 싶다.'는 것을 상대방에게 정확하게 전달하기 위해 쓰는 문서이다.
④ 불확실한 사실이나 구두로 한 약속을 다시 문서로 확인하기 위한 목적으로 사실관계를 정확하게 적어야 하는 문서이다.
⑤ 일상적인 업무를 수행하면서 느꼈던 부분을 개선하기 위한 방법이나 새로운 생각을 내어놓을 목적으로 작성하는 내부 문서이다.

34 위 문서를 읽은 상사는 제안 내용이 부족하니 내용을 더 보강하라고 하였다. 제안 내용에 넣을 수 있는 것으로 적절하지 <u>않은</u> 것은?

① 주거 환경이 열악한 저소득층 홀몸 노인을 선정한 후, 회사에서 주택 보수 작업의 형식으로 지원한다.
② 주택 보수 후 노인 주택 보급을 위해 대출 금리를 낮출 수 있는 은행과 협약을 맺는다.
③ 주택 보수 후원 대상자의 선정은 회사에서 별도의 규정에 따라 선정한다.
④ 주택 보수 작업 후, 작업 내용을 회사 이미지 광고에 활용한다.
⑤ 주택 보수 작업을 위해 별도의 팀을 구성한다.

35 위 제안서를 작성한 김 대리는 ㉠~㉣에 써넣을 말을 찾고 있다. 써 넣어야 할 말을 〈보기〉에서 순서대로 고른 것은?

> **보기**
> 전진, 진입, 진행, 증가, 향상, 심화

	㉠	㉡	㉢	㉣
①	전진,	진입,	증가,	향상
②	진입,	진행,	심화,	향상
③	전진,	증가,	향상,	심화
④	진입,	진행,	증가,	심화
⑤	진행,	증가,	향상,	심화

※ 다음 글을 읽고 물음에 답하시오. (36~37번)

○월 월간 영업 보고서

2○○○년 ○월 ○일
영업 3과 ○○○ (인)

소프트웨어 「○○관리」의 판매실적

목표 150개	실적 165개	달성률 100%	전월대비 120%

활동내용
1. 전문 월간지 「컴퓨터 매거진」 광고 게재 접수(○월호~○월호)
2. 판매점 점포 앞에서의 판촉 캠페인 실시(시내 20점)
3. 홈페이지, 매일 매거진으로 PR 실시

목표 150개	실적 165개	달성률 100%	전월대비 120%

소감
  홈페이지나 매일 매거진으로 홍보한 성과가 있어 판촉 캠페인으로 예상 외의 성과를 거두고 있다. 이후에도 계속해서 홍보에 주력함과 동시에 대상 점포를 늘리고 점포 앞 캠페인에 주력을 다 할 예정이다.

다음 달의 목표
150개

주요 활동 계획
- 판촉 캠페인을 ○○동 지역에서 실시(주요 판매점 25곳)
- (㉠)

36 위와 같은 글을 쓰기 위한 방법이 아닌 것은?

① 예외적인 사항에 관해서는 보조설명을 첨부한다.
② 결론을 뒷받침하는 설득력 있는 논거를 제시한다.
③ 논거는 객관적인 데이터나 사실을 기반으로 해야 한다.
④ 주장하고 있는 내용에 의문을 갖도록 내용을 제시한다.
⑤ 항목이 많을 때는 읽는 사람이 혼동하지 않도록 전후관계를 생각해서 순서를 정한 다음 주의하여 기술한다.

37 윗글의 ㉠에 들어갈 내용으로 가장 적절한 것은?

① 사내 건강검진에 대한 미팅
② 회사 안내문 검토 및 채용시험 준비
③ 회사설명회의 장소가 될 ○○호텔과 미팅
④ ○○동 지역의 신규 거래처를 중심으로 판촉 방문
⑤ 경영회의와 관련된 법정장부의 정리 보관 상태 점검

※ 다음은 NCS 직업기초능력에 기반한 자기소개서의 질문 항목이다. 다음을 읽고 물음에 답하시오. (38~39번)

자기소개서
[자기개발능력] 업무를 추진하는데 스스로를 관리하고 개발하는 능력이다. 질문 1 : 최근 5년 동안에 귀하가 성취한 일 중에서 가장 자랑할 만한 것은 무엇입니까? 그것을 성취하기 위해 귀하는 어떤 일을 했습니까?
[대인관계능력] 업무를 수행하면서 접촉하는 사람들과 문제를 일으키지 않고 원만하게 지내는 능력이다. 질문 2: (　　　　　　　㉠　　　　　　　)
[㉡] － 생 략 －
질문 3 : 맡은 바 역할을 타인에게 전가하지 않고 적극적으로 수행했던 경험을 말씀해 주시기 바랍니다.

38 위 자기소개서 ㉠에 들어가기에 알맞은 문장은?

① 약속과 원칙을 지켜 신뢰를 형성하고 유지했던 경험에 관해 기술해 주세요.
② 현재 자신의 위치에 오기 위해 수행해온 노력과 지원한 직무 분야에서 성공을 위한 노력 및 계획을 기술해 주십시오.
③ 우리 공단에 입사 지원한 동기 및 입사 후 실천하고자 하는 목표를 다른 사람과 차별화된 본인의 역량과 결부시켜 작성해 주십시오.
④ 만약 당신의 업무가 회계 담당자일 때, 계산착오로 비용처리에 문제가 발생하였다면 어떻게 문제를 해결할 것인지 그 방법과 이유를 설명하십시오.
⑤ "K 직원이 업무 관련으로 고객과 대화를 나누고 있습니다. 그런데 고객은 이해가 되지 않는다는 반문을 했습니다." 대화 중 무엇이 문제이고 어떻게 하면 해결할 수 있는지 설명하십시오.

39 위 자기소개서 '질문 3'을 고려할 때 ㉡에 해당하는 직업기초 능력으로 적절한 것은?

① 조직이해능력　　　② 문제해결능력
③ 의사소통능력　　　④ 직업윤리
⑤ 자원관리능력

40 다음 표에 대한 해석으로 적절한 것은?

〈 성별, 연령별 인터넷 공유 활동 참여율(복수응답) 〉

(단위 : %)

구분		카페 이용	퍼나르기 경험	블로그 운영	댓글 달기	UCC 게시경험
성별	남성	78.1	65.1	49.8	53.3	46.2
	여성	77.4	58.6	55.1	38.5	41.1
연령	10대	76.1	63.8	54.5	44.6	52.3
	20대	87.8	75.5	75.3	48.3	55.5
	30대	75.3	59.5	47.2	43.0	37.3
	40대	64.0	47.6	28.0	49.2	29.8

* 성별, 연령별 조사 인원은 동일함.

① 남녀 간 참여율 격차가 가장 큰 영역은 '퍼 나르기 경험'이다.
② 20대가 인터넷 공유활동의 모든 영역에서 다른 연령대보다 참여율이 높다.
③ 20대 이상이 되면 나이가 많을수록 모든 영역에서 공유 활동 참여율이 낮아진다.
④ 10대와 30대의 공유 활동 참여율을 크기순으로 나열하면 두 연령대의 활동순위가 동일하다.
⑤ 블로그 운영을 제외한 나머지 모든 영역에서 남성이 여성보다 상대적으로 활발한 활동을 하고 있다.

※ 다음 제안서를 보고 물음에 답하시오. (41~42번)

총무부장 앞

2015년 8월 30일
업무과 김실용 (인)

(　　　　　㉠　　　　　)

　우리 회사는 사무실 내에서의 음식물 섭취를 금지하고 있는데 요즘 들어 그러한 금지사항을 지키지 않는 사원이 종종 눈에 띕니다. 금지사항을 지키지 않는 사원에게 이유를 물었더니 '업무 중간에 쉴 수 있는 공간이 없기 때문'이라는 의견이 많았습니다. 회사를 위해서 사원이 공동으로 사용할 수 있는 휴게실을 설치할 필요가 있다고 생각합니다. 따라서 아래와 같은 대책을 마련해 보았습니다. 읽어보시고 검토 부탁드립니다.

　1. 종래와 같이 자신의 자리에서 음식물 섭취를 금지한다.

2. 3층과 5층에 있는 자동판매기 옆에 새로 공동이용 휴게실을 설치한다. (이곳에서는 사원의 음식물 섭취를 허가하도록 한다.)

이상

41 ㉠에 들어갈 말로 가장 적절한 것은?
① 공동이용 시설 설치의 필요성
② 사내 음식물 섭취 금지 해제 요청
③ 사원의 정신 건강을 위한 휴식처 제안
④ 자동판매기 옆 음식물 섭취 허가의 안
⑤ 사내 공동이용 휴게실 설치를 위한 제안

42 위 제안서를 본 총무부장이 수정을 요구할만한 사항으로 가장 적절한 것은?
① 제안서이므로 현시점에서의 문제점을 먼저 기술해 주십시오.
② 신제도 실시의 구체적인 방법을 명기해서 다시 작성해 주십시오.
③ 제안의 주된 목적과 이런 제안을 하게 된 이유도 기재해 주십시오.
④ 제안 내용을 채택하면 어떤 효과를 기대할 수 있는지 구체적으로 명시해 주십시오.
⑤ 직장의 환경개선을 위한 제안이므로 다른 사원의 불편사항에 대한 내용도 제시해 주십시오.

43 다음 외국인 경제활동상태 총괄 표를 잘못 해석한 문장은?

〈 외국인의 경제활동상태 총괄 〉

(단위 : 천명, %)

구분		15세 이상 인구	경제활동 인구	취업자	실업자	비경제 활동 인구	경제활동 참가율 (%)	고용률 (%)	실업률 (%)
경제활동 인구조사		42,975	27,211	26,189	1,022	15,764	63.3	60.9	3.8
	남자 (구성비)	21,035 (48.9)	15,678 (57.6)	15,099 (57.7)	579 (56.7)	5,357 (34.0)	74.5	71.8	3.7
	여자 (구성비)	21,940 (51.1)	11,533 (42.4)	11,091 (42.3)	443 (43.3)	10,406 (66.0)	52.6	50.6	3.8

구분	15세 이상 인구	경제활동 인구			비경제 활동 인구	경제활동 참가율 (%)	고용률 (%)	실업률 (%)
			취업자	실업자				
외국인 고용조사	1,373	986	938	48	387	71.8	68.3	4.9
남자 (구성비)	767 (55.8)	653 (66.2)	626 (66.8)	26 (54.8)	114 (29.5)	85.1	81.7	4.0
여자 (구성비)	606 (44.2)	333 (33.8)	31 (33.2)	22 (45.2)	273 (70.5)	55.0	51.4	6.5

① 전체 외국인 취업자 중 남자는 62만6천 명, 여자는 31만2천명이다.
② 외국인의 경제활동참가율은 718%, 고용률은 683%, 실업률은 49%이다.
③ 외국인 비경제활동인구는 여자가 남자보다 많았고, 실업자도 4천 명 많았다.
④ 외국인 고용률은 '경제활동인구조사'의 고용률보다 74%p 높은 수준이다.
⑤ 15세 이상 외국인은 137만3천 명이며 취업자는 93만8천 명, 실업자는 4만 8천 명이다.

※ (가)는 입사지원서의 일부이고 (나)는 경력기술서와 경험기술서 작성 시 주의사항, (다)는 경력기술서와 경험기술서 양식이다. 다음 물음에 답하시오. (44~46번)

(가)

4. 경력 사항
(지원하는 직무와 연관성 있는 경력 사항을 제시 하도록 안내)
※ 경력은 금전적 보수를 받고 일정기간 동안 일했던 이력을 의미합니다. 아래의 지시에 따라 해당하는 내용을 기입해 주십시오.

• 기업조직에 소속되어 [경영기획(능력단위 삽입)] 관련 업무를 수행한 경험이 있습니까?
예(   ) 아니요(   )

• 기업조직에 소속되어 [경영평가(능력단위 삽입)] 관련 업무를 수행한 경험이 있습니까?
예(   ) 아니요(   )

• 기업조직에 소속되어 [홍보(능력단위 삽입)] 관련 업무를 수행한 경험이 있습니까?
예(   ) 아니요(   )

※ '예'라고 응답한 항목에 해당하는 사항을 아래에 기입해 주십시오.

근무 기간	기관명	직위/역할	담당업무

※ 그 외 경력 사항은 아래에 기입해 주십시오.

근무 기간	기관명	직위/역할	담당업무

※ 자세한 경력 사항은 경력 기술서에 작성해주시기 바랍니다.

5. 직무 관련 기타 활동

※ 직무 관련 기타 활동은 직업 외적인(금전적 보수를 받지 않고 수행한) 활동을 의미하며, 산학, 팀 프로젝트, 연구회, 동아리/동호회, 온라인 커뮤니티, 재능 기부 활동 등이 포함될 수 있습니다. 아래의 지식에 따라 해당하는 내용을 기입해주십시오.

- [경영기획(능력단위 삽입)] 관련 활동들을 수행한 경험이 있습니까? 예(   ) 아니요(   )
- [경영평가] 관련 활동들을 수행한 경험이 있습니까? 예(   ) 아니요(   )
- [홍보] 관련 활동들을 수행한 경험이 있습니까? 예(   ) 아니요(   )

※ '예'라고 응답한 항목에 해당하는 사항을 아래에 기입해 주십시오.

활동기간	소속 조직	주요 역할	주요 활동 내용

※ 자세한 직무 관련 기타 활동 사항은 경험 기술서에 작성해 주시기 바랍니다.

(나)
- 경력은 금전적 보수를 받고 일정 기간 일했던 이력을 의미한다. 세부직무를 수행했던 경력사항에 대해, 재직증명서에 명시된 기간, 조직명, 직위(또는 역할) 등을 정확하게 기재한다.
- 경험은 직업 외적인(금전적 보수를 받지 않고 수행한) 활동을 의미하며, 본인의 활동내용을 기재한다. 세부직무와 관련된 활동을 기재한 후, 그 활동이 세부직무와 어떤 연관이 있는지를 주요활동내용에 기재한다.
- 본인이 입사지원서에 작성한 사항에 대한 자세한 내용을 경력기술서 및 경험기술서에 작성한다. 이때, 본인의 역할과 행동 그리고 주요 성과를 중심으로, 가능한 한 구체적으로 작성한다.

(다)

경력기술서
• 입사지원서에 기술한 경력 사항에 대해 상세히 기술해 주시기 바랍니다.
• 구체적으로 직무영역, 활동/경험/수행 내용, 본인의 역할 및 구체적 행동, 주요 성과에 대해 작성해 주시기 바랍니다.
㉠
경험기술서
• 입사지원서에 기술한 직무 관련 기타 활동에 대해 상세히 기술해 주시기 바랍니다.
• 구체적으로 본인이 수행한 활동 내용, 소속 조직이나 활동에서의 역할, 활동 결과에 대해 작성해주시기 바랍니다.
㉡

44 위 (가)~(다)의 내용에 대한 설명으로 가장 적절한 것은?

① 경험기술서란 최저임금을 받고 일한 경력사항을 작성하는 문서이다.
② 입사지원서에 작성하는 내용만으로도 충분할 경우 경험기술서와 경력기술서를 작성하지 않아도 된다.
③ 경험기술서에는 입사지원서에 작성하지 않은 내용을 기술함으로써 직무 관련 능력을 최대한 보여줘야 한다.
④ 경력기술서란 급여를 받고 활동한 직무영역에서 자신이 수행한 역할과 경험 등을 자세히 작성하는 문서이다.
⑤ 경력기술서에는 지원하는 직무와 연관성이 없는 경력사항도 작성함으로써 다수의 경력사항을 보여줘야 한다.

45 위 (가)의 '4. 경력사항'에 기재할 수 있는 내용으로 알맞은 것은?

① ○○단체를 통한 재능기부
② 회사 경영 관련 연구회 참여
③ ○○커피숍 매니저로 경영기획 참여
④ ○○기업과 협력한 ○○대학 산학 연구
⑤ 채용 정보 제공 관련 온라인 커뮤니티 운영

46 위의 (가), (나)를 토대로 (다)의 ㉠과 ㉡에 들어갈 만한 내용을 〈보기〉에서 골라 묶은 것은?

보기

ㄱ. ㉠ - 주식회사 H의 기획실에서 인턴으로 1년간 근무한 적이 있습니다. 최근에 H사에서 출시한 제품의 초기 기획 단계에 참여하면서 신제품 기획 과정에 필요한 시장 및 여론 조사, 대리점 판매 현황 파악 등의 업무를 수행했습니다.

ㄴ. ㉠ - 신축 예정인 아파트 홍보 기획 보조를 맡아서 적극적으로 업무를 수행했습니다. 아파트 건설 경기가 회복되어야만 국가경제가 활성화되어 경제성장률 5%대를 유지할 수 있으므로 저는 성실하게 직무를 수행했습니다.

ㄷ. ㉡ - 대학 4년간 광고카피제작 관련 동아리에서 활동했습니다. 3학년 때에는 동아리 회장을 맡았습니다. 이때 K 신문사에서 주최하는 제9회 대한민국 대학생 광고공모전에 응모하였습니다. 여름방학 동안 동아리 회원들과 매주 3회씩 회의와 공동 작업을 거듭하면서 응모한 결과 금상을 받았습니다.

ㄹ. ⓒ – 군대 제대 후 자기계발 관련 서적을 매주 1권씩 읽었습니다. 지금까지 읽은 책만 해도 약 100권이 넘습니다. 시간 관리 방법, 기록 및 정리 방법, 대인관계 시 필요한 자세, 청중을 설득할 수 있는 발표 방법 등을 익힘으로써 어떠한 직무도 성실하게 수행할 수 있는 만반의 준비를 했습니다.

① ㄱ, ㄴ   ② ㄴ, ㄷ   ③ ㄷ, ㄹ   ④ ㄱ, ㄷ   ⑤ ㄴ, ㄹ

※ 다음은 문서 이해의 구체적인 절차를 나타낸 순서도이다. 다음을 읽고 물음에 답하시오. (47~48번)

◆ 문서 이해의 구체적인 절차

1. 문서의 목적을 이해하기
⇩
2. 이러한 문서가 작성되게 된 배경과 주제를 파악하기
⇩
㉠
⇩
6. 상대방의 의도를 도표나 그림 등으로 ⓒ메모하여 요약, 정리해보기

47 위 ㉠에 들어갈 내용인 〈보기〉를 바른 순서로 나타낸 것은?

보기
(가) 문서에 쓰인 정보를 밝혀내고 문서가 제시하고 있는 현안문제 파악하기
(나) 문서에서 이해한 목적 달성을 위해 취해야 할 행동이 무엇인지 생각하고 결정하기
(다) 문서를 통해 상대방의 욕구와 의도 및 내게 요구하는 행동에 관한 내용을 분석하기

① (가)-(나)-(다)   ② (가)-(다)-(나)   ③ (나)-(가)-(다)
④ (나)-(다)-(가)   ⑤ (다)-(가)-(나)

48 위 ⓒ을 잘하기 위한 방법으로 적절하지 않은 것은?

① 기호와 암호를 활용하여 자신만의 메모 흐름을 만든다.
② 언제 어디서든 머릿속에 떠오른 생각을 그 자리에서 바로 기록한다.

③ 수첩과 펜을 드는 습관이 생기도록 메모하는 시간을 따로 마련하면 좋다.
④ 시간이 지난 후 다시 검토했을 때 중요한 부분이 한눈에 들어오게 한다.
⑤ 한 번 한 메모는 다시 보지 않고, 정리한 후 데이터베이스로 구축한다.

※ 다음 기사문을 읽고 물음에 답하시오. (49~50번)

(가)

　영국의 어린이 복지단체 '어린이 사회'가 19일 발표한 '2015년 행복한 어린 시절 보고서'에 따르면 조사 대상이었던 한국 어린이 중 "삶에 만족하지 않는다."고 응답한 비율이 98%에 달해 조사대상 15개국 중 가장 높았다. ㉠ 잉글랜드(71%)와 남아프리카공화국(7%)이 상당히 큰 차이로 뒤를 이었다. ㉡ 어린이가 가장 행복한 나라는 11%를 기록한 루마니아로 조사됐다. 콜롬비아(16%), 스페인(24%)도 삶에 만족하지 못한다는 어린이가 비교적 적은 나라였다.

〈'삶에 만족하지 않는다'고 응답한 어린이 비율〉

(단위 : %)

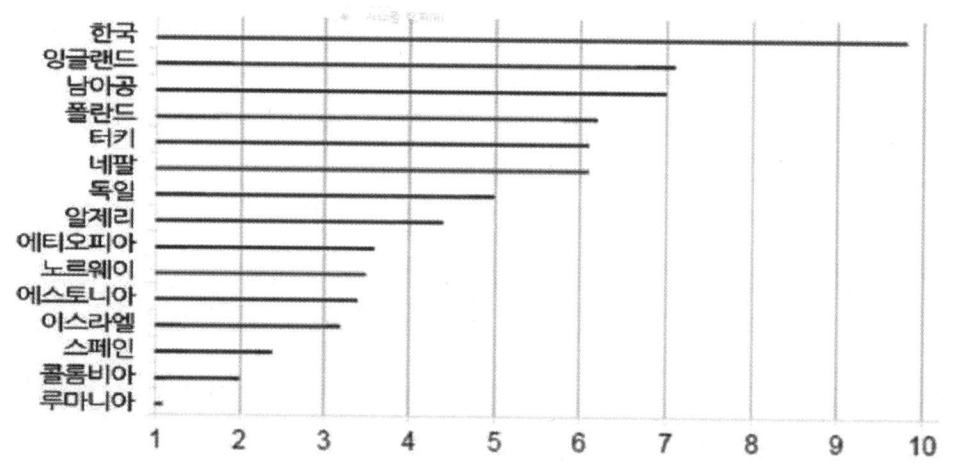

　특히 한국 어린이들의 외모에 대한 만족도가 조사대상 국가 중 가장 낮은 것으로 나타났다. ㉢ 여자 어린이는 10점 만점에 71점, 남자 어린이는 77점을 기록했다. 학교생활에 대한 만족도 조사에서도 10세 어린이는 88점으로 높은 편에 속했지만 12세 어린이의 경우 76점으로 독일과 함께 최하위를 기록했다. ㉣ 어린이 인권에 대해 알고 있다고 응답한 어린이도 44%에 불과해 잉글랜드에 이어 두 번째로 낮았고, 1위를 기록한 노르웨이(77%)에 한참 못 미쳤다.
　어린이 사회는 요크대와 함께 4개 대륙에서 뽑은 15개국의 8세와 10세, 12세 어린이 5만 3000명을 대상으로 이번 조사를 진행했다. ㉤

49 윗글의 (가)에 들어갈 전문으로 가장 적절한 것은?

① 15개국 어린이 행복도 순위이다.
② 한국이 '어린이가 가장 불행한 나라'로 꼽혔다.
③ 요크대, 2015 어린이 행복도 조사에 참여하다.
④ 루마니아가 '어린이가 가장 행복한 나라'로 선정되었다.
⑤ '삶에 만족하지 않는다'고 응답한 어린이 비율을 발표하였다.

50 윗글의 ㉠~㉤ 중에서 〈보기〉의 문장이 들어가기에 가장 적절한 곳은?

> **보기**
> 조사 대상국은 알제리, 콜롬비아, 잉글랜드, 에스토니아, 에티오피아, 독일, 이스라엘, 네팔, 노르웨이, 폴란드, 루마니아, 남아프리카공화국, 한국, 스페인, 터키 등 15개국이었다.

① ㉠　　② ㉡　　③ ㉢　　④ ㉣　　⑤ ㉤

제 1 회 실용글쓰기 검정 기출문제

01 다음 중에서 ㉠~㉦에 들어갈 적절한 단어를 한 개씩만 찾아 기호와 함께 순서대로 쓰시오. 【20점】

조건
㉠~㉦ 기호를 쓰지 않으면 0점 처리함.

- 개략(槪略) : 내용을 대강 추려 줄임. 또는 그런 것.
- 개괄(槪括) : 중요한 내용이나 줄거리를 대강 추려 냄.
- 개론(槪論) : 내용을 대강 추려서 서술함. 또는 그런 것.
- 개요(槪要) : 간결하게 추려 낸 주요 내용.
- 낙후(落後) : 기술이나 문화, 생활 따위의 수준이 일정한 기준에 미치지 못하고 뒤떨어짐.
- 쇠락(衰落) : 쇠약하여 말라서 떨어짐.
- 퇴보(退步) : 1. 뒤로 물러감. 2. 정도나 수준이 이제까지의 상태보다 뒤떨어지거나 못하게 됨.
- 퇴조(退潮) : 1. 썰물. 2. 기운, 세력 따위가 줄어듦.

- 그가 사건의 (㉠)을(를) 설명하였다.
- 근대 문학사는 이 책에 잘 (㉡)되어 있다.
- 그분은 이번 학기에 철학 (㉢)을(를) 강의하신다.
- 혁신하지 않는 기업은 (㉣)의 길을 걷기 마련이다.
- 정치적 혼란이 경제에 (㉤)을(를) 가져올 수도 있다.
- 하나의 유행이 (㉥)을(를) 보이면서 다시 새로운 유행이 나타난다.
- 그 후보는 (㉦)한 교육 여건을 개선하겠다는 공약을 내걸었다.

02
○○빌딩을 관리하는 최○○ 씨는 다음과 같은 '화장실 이용 수칙'을 화장실의 문에 붙였다. 다음 안내문에서 잘못된 3곳을 찾아 고쳐 쓰시오. [20점]

조건
1. 잘못된 것만 골라서 고쳐 쓸 것. (맞는 것을 골라 고쳐 쓴 경우 감점 있음)
2. 맞춤법이 잘못된 곳 1개, 띄어쓰기가 잘못된 곳 1개, 주어와 서술어의 잘못된 호응관계 1곳임.

〈 화장실 이용 수칙 〉
1. 휴지나 비누 등 비품은 각 사무실에서 직접 갖추어 사용하셔야 합니다.
2. 휴지통에는 휴지 외 컵라면, 일회용품 등의 재활용품을 버리지 않습니다.
3. 공동의 공간이니 깨끗하게 사용해주시기 바랍니다.
4. 화장실은 금연입니다.

03
다음 명제가 참이라고 할 때 〈보기〉의 명제가 반드시 참이 되도록 ㉠과 ㉡에 들어갈 말을 쓰시오. [20점]

조건
㉠과 ㉡ 모두 '팀장'을 주어로 하여 쓸 것.

- 팀장이 출장을 가면 업무처리가 늦어진다.
- 고객의 항의 전화가 오면 실적 평가에서 불이익을 받는다.
- 업무처리가 늦어지면 고객의 항의 전화가 온다.

보기
_____㉠_____ 실적 평가에서 불이익을 받는다.
실적 평가에서 불이익을 받지 않았다면 _____㉡_____.

04 김○○ 사원은 논리적 사고를 증진하는 노하우를 작성하고 있다. (가)와 (나)에 들어갈 내용을 3어절 이내로 쓰시오. [20점]

((가))
논리적인 사고에 있어서 가장 기본이 되는 것은 늘 생각하는 습관을 들이는 것이다. 생각할 문제는 늘 우리 주변에서 쉽게 찾아볼 수 있으며, 특정한 문제에 대해서만 생각하는 것이 아니라 일상적인 대화, 회사의 문서, 신문의 사설 등 어디서 어떤 것을 접하든지 늘 생각하는 습관을 들이는 것이 중요하다.
2. 구체적인 생각
상대가 말하는 것을 잘 알 수 없을 때는 구체적으로 생각해 보아야 한다. 업무 결과에 대한 구체적인 이미지를 떠올려 보거나 숫자를 적용하여 표현하는 방법을 활용하면 단숨에 논리를 이해할 수 있는 경우도 많다.
((나))
상사에게 제출한 기획안이 거부되었을 때, 자신이 추진하고 있는 프로젝트를 거부당했을 때 '왜 그럴까', '왜 내가 생각한 것처럼 되지 않았을까', '무엇이 부족한 것일까'라고 생각하기 쉽다. 그러나 이때 자신의 논리로만 생각하면 독선에 빠지기 쉽다. 이때에는 상대의 논리를 구조화하는 것이 필요하다. 상대의 논리에서 약점을 찾고, 자기 생각을 재구축한다면 분명히 다른 메시지를 전달할 수 있다. 자신의 주장이 받아들여지지 않는 원인 중에 상대 주장에 대한 이해의 부족이 있을 수 있기 때문이다.
4. 설득
논리적인 사고는 고정된 견해를 낳는 것이 아니며, 더구나 자신의 사상을 강요하는 것도 아니다. 자신이 함께 일을 진행하는 상대를 설득해 나가는 가운데 자신이 깨닫지 못했던 새로운 가치를 발견하고 생각해 낼 수가 있다. 반대로 상대에게 반론하는 가운데 상대가 미처 깨닫지 못했던 핵심을 발견할 수 있다.

05 다음은 저작권에 대한 글의 일부이다. ㉠과 ㉡을 채워 밑줄 친 부분 전체를 답안으로 서술하시오. 【20점】

조건
㉠과 ㉡에 들어갈 말은 반드시 본문에서 찾은 단어를 활용하여 각각 3어절로 쓸 것.

한국의 저작권법 1조를 보면 "저작자의 권리와 이에 인접하는 권리를 보호하고 저작물의 공정한 이용을 도모함으로써 문화 및 관련 산업의 향상과 발전에 이바지함을 목적으로 한다."라고 저작권의 목적을 명시하고 있다.

흔히 저작권자의 권리 보호를 위한 법률이라고 생각하기 쉬운데 <u>저작권법은 (㉠) 뿐만 아니라 (㉡) 할 수 있도록 한다</u>는 목적을 가지고 있다. 그래서 궁극적으로는 인간 사회의 '문화 발전'을 추구한다는 것이다. 즉, 저작권법은 저작물의 보호 권리뿐만 아니라 이용자의 공정한 이용을 위해 저작권자의 권리를 제한하는 내용도 담고 있는 '균형'에 관한 법률이다.

06 다음은 특허 명세서의 일부이다. ㉠~㉣에 들어갈 내용을 조건에 맞게 쓰시오. [50점]

> **조건**
> 1. 【요 약】,【청구의 범위】의 내용을 참고하여 쓸 것.
> 2. ㉠~㉣의 기호를 붙여서 쓸 것.
> 3. ㉠~㉢은 2어절, ㉣은 '본 고안은 ~에 관한 것으로 더욱 ~는 ~에 관한 것이다.'의 형식으로 쓸 것.

【요 약】
안전 사다리가 제공된다. 본 고안의 일 면(aspect)에 따른 안전 사다리는, 서로 떨어진 복수의 고정 발판이 설치되는 지지대; 상기 지지대의 하부에 결합하는 안전 발판; 상기 지지대의 상부에 결합하는 고정 도르래; 상기 안전 발판에 결합하는 회전 도르래; 및 상기 고정 도르래와 상기 회전 도르래 상에 배치되는 연결부재를 포함하되, 상기 연결부재가 회전함에 따라 상기 안전 발판이 전방으로 돌출된다.

【청구의 범위】
【청구항 1】
서로 떨어진 복수의 고정 발판이 설치되는 지지대; 상기 지지대의 하부에 결합하는 안전 발판; 상기 지지대의 상부에 결합하는 (㉠); 상기 안전 발판에 결합하는 회전 도르래; 및 상기 고정 도르래와 상기 회전 도르래 상에 배치되는 연결부재를 포함하되, 상기 연결부재가 회전함에 따라 상기 안전 발판이 전방으로 돌출되는, 안전 사다리.

【청구항 2】
제1항에 있어서, 상기 (㉡)은, 상기 지지대의 하부에 회전할 수 있게 결합하고, 상기 (㉢)의 축을 기준으로 회전하는, 안전 사다리.

【청구항 3】
제2항에 있어서, 상기 (㉡)의 회전 각도를 제한하는 스토퍼를 더 포함하는, 안전 사다리.

【청구항 4】
제1항에 있어서, 상기 안전 발판은, 상기 지지대의 하부에 전후방으로 슬라이딩할 수 있게 결합하고, 상기 연결부재가 회전함에 따라 슬라이딩 되어 전방으로 돌출되는, 안전 사다리.
고안의 설명
㉣ _____ .

07 김○○ 부장은 화학물질의 안전한 관리를 위한 정책 발표를 위해 프레젠테이션을 작성하고 있다. 다음 글을 사용하여 ㉠~㉣에 들어갈 문장을 조건에 맞게 쓰시오. 【50점】

> **조건**
> 1. ㉠~㉣은 글의 문단 순서대로 쓸 것.
> 2. '~해야 한다.'로 종결하고 3~8어절로 쓸 것.

시민사회와 전문가가 정부의 화학물질 감시 파트너가 될 수 있다. 미국과 유럽에서는 협회 및 시민단체 등이 화학물질 감시의 일익을 담당한다. 국내에도 좋은 선례가 있다. 민주노총 금속노조와 노동환경연구소는 2009년부터 노동 현장의 발암물질을 조사해 사용자 측과 '무독성' 협약을 체결하기도 했다.

정책의 중심에는 안전과 생명이 있어야 한다. 당연한 말이지만, 우리 사회의 현실은 아니다. 화학물질로, 또는 다른 무엇으로 사람이 다치거나 죽는 것이 두렵다면 지금이라도 가치의 우선순위를 바로잡아야 한다.

가습기 살균제를 두고 제조 회사는 "내 아기를 위하여"라고, "인체에 안전한 성분"이라고 광고했다. 마트에 내놓은 탈취제 겉면에 "잘못 사용하면 몸에 좋지 않거나 죽을 수도 있다."라고 적어 위해성을 경고하는 독일과는 정반대였다. 생활화학제품이 무해한 것처럼 광고하는 행위를 규제해 제품 오남용을 방지해야 한다.

가습기 살균제 독성성분인 클로로메틸이소치아졸리논(CMIT)은 세정제에 극소량을 첨가하면 방부제 역할을 한다. 하지만 증기 형태로 흡입하면 사망에 이를 수도 있다. 제2의 가습기 살균제 참사를 막으려면 화학물질이 제품에 어떤 용도로 쓰이는지에 따른 위해성 평가가 철저히 이뤄져야 한다.

선진국처럼 화학물질 피해에 발 빠르게 대처하고, 피해를 관리할 수 있는 중독센터를 만들어야 한다. 소비자가 화학물질로 인한 피해를 보았을 때 바로 중독센터로 신고할 수 있도록 하고, 센터는 피해자에게 대처법을 알려주는 동시에 피해 사례를 수집해야 한다.

화학물질의 안전한 관리를 위한 5가지 제언	• 시민사회와 손을 잡아야한다. • ㉠ _____ • ㉡ _____ • ㉢ _____ • ㉣ _____

08 다음을 보고 (나)에 들어갈 내용을 조건에 따라 두 문단으로 서술하시오. [100점]

> **조건**
> 1. 첫 번째 문단은 '귀사에서 발주하여'로 시작하되, (가)를 참고하여 '기존의 계약과 변화된 상황'을 각각 한 문장으로 쓸 것.
> 2. 두 번째 문단은 '이에 따라'로 시작하되 (가)를 참고하여 '제안 내용과 붙임의 내용에 대한 언급, 양해를 바라는 표현'을 총 두 문장으로 쓸 것.

(가)	부장님, 이대로는 적정 이윤을 낼 수 없습니다. 납품 단가 조정이 필요합니다. (주)■■기업이 발주해 생산 중인 ○○제품의 가공임 거래 계약이 벌써 3년 전입니다. 특히 요즘 인력 부족으로 인건비가 급격히 상승해서 종전의 단가로는 납품하기가 정말 힘듭니다. 발주할 제품의 납품 단가 조정을 제안해 보시는 게 어떨까요?

(주)▲▲산업

문서번호 : 20○○ - 041
수 신 : (주)■■기업 구매부장 김○○ 님 귀하
발 신 : (주)▲▲산업 영업부장 서○○
제 목 : 납품 가격 인상 제안의 건

귀사의 발전을 진심으로 기원하며, 당사에 대한 배려에 머리 숙여 감사의 마음을 전합니다.

(나)

제안서를 검토하신 후 연락 주시기 바랍니다. 감사합니다.

붙임 신규 납품 단가표. 끝.

20○○년 ○○월 ○○일

09 김○○ 대리는 다음과 같은 내용 구상을 한 후 '뮤지컬 관람의 날 지정'을 위한 제안서를 쓰고자 한다. 빈칸 ㉠~㉢에 들어갈 내용을 조건에 맞게 작성하시오. 【100점】

> **조건**
> 1. ㉠에 문서의 성격을 나타낼 수 있는 제목을 쓸 것. (5어절 이내)
> 2. ㉡에 제안의 이유를 회사의 특성과 현재 상황을 관련지어 제시할 것.
> 3. ㉢에 구상한 내용을 모두 활용하여 '제안 내용' 항목의 서술 방식에 따라 2문장으로 쓸 것.
> 4. ㉠~㉢의 기호를 쓰고 답안을 작성할 것.

〈 우리 회사의 현재 상황과 제안 내용 〉
- 직원의 창의적인 발상이 가장 중요함.
- 업무량이 과중하여 다양한 문화를 체험할 기회가 전혀 없음.
- 직원의 기획력을 향상할 방안이 필요함.
- 월 1회 뮤지컬 관람의 날을 지정하여 전 직원이 뮤지컬 관람 기회를 가짐.

〈 '뮤지컬 관람의 날' 지정 효과 〉
- 과중한 업무로 인한 피로감 해소
- 문화 행사 직접 체험 : 상상력과 기획력 제고
- 전 직원 참여 : 친밀도 향상, 조직의 팀워크 향상

㉠

작성일 : 2017년 3월 25일
작성자 : 인사관리부 대리 김○○

1. 제안 이유

㉡

2. 제안 내용
월 1회 특정한 날을 뮤지컬 관람의 날로 지정하여 전 직원이 종합 예술인 뮤지컬을 관람하는 기회를 갖자는 방안입니다.

3. 제안 효과

㉢

—이하 생략—

10 ○○대학교 화학공학과 졸업예정자인 박○○ 씨는 한국화학기술공사의 (가) NCS 기반 채용 직무 기술서를 바탕으로 (나) 직무 기술서를 작성한 후 〈개요〉를 바탕으로 (다) 직무 능력 소개서의 '3. 경험 기술서'를 작성하려고 한다. 조건에 맞게 서술하시오. [200점]

조건

1. 네 문단으로 서술할 것. (800자 내외)
2. (가)와 (나)의 내용 일부를 활용하여 서술하되 각 문단의 주어진 문장 수를 지킬 것.
3. 불필요한 내용을 서술할 경우 감점함.

(가) NCS 기반 채용 직무 기술서

채용 분야	생산관리 엔지니어
근무지	한국화학기술공사 본사
계약 기간	1년(필요하면 연장)
직무 수행 내용	기계·기기 장치 배열하기, 주요 배관 표시하기, 운전조건 기재하기, 물리·화학적 특성 파악하기, 에너지 사용량 확인하기 등
직무 수행 태도	안전 사항을 준수하는 태도, 전체 공정에 대한 통찰적 사고, 관련 법규 및 기술 기준 준수, 업무에 대한 책임감 및 고객지향적인 태도
- 이하 생략 -	

(나) 직무 기술서

※ 직무 기술서에 기재하는 모든 사항은 증명 가능한 사실이어야 합니다.

1. 교육 사항
- 중략 -
3. 경력 사항

* 경력은 금전적 보수를 받고 일정기간 일했던 이력을 의미합니다. 아래의 지시에 따라 해당하는 내용을 기재해 주십시오.

• 귀하는 지원 분야 관련 업무를 수행한 경험이 있습니까? 예(✓) 아니오( )

'예'라고 응답한 항목에 해당하는 사항을 아래에 기재해 주십시오. (작성란이 부족한 경우 칸을 추가하여 작성)

근무 기간	기관명	직위/역할	담당 업무
6월	한국○○공사	연구보조원/연구보조	연구 활동 보조 및 지원

4. 경험 사항

* 경험사항은 직업 외적인(금전적 보수를 받지 않고 수행한) 활동을 의미하며, 팀 프로젝트 활동, 연구회 활동, 동아리/동호회 활동, 온라인 커뮤니티 활동, 재능 기부 활동 등이 포함될 수 있습니다. 아래의 지시에 따라 해당하는 내용을 기재해 주십시오.

• 귀하는 지원 분야 관련 활동을 수행한 경험이 있습니까? 예(✓) 아니오( )

'예'라고 응답한 항목에 해당하는 사항을 아래에 기재해 주십시오. (작성란이 부족한 경우 칸을 추가하여 작성)			
활동 기간	소속 조치	주요 역할	활동 주요 내용
2월	○○대학교 화학공학과	팀장	전국 화학공학 공정 설계 경진대회에 참가하여 장려상 수상

(다) 직무 능력 소개서

1. 교육 기술서
- 중략 -
3. 경험 기술서
* 직무 기술서에 작성한 직무 관련 경험 사항을 상세하게 기술한 후, 이 과정에서 어떤 교훈을 얻었는지 기술하기 바랍니다. (800자 내외)
〈개요〉
• 첫 번째 문단(2~3문장) : 3학년 여름방학 경진대회에서 제시한 과제 해결하며 보냄 / 아세트산 생산 설비 설계 과제 / 4명이 한 팀 / 아쉽게 장려상 • 두 번째 문단(5~6문장) : 원인을 알기 위해 대상과 최우수상 팀 보고서와 우리 보고서 비교 / 최우수상 팀은 공정을 전체적인 시각에서 분석한 데 비해 우리는 열역학방정식, 증류탑 등 세부적인 측면 설계에 집중 / 전체 공정 살피지 못함 / 전체 맥락에서 설계하지 못함 / 팀장으로서 책임 • 세 번째 문단(4~5문장) : 베르나르 베르베르 소설『제3인류』/ 한 곳에 지나치게 집중하면 그 자리에 대해 잘 알게 될지라도 결국은 전체를 놓침 / 나무와 숲 / 공정설계 관련 서적과 논문 / 통찰력 / 일하는 데 큰 힘 • 네 번째 문단(3~4문장) : 직무 수행 과정에서 학부에서 배운 지식 활용 / 직무 수행 때 더 많이 배울 것 / 직장에서 창의적으로 응용하고 새롭게 익혀서 최고가 될 것임

제 2 회 실용글쓰기 검정 기출문제

01 다음은 사내 메신저 대화창의 일부이다. 대화의 밑줄 친 부분 중 잘못된 것을 골라 바르게 고쳐 쓰시오. [20점]

조건
1. 잘못된 것만 골라서 고쳐 쓸 것. (맞는 것을 골라 고쳐 쓴 경우 감점 있음)
2. '틀린 표현 → 맞는 표현'의 형식으로 고쳐 쓸 것.

정보팀 김○○ 대리 : 오늘이 <u>몇 일</u>인가요
인사팀 정○○ 대리 : 22일입니다. 인사 회의까지 일주일 남았습니다.
정보팀 김○○ 대리 : 그럼, 제가 인사 회의에서 발표할 개인 정보 보호 지침은 25일까지 부장님께 <u>결제</u> 받겠습니다.
인사팀 정○○ 대리 : 예. 감사합니다. 이번 회의에서 우리의 <u>지양점</u>인 '개인 정보 보호 의식 향상'을 위해 같이 노력했으면 합니다.
정보팀 김○○ 대리 : 당연하죠. 저도 이번에 이 일의 <u>책임자로서</u> 최선을 다하고자 합니다.
인사팀 정○○ 대리 : 김○○ 대리님의 의지가 참 멋집니다. 일주일 뒤 인사 회의 때 <u>뵙겠습니다</u>.

02

한국달리기운동본부 김○○ 기획팀장은 제25회 건강달리기 날 기념행사 참석 협조를 위한 공문을 다음과 같이 작성하였다. ㉠~㉤에 들어갈 단어를 기호와 함께 순서대로 쓰시오. 【20점】

조건

모두 두 글자로만 쓸 것.

한국달리기운동본부

수신 수신자 참조
(경유)
제목 제25회 건강달리기의 날 기념행사 참석 안내

1. 한국달리기운동본부는 제25회 건강달리기의 날을 맞이하여 운동본부 창립을 기념하고 달리기 운동 활성화 사업 경과를 공유하기 위한 행사를 개최합니다.
2. 관련 내용을 다음과 같이 (㉠)하오니 관심 있는 대상자가 참석할 수 있도록 협조하여 주시기 바랍니다.
   가. (㉡) : 2017. 3. 25 (토) 14:00~16:00
   나. (㉢) : ○○도청 야외공연장
   다. (㉣) : 지역사회 전문가, 관계 공무원, 일반 도민 등
   라. (㉤) : 한국달리기운동본부
   마. 협조사항 : 참석자 명단을 2016. 3. 17(금)까지 이메일 또는 팩스로 제출

- 이하 생략 -

03 다음을 보고 강○○ 사원의 팔로워십 유형과 그 이유를 조건에 따라 서술하시오. [20점]

> **조건**
> 1. '강○○ 사원은 ~는 점에서 ~ 팔로워라고 할 수 있다.'의 형식의 한 문장으로 간결하게 쓸 것.
> 2. 이유는 팔로워십 유형을 설명하는 부분에서 강사원의 특징과 연결되는 구절만 활용하여 쓸 것.

강○○ 사원은 몸과 마음을 바쳐 있는 힘을 다하며, 어떤 규칙도 필요 없을 정도로 자율적으로 업무를 본다.

소외형 팔로워	조직에 대해 독립적이고 비판적인 의견을 제시하지만 역할 수행에서는 매우 소극적인 유형. 자신은 노력하지 않으면서 리더의 노력과 행동을 비판하고 조직에 대해 혼자서 불평하는 경우가 많음. 리더와의 갈등 등으로 소외형이 되었을 가능성이 높음. 전체 팔로워의 약 15~20%.
실무형 팔로워	리더의 의견에 대해 비판적이지도 의존적이지도 않으며 리더의 가치와 판단에 의문을 품기도 하지만 적극적으로 대립하지도 않는 유형. 시키는 일은 잘 수행하지만, 모험적인 일은 하지 않는 유형. 사회나 조직이 불안한 상황에서 더 이상의 대안이 없을 때 발생. 전체 팔로워의 약 25~30%.
모범형 팔로워	독립심이 강하고 헌신적이며 독창적이고 건설적인 비판을 하는 유형으로 리더의 힘을 강화할 수 있는 유형. 자신의 재능을 조직을 위해서 유감없이 발휘하며 스스로 생각하고 알아서 행동할 줄 앎. 전체 팔로워의 약 5~10%

04

04 다음은 '빠른 보고' 3원칙의 설명이다. 〈보기〉에서 '빠른 보고' 3원칙의 취지를 옳게 추론한 것을 골라 조건에 맞게 쓰시오. 【20점】

조건

1. '㉠ : ○○ 보고'처럼 해당 기호와 원칙 이름만 쓸 것.
2. 3가지만 골라 쓸 것.

○○기업은 업무 생산성 제고를 위하여 불필요한 회의의 절반을 통합하거나 축소하고, '동시 보고-실무 보고-간단 보고'의 빠른 보고 3원칙을 정했다. 동시 보고는 대리-과장-차장-부장-임원으로 이어지는 보고 대신 주요 사안에 대해서 당사자들이 한자리에 모여 함께 보고를 받는 것을 말한다. 실무 보고는 현안을 가장 잘 파악하고 있는 실무진이 직급과 관계없이 최고위층에도 보고할 수 있게 하겠다는 것이다. 간단 보고는 핵심만 보고하라는 것으로 직접 말로 하거나 간단한 메모를 통한 보고도 허용하겠다는 것이다.

보기

㉠ 핵심어 중심으로 보고하는 습관을 들여야 하겠군.
㉡ 상사가 요구하기 전까지는 보고서를 제출하지 않아도 되겠군.
㉢ 급한 경우 팀장과 팀원이 모두 함께 가서 부장에게 보고하면 되겠군.
㉣ 팀장이 아니라도 프로젝트 진행 내용을 임원에게 바로 보고할 수도 있겠군.
㉤ 보고서를 작성할 때는 상사가 좋아하는 표현 중심으로 내용을 구성해야겠군.
㉥ 30초 안에 핵심 내용을 전달한다는 '엘리베이터 피치' 요령을 익혀야 하겠군.

05 ○○대학교 경영학과 재학생 이○○ 씨는 연구 부정행위를 조사하고 있다. ㉠~㉣에 들어갈 단어를 〈보기〉에서 찾아 순서대로 쓰고, ㉤은 앞 문장의 서술 방식에 맞추어 쓰시오. [20점]

조건
1. ㉠~㉤은 기호를 붙이고 쓸 것.
2. ㉤은 6어절로 쓸 것.

〈 연구 부정행위 〉

- (㉠) 은(는) 존재하지 않는 데이터 또는 연구 결과 등을 허위로 만들어 내는 행위를 말한다.
- (㉡) 은(는) 연구 재료·장비·과정 등을 인위적으로 조작하거나 데이터를 임의로 변형·삭제함으로써 연구 내용 또는 결과를 왜곡하는 행위를 말한다.
- (㉢) 은(는) 저작권법상 보호되는 타인의 저작, 연구 착상 및 아이디어나 가설, 이론 등 연구 결과 등을 정당한 승인 또는 인용 없이 사용하는 행위를 말한다.
- (㉣) 은(는) 편집인이나 독자에게 이미 출간된 본인 논문의 존재를 알리지 않고 이미 출간된 본인 논문과 완전히 같거나 거의 같은 텍스트의 본인 논문을 다른 학술지에 다시 제출하여 출간하는 행위를 말한다.
- 부당한 논문 저자 표시는 연구 내용 또는 결과에 대하여 학술적 이바지를 한 사람에게 정당한 이유 없이 논문 저자 자격을 부여하지 않거나, 학술적 이바지가 없는 자에게 (㉤)

보기
- 개조 · 대여 · 변조 · 배포 · 위조 · 중복 게재 · 표절 · 2차 저작물 작성권

06
다음은 가정용 미니빔 TV에 대한 설명서의 일부이다. 다음 설명서의 ㉠~㉥을 〈보기〉를 참고하여 조건에 맞게 쓰시오. 【50점】

조건
㉠~㉥까지 들어갈 내용을 각 항목별로 기호와 함께 쓸 것.

보기

- ㉠, ㉥은 다음의 내용과 형식을 지켜 전체적인 설명서의 흐름을 지켜 쓴 문장.
  - ㉠의 내용 : 버튼 누르기, 조이스틱 상·하·좌·우 움직임으로 작동함.
  - ㉠의 형식 : '~거나 ~여 ~를 ~ 수 있습니다.'
  - ㉥의 내용 : 조이스틱 버튼을 누르고 움직이면 음량 조절 및 채널 변경이 안 될 수 있음.
  - ㉥의 형식 : '~을 누르고 ~일 경우 ~이 안 될 수 있습니다.'
- ㉡~㉢ : 설명하는 문장을 참고하여 4글자, 2어절 문구.

조이스틱 버튼을 사용하려면
㉠

조이스틱 간편 기능

	㉡	미니빔 TV가 꺼진 상태에서 조이스틱 버튼을 한 번 눌렀다 놓습니다.
	㉢	미니빔 TV가 켜진 상태에서 조이스틱 버튼을 몇 초간 눌렀다 놓습니다. (단, 조이스틱 버튼 사용 중 화면에 메뉴 버튼이 있을 경우에는 조이스틱 버튼을 길게 누르면 메뉴를 빠져나옵니다.)
	㉣	조이스틱 버튼을 왼쪽/오른쪽으로 움직여 음량을 조절할 수 있습니다.
	㉤	조이스틱 버튼을 위/아래로 움직여 채널을 변경할 수 있습니다.

잠깐!
- 조이스틱 버튼을 상·하·좌·우로 움직일 때 버튼을 누르지 않도록 주의하세요.
(㉥)

07 다음은 특허과 김○○ 씨가 쓴 연수 참가 보고서의 일부이다. 다음 메모를 보고 보고서의 소감 중 (가)에 들어갈 말을 조건에 맞게 쓰시오. [50점]

> **조건**
> 1. 메모의 내용을 모두 반영하여 2문장으로 쓸 것.
> 2. 두 번째 문장은 '게다가 ~해주었기 때문에 ~다.'의 형식으로 쓸 것.

〈 메모 〉

- 지적재산권 배움 → 회사 실무에 응용 → 변호사들의 강의 흥미로움(경험이 풍부함)
- 법의 기본적인 개념이나 원칙 알기 쉽게 설명 → 지적재산권제도에 대한 이해의 폭넓어짐

*소감 쓰는 방법 : 구체적인 무엇을 배웠는지, 어떤 점을 업무에 활용해 나갈 것인지를 기록하면서 적극적인 자세를 강조하기

강좌명	특허 기초 강좌
- 중략-	
주최	지적재산연구회
수강 내용 및 강사	〈오전〉: 「특허법·실용신안법의 기초지식」(강사 : 변호사 김○○) 〈오후〉: 「상표법의 기초지식」(강사 : 변호사 홍○○)
소감	(가) 오늘의 연수 내용과 나의 생각을 앞으로 업무에 활용해 나가고 싶다.

08 중소기업○○청에 근무하는 송○○ 씨는 홍보문을 쓰려고 한다. 다음 자료를 보고 홍보문의 ㉠에 들어갈 내용을 조건에 맞게 쓰시오. 【100점】

조건
1. 총 3문장, 1문단으로 쓰고 그 내용은 〈자료〉에서 필요한 것만 선택하여 간결하게 쓸 것.
2. 첫 번째 문장은 사업 안내로 '~고 싶은데, ~이 어렵다면 ~을 진행해보세요.'의 형식으로 '전화 한 통', '홍보 전문가'가 들어가게 쓸 것.
3. 두 번째 문장은 신청 방법 및 지원 내용으로 '바로 ~에서 ~을 ~을 통해 ~드립니다.'의 형식으로 '1357 콜센터'가 들어가게 쓸 것.
4. 세 번째 문장은 효과로 '지금 전화하면 ~로 ~이 ~할 수 있습니다.'의 형식으로 쓸 것.

자료

- 1357 콜센터를 이용하여 기업홍보지원사업을 신청할 수 있다는 것을 알리고 싶음.
- 이용 대상 : 회사의 인지도를 높이고 싶은 홍보활동이 어려운 중소기업
- 지원 내용 : 전화 상담, 홍보 전문가 심층 상담(전문가 현장지도로 애로사항 완벽 해결)
- 효과 : 기업 이미지 제고로 매출 증가
- 그 외 : 1357로 종합 상담 서비스 원스톱 지원
  - 중소기업청 지원정책 정보 제공을 위한 통합콜센터 구축을 위해 기능별로 분산된 중소기업청 산하 6개 콜센터를 단일번호로 통합
  - 기업애로지원 대표 상담 전화로써의 기능 강화
  - 중소기업 정책자금, 창업, 소상공인, R&D분야 등의 기업애로를 전화 한번으로 해결

09 보건복지부에 근무하는 하○○ 사무관은 독감 예방접종 관련 홍보문을 작성하여 배포하고자 한다. (가)~(마)에 들어갈 적절한 내용을 각각 한 문장으로 쓰시오. [100점]

> **조건**
> 1. (가)~(마) 문장에 '독감'이라는 단어를 넣어 쓸 것.
> 2. 각 문장은 6어절 이내의 완성된 문장으로 쓸 것.

〈 독감 예방접종 홍보문 〉

- ((가)   )

  흔히 감기를 예방한다고 알고 있는데 이 주사는 감기를 예방하는 것이 아니라 ((나)) 감기는 여러 가지 바이러스에 의해서 생기는 감염으로 증상이 심하지 않고 대개는 1주일 이내에 합병증 없이 좋아집니다. 반면 유행성 독감은 독감 바이러스에 의해 생기는데 그 증상이 심하고 합병증이 생기는 경우가 종종 있습니다.

- 독감 예방주사는 얼마나 자주 맞아야 할까

  한번 주사를 맞으면 평생 다시 맞지 않아도 되는 예방주사도 많지만 ((다)) 독감 바이러스는 돌연변이를 잘 일으켜서 예전에 만들어 놓은 예방주사는 효과가 없는 경우가 많기 때문입니다. 그러므로 해마다 세계보건기구(WHO)에서 그해 겨울에 유행할 독감 바이러스의 돌연변이 형태를 예측하고 제약회사에서는 그것을 근거로 새로운 주사약을 만들어 냅니다. (추측이 빗나갈 경우 효과가 전혀 없을 수도 있습니다.)

- 독감 예방주사의 효과는 얼마나 갈까

  예방주사를 맞으면 곧 ((라)) 예방 주사를 맞으면 독감 바이러스에 대항하는 항체가 2주 이내에 생기기 시작해서 4주가 되면 최고치에 달하게 되고 이것은 약 5개월 정도 예방 효과를 가지게 됩니다. 그리고 예방주사를 맞고 충분한 시간이 지나더라도 독감에 걸리는 경우는 종종 있습니다. 예방주사를 맞은 사람의 상태에 따라 예방 효과가 다른데 대개는 60~90% 정도가 독감에 걸리지 않는 것으로 알려져 있습니다. 물론 독감 예방주사를 맞는다고 감기에 걸리지 않거나 감기를 가볍게 앓게 되는 것은 아닙니다.

- 독감 예방주사를 꼭 맞아야 하는 사람은 누구일까

  모든 사람이 ((마)) 건강한 사람은 독감에 걸려서 합병증이 생기는 일이 적고 합병증이 생기더라도 그것 때문에 심하게 고생하는 일이 흔하지 않기 때문입니다. 그러므로 65세 이상의 노인 및 양로원이나 요양기관에 있는 사람, 만성 심장(신장, 폐)질환을 앓고 있는 사람 등 노약자가 접종 대상자가 됩니다.

- 독감 접종 후 생길 수 있는 부작용은 무엇이고 어떻게 해야 할까

* 접종부위 부종, 발적 : 얼음 팩을 가제 손수건으로 감싼 후 부종 부위를 마사지합니다. 손으로 만지지 않도록 합니다.

* 발열, 근육통, 관절통 : 독감 바이러스를 체내에 주입하여 면역을 형성하는 백신이므로 가볍게 열이 날 수 있으나 고열 및 이상 증상 시 즉시 병원 진료 받으신 후 보건소로 연락 바랍니다. (☎ 123-4567 예방 접종실)

10. 다음은 ○○일보의 논설위원 이○○ 씨가 조류인플루엔자(AI) 사태 관련 사설을 쓰려고 수집한 자료이다. 〈개요〉를 바탕으로 네 문단, 900자 내외의 사설을 작성하시오. 【200점】 (단, 자료를 고려하여 2017년 1월을 기준으로 작성할 것)

개요	
	1. 조류인플루엔자(AI), 최악의 피해 현황 - (라)의 시각 자료 중 하나를 활용하여 구체적인 수치를 집계하여 쓴 후 - (가)의 모든 내용을 활용하여 첫 문단으로 구성
	2. 조류인플루엔자(AI)가 진정국면에 접어든 것으로 보이는 요소 - (라)의 시각 자료 중 하나를 활용 - 12월 이후 두드러지는, 대조적인 상황을 서술 : 시기와 수치 대략 언급할 것 (의심 건수가 줄어든 시기와 수치를 먼저 쓰고 상황을 긍정한 후, '신고 건수가 10~14건에 달했으나'라는 문구 활용하여 쓰기)
	3. 정부의 대책 - (나)의 자료 모두 활용 - 표를 보고 기존의 세율과 할당 세율 간략하게 비교 언급 - 4일부터 무관세로 수입 가능한 8개 품목의 총 적용물량은 집계하여 쓰기 - 산란계 공급 위해 병아리를 항공기로 수입하는 방안도 추가 언급
	4. 정부의 대책에 대한 해석 - (다)의 브리핑 내용 모두 직접 인용 – 사자성어 '고육지책(苦肉之策)' 활용하여 해당 발언 해석

(가)	【도살 처분 가금류 3,000만 마리 넘어서 역대 최악 피해】
	 ・ 국내 전체 가금류 사육 규모(1억 6,525만 마리)의 18%를 웃도는 수준 ・ 지난 2014~2015년은 517일간 1,937만 마리 도살 처분

(나)

【달걀 대란 막아라 6월까지 무관세 수입】

신선란 등 8개 품목 '긴급할당 관세 조치' 국무회의 의결/달걀 가격의 폭등과 공급 부족 사태를 수습하려는 조치

구 분		기존세율(%)	할당세율(%)	적용물량(t)
달걀	신선	27	0	3만 5,000
	조제	27	0	3,300
노른자	가루	27	0	600
	액	27	0	1만 2,400
전란	가루	27	0	2,600
	액	30	0	2만 8,000
난백 알부민	가루	8	0	1,300
	액	8	0	1만 5,300

〈자료 : 기획재정부 1월〉

(다)	**【국무회의 의결 후 농림축산식품부 차관이 정부청사에서 브리핑한 내용 중 일부】** "달걀의 국내 소비자 가격이 1개에 270원대인데 현재 가격 수준으로는 당장 수입이 어려울 것 같다. 가격이 폭등해 300원까지 올랐을 경우 항공료 50%를 지원하면 수입할 수 있다고 본다."
(라)	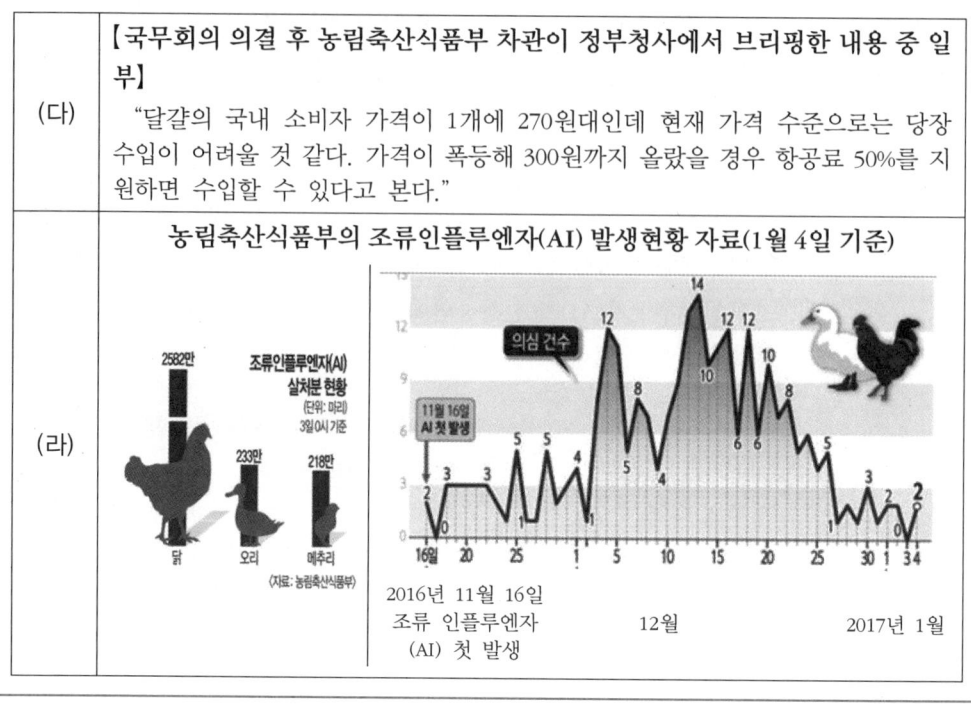

제 3 회 실용글쓰기 검정 기출문제

01 사내 홍보물을 작성하고 있는 최 사원은 문장의 서술어를 명사형으로 바꾸고 있다. 〈보기〉를 참고하여, 제시된 문장에서 밑줄 친 부분만 고쳐 쓰시오. [20점]

> **보기**
>
> – ㅁ : 「어미」
> ('이다'의 어간, 받침 없는 용언의 어간, 'ㄹ' 받침인 용언의 어간 또는 어미 '-으시-' 뒤에 붙어) 그 말이 명사 구실을 하게 하는 어미.
> – ㅁ : 「접사」
> (받침이 없거나 'ㄹ' 받침으로 끝나는 동사, 형용사 어간 뒤에 붙어) 명사를 만드는 접미사.
> – 음 : 「어미」
> ('ㄹ'을 제외한 받침 있는 용언의 어간이나 어미 '-었-', '-겠-' 뒤에 붙어) 그 말이 명사 구실을 하게 하는 어미.
> – 음 : 「접사」
> (어간 말음이 자음인 동사 어간 뒤에 붙어) 명사를 만드는 접미사.

예시	* 회식은 항상 <u>힘들다</u>. → 힘듦.
제시 문장	* 더 좋은 해답은 반드시 <u>있다</u>. → (　　) * 최악의 상태에서도 기적을 <u>만들다</u>. → (　　) * 부디 모두가 이 책자를 읽기 <u>바라다</u>. → (　　) * 우리 부서에서 식목일에 씨앗 나누는 행사를 <u>베풀다</u>. → (　　)

02 밑줄 친 ㉠에 들어갈 문장을 쓰시오. [20점]

조건

㉡을 참고하여 '식사비', '술값', '회식비용'의 단어를 포함하는 한 문장으로 간략히 서술할 것.

　도표를 분석할 때 퍼센트는 상대적 크기를 비교하는 데 유용한 것이지만 퍼센트 자체는 마음대로 더할 수 있는 것이 아니다. 그러나 종종 퍼센트를 더해서 엉뚱하게 도표를 해석하는 경우가 있는데 수 문맹에는 이러한 엉터리 논리도 그럴듯하게 들린다. 다음의 예를 읽고도 이상하다는 느낌을 받지 않는다면 퍼센트를 합쳐도 괜찮을 것이라는 착각에 빠진 것이다.
　"이 상품은 80% 할인 중입니다. 지난주에 40% 할인했는데 이번 주에 40%를 더 할인했습니다."
　"이번 회식비용은 30% 할인된 것입니다. 식사비가 15% 할인되었고, 술값도 15% 할인되었기 때문입니다."
　40%에 40%를 더하면 80%가 되지 않는 이유는 기준이 달라지기 때문이다. 즉, 100원짜리를 40% 할인하면 60원이 되고 다시 60원에서 40%를 할인하면 36원이 되므로 총 할인율은 100원짜리가 36원이 되었으므로 64%이다.
　또한 ＿＿＿＿＿＿＿＿＿＿＿＿＿＿＿＿＿＿＿＿＿＿＿＿（㉠）＿＿＿＿＿＿＿＿＿＿＿

㉡	어떤 주부가 시장에서 다섯 가지 채소를 샀는데 그 채소들이 작년보다 제각기 10%씩 올랐다면 그 합은 50%가 되지만 채솟값은 작년보다 50% 오른 것이 아니라 10% 오른 것이다.

03 다음 제시문의 논지를 〈보기〉에 서술하였다. 〈보기〉의 ㉠에 들어갈 내용을 채운 후 〈보기〉의 문장 전체를 그대로 답안지에 서술하시오. [20점]

조건
〈보기〉의 ㉠에 제시문의 '이것'이 가리키고 있는 두 가지의 내용을 제시문에 적혀 있는 대로 쓸 것.

'민주주의' 국가에서 사람들은 자유로울까? 식민주의자들을 쫓아내면 사람들은 자유로워질까? 우리는 식민주의자들의 패주로 얻은 '해방'의 경험도 있고 시민의 저항으로 독재정부를 몰아낸 경험도 있다. 하지만 그 후 사람들이 자유로워졌다고 말하기엔 아득하다. 적이 사라진 후의 방황을 자유라고 믿지 않는다면 말이다. 독재나 억압이 더욱 나쁜 것은 마치 그것이 사라지면 사람들이 자유로워질 것 같은 환상을 유포하기 때문이다. 동성애에 대한 금기가 더욱 나쁜 것은 마치 그것이 사라지면 동성애자들이 자유로워지리라는 안이한 발상을 배양하기 때문이다. 금기와 거리가 먼 이성애자는 모두 자유롭기라도 한 듯이 말이다. 자유를 위해 모든 구속과 억압이 사라져야 한다면, 무엇보다 '이것' 때문이다.

보기
모든 구속과 억압은 이것만 사라지면 (㉠   ) 때문에 사라져야 한다.

04 통계자료를 인용하여 보고서를 쓰고자 한다. 다음 표를 해석한 사람 중 바르게 해석하지 <u>않은</u> 사람을 고르고 그 이유를 쓰시오. [20점]

> **조건**
> 이유는 '~때문에 ~은 알 수 없다.'의 형식으로 쓸 것.

〈 소비 항목별, 가구원수별 균등화 지수 〉

가구원수 소비항목	2인	3인	4인	5인	6인
식료품비	1.0	1.5	1.9	2.6	3.0
의류비	1.0	1.4	1.5	1.7	1.8
교육비	1.0	1.5	2.5	3.0	3.2
기타 소비지출	1.0	1.4	1.7	1.9	2.0

※ 균등화 지수 : 가구원 수가 서로 다른 가계들 사이의 생활 수준을 비교하기 위한 지수
※ 가구원수별 균등화 지수는 소비항목별로 기준 가계(2인 가구)의 소비지출액을 10으로 했을 때 해당 가구의 소비지출액을 표시함.

김 사원 : 5인 가구는 2인 가구보다 총 소비지출액이 2배 이상이다.
이 사원 : 4인 가구는 2인 가구에 비해 식료품비 증가율이 의류비 증가율보다 크다.
박 사원 : 증가에 따른 소비지출액 증가율이 가장 작은 소비항목은 의류비이다.
양 대리 : 수 증가에 따른 소비지출액 증가율이 가장 큰 소비항목은 교육비이다.
최 대리 : 6인 가구의 식료품비의 지출액은 경우 3인 가구 식료품비 지출액의 2배이다.

05 다음 기사문의 제목을 조건에 따라 쓰시오. [20점]

> **조건**
> 1 : '~ 다른 이유'로 끝맺을 것.
> 2 : 본문 일부를 인용하여 6어절 이내로 쓸 것.

일반적으로 각 방송사의 메인 뉴스는 두 명의 아나운서가 진행한다. '메인 뉴스'라 함은 저녁 8시 뉴스나 9시 뉴스를 가리키는데, 지상파 3사는 모두 남녀 아나운서 한 쌍이 번갈아 가며 뉴스를 전한다. 반면에 여타 정규 방송 사이사이에 전하는 짧은 뉴스의 경우에는 남자든 여자든 한 명의 아나운서가 단독으로 진행한다. 임시로 편성되는 뉴스 속보도 마찬가지로 한 명이 진행한다.

한편 저녁 시간대에 편성되어 주로 가벼우면서 흥미 위주의 소식을 전하는 교양 정보 뉴스에는 세 명의 아나운서가 자리한다. K○○의 〈실용 정보통〉이나 S◇◇의 〈생방송 오늘〉이 대표적이다. 이런 프로그램을 진행하는 아나운서들의 모습을 보면, 정보를 전하는 순서나 역할을 명확히 구분하지 않고 서로 말을 섞어 가며 진행한다.

이처럼 뉴스마다 아나운서의 수가 다른 까닭은 뉴스의 성격에 따라 필요로 하는 아나운서의 수가 다르기 때문이다. 방송국 사정에 따라 뉴스 진행자가 바뀌기는 해도, 정해진 아나운서의 자릿수는 변하지 않는다. 그 자릿수는 불문율처럼 이미 정해져 있다.

짧은 뉴스의 경우, 최소한의 정보를 간략하고 신속하게 전달해야 하므로 아나운서 한 명이 진행한다. 이와 달리 메인 뉴스는 방송 시간도 길고, 전해야 할 내용이 많으므로 두 명의 아나운서가 진행한다. 저녁 시간대에 방송되는 교양 정보 뉴스는 일반 뉴스와 달리 흥미와 생활 정보 중심의 내용을 주로 전달하므로 일단 쉽고 재미있어야 한다. 그래서 세 명의 아나운서가 편안하게 수다를 떨 듯 대화를 주고받으며 다양한 정보를 시청자에게 자연스럽게 전달한다. 이 경우엔 여러 명의 아나운서가 진행함으로써 활기찬 저녁 시간대의 분위기를 돋우는 역할도 한다.

06 다음 〈자료 1〉에 준하여 〈자료 2〉의 기획서를 수정하여 '1. 목표'와 '2. 추진 배경'를 쓰시오. [50점]

> **조건**
> 1. 〈자료 1〉의 기술 형식에 따라 〈자료 2〉의 내용을 바탕으로 '1. 목표'와 '2. 추진 배경' 항목을 쓴 후 개조식 문장으로 쓸 것.
> 2. 〈자료 2〉 내용 외에 별도의 내용을 쓰지 말 것.

〈자료 1〉

신간 도서 기획서

제목 : 콜라와 체리가 만나서 무슨 일이 벌어졌을까

1. 목표
 세계 최고 기업을 다룬 어린이 경제교육 학습도서 출간 기획
2. 추진 배경
 어린이용 일반학습 도서류 시장은 성장하고 있지만 경제교육 서적의 빈약함

– 이하 생략 –

〈자료 2〉

신간 음반 기획서

제목 : 이별의 노랫말을 담은 발라드곡을 만들자.

 현재 가요계는 댄스나 록, 힙합이 아닌 발라드형 이별 노래가 유행하고 있다. 이 발라드는 대부분 솔로 가수보다는 그룹이나 듀엣으로 구성된 가수가 부르고 가사는 진행형의 사랑보다는 이별의 아픔을 주로 다루고 있다. 따라서 향후 우리 기획사 역시 그룹 또는 듀엣 팀을 결성해 느린 박자의 발라드곡으로 청중들의 가슴에 스며드는 이별을 표현한 가사를 담은 노래를 불러야 할 것으로 판단한다. 그러나 그냥 이별의 노랫말로 된 발라드곡을 만드는 것은 화제성을 가질 수 없으므로 일반인 가사 공모를 통해 이별의 노랫말을 담은 발라드곡의 음반을 제작하고자 한다.

07 다음 자료를 읽고 〈자료 2〉의 평가를 반영하여 보고서를 고쳐 쓰시오. [50점]

조건
1. 〈자료 2〉의 평가내용에 의거하여 삭제하거나 고쳐쓰고, 〈자료 1〉의 내용을 바탕으로 간결하게 쓸 것.
2. 주어진 보고서에서 밑줄 친 부분 외에는 그대로 쓸 것.
3. 논거는 〈자료 1〉의 '올해의 매출액 상승이 전망되는 이유'를 맨 뒤에 다른 1문장으로 쓸 것.

〈자료 1〉 보고서 작성을 위한 참고 자료

매출액	연도 매출액(억 원)	전년대비 상승비율(%)	금년 매출 상승 기대 비율(%)
2014년	23	22	30

내년 매출액 상승이 전망되는 이유
• 현재 판매되고 있는 제품의 특허등록으로 시장 점유 전망이 밝음.

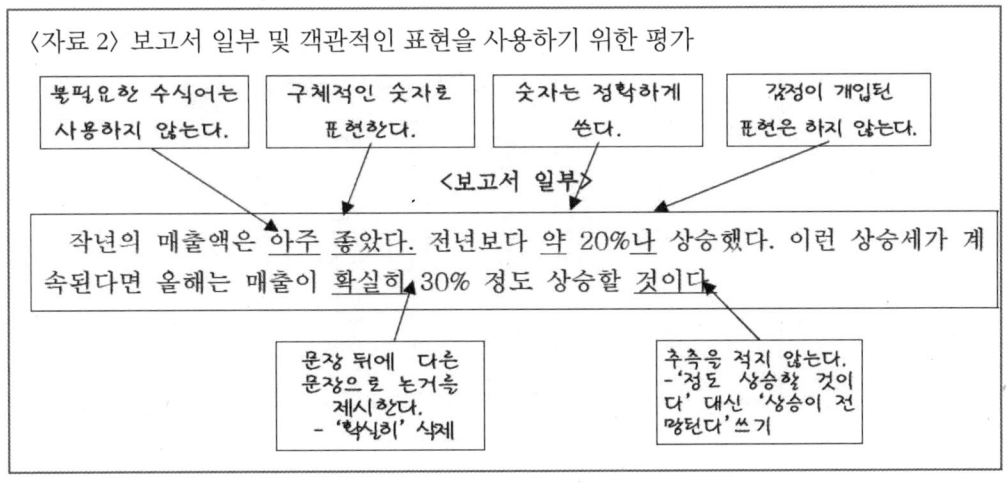

08 ○○은행 여신 관리팀 이 대리는 2008년부터 2014년도까지 가계대출 증가 추이를 정리하고 있다. 이 대리는 명목 GDP 증가율과 가계대출 추이 그래프의 특징을 파악하고 〈자료 1〉과 같이 글쓰기 계획을 세웠다. 다음 〈자료 2〉을 보고 〈자료 1〉의 글쓰기 계획에 따라 내용을 서술하시오. [100점]

〈자료 1〉
- 보고서는 도입 부분과 내용 부분으로 크게 나누어 써야겠다.
- 도입 부분에서는 핵심을 먼저 보고하기 위해 2012년도 자료는 빼고, 2010년과 2014년도의 명목 GDP, 가계부채 잔액의 차이를 계산해서 기술하자.
- 내용 부분은 2010년, 2012년, 2014년도 3년의 자료를 서술해서 보여 줌으로써 이해를 도와야지, 그래 그림 내용을 쉽게 알아볼 수 있게 각각의 연도 자료는 명목 GDP 증가율, 가계부채 증가율, 가계부채 잔액 순으로 서술해야겠다.
- 그리고 간결한 보고서 작성을 위해 이 모든 내용을 250자 이내로 작성해야지.

〈자료 2〉

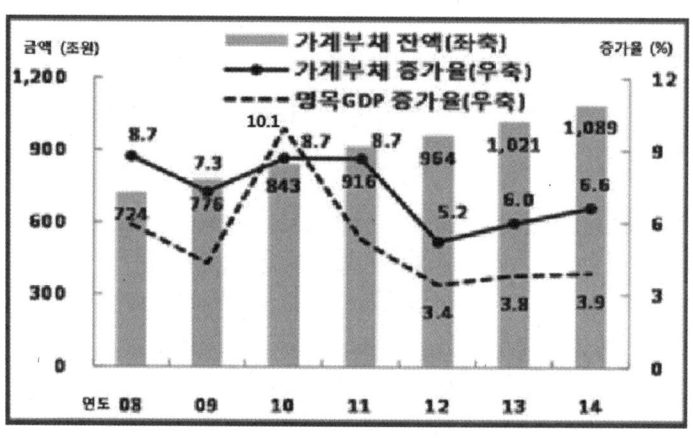

명목 GDP 증가율과 가계대출 추이

(자료 : 2015년 한국은행)

09 '신제품 개발 기획서'의 ㉠~㉢에 들어갈 내용을 〈보기〉에서 모두 골라 조건에 맞게 서술하시오. [100점]

> **조건**
> 1 : ㉠, ㉡, ㉢ 기호를 쓴 후 답안을 작성할 것.
> 2 : 〈보기〉의 각 항목의 내용을 모두 포함하여 총 4문장으로 작성할 것.
> 3 : 답란을 벗어나게 작성하지 말 것. (답란 밖 내용은 채점 불가함.)

신제품 개발 기획서

작성일자 : 2015년 9월 10일
작 성 자 : 제품개발부 대리 강원용

기획 명칭	가정용 인터넷 공유기(모델명 : 해피넷 HS50)
기획 의도	최근 가정 내 인터넷 이용이 증가하면서 가구당 개인용 컴퓨터(PC) 보유 수도 2~3대로 증가하는 추세입니다. 인터넷을 사용할 수 있는 전용선은 통신비용을 부담해야 하기 때문에 가구당 1회선을 이용하는 것이 일반적입니다. 그래서 하나의 전용선으로 여러 대의 PC에서 인터넷을 사용할 수 있게 하는 가정용 인터넷 공유기의 수요가 증가하고 있습니다. 이러한 점에 착안하여 (㉠)
제품 개요	디자인 변경보다 성능 개선에 주안점을 두었습니다. 기존의 공유기가 채택하고 있는 유선 방식에 무선 기능을 탑재하여 유선 네트워크 연결이 어려운 가정에서도 손쉽게 공유기를 설치할 수 있도록 합니다. 당사에서 최초로 개발한 차세대 A1 칩을 적용하면 가정용 무선 공유기 가운데 최초로 평균 100Mbps 이상의 전송 속도를 낼 수 있습니다. (㉡)
제품 구조	별지 도면 참조
개발 비용	별지 비용 명세서 참조
시장성	첨부한 '인터넷 사용 인구 및 가정용 PC 보유 대수' 연도별 증가표에 나타난 바와 같이 가정용 인터넷 공유기의 수요는 계속 증가할 것입니다.
문제점	사무용 공유기에 A1 칩을 적용하여 실험한 결과 무선 방식의 경우, 공유기의 평균 전송 속도가 건축물에 따라 불규칙한 문제점이 있어 이의 개선이 필요합니다. (㉢)
개발 기간 및 출시 시기	개발 기간은 1개월 정도가 될 것이며 출시 시기는 올해 하반기가 적당합니다.

> **보기**
> - 저가형 가정용 인터넷 공유기 개발을 기획
> - 티타늄 소재의 덮개 단가가 다소 높아서 납품업체와 단가 조정이 필요
> - 그동안 일반적으로 적용되었던 탁상형 디자인을 탑상형으로, 덮개의 소재를 티타늄으로 바꿈
> - 이미 통신사에서도 가정 내 공유기 사용을 허용하고 있기 때문에 가정용 인터넷 공유기의 수요가 급증할 것

10 ○○공사 사원 유재석 씨는 '3년 연속 세수 부족' 사태에 관한 보고서를 작성하기 위해 〈자료 1〉과 같이 계획을 세웠다.

다음 〈자료 1〉의 계획에 따라 〈자료 2〉와 〈자료 3〉을 활용하여 조건에 맞게 850자 이내의 보고서를 작성하시오. [200점]

조건
1. 보고서의 제목 및 글쓴이의 성명 등은 기재하지 마시오.
2. 연도별, 세수 실적, 세목별 액수 등을 구체적으로 서술하시오.

〈자료 1〉
- 첫 번째 문단은 〈자료 2〉의 1과 〈자료 3〉의 '예산대비 세수 실적'을 활용하여 2012년부터 예산액 증가 대비 국세수입액의 감소 추이와 세수 부족액을 300자 이내로 서술해야겠다.
- 두 번째 문단은 〈자료 3〉의 '주요 세목별 세수 부족 현황'을 활용하여, 세수가 부족한 세목을 300자 이내로 서술해야겠다.
- 세 번째 문단은 〈자료 2〉의 2를 활용하여 '세수 부족 결과'를 250자 이내로 서술해야겠다.

〈자료 2〉
1. 2014년 회계연도 세입·세출 실적   (기획재정부. 2015. 3. 20 발표)

구분	2011년	2012년	2013년	2014년
예산액	187조6천억 원	205조8천억 원	210조4천억 원	216조5천억 원
국세수입액	192조4천억 원	203조 원	201조9천억 원	205조6천억 원

2. 세수 부족 결과

불용액 증가 ⇨ 정부사업 미집행 ⇨ 경기 침체 ⇨ 경기 침체에 따른 세수 부족
⇩
'성장과 증세' 對 '복지확대' 논란 ⇦ 재정 지출 감소 – 경기 부양(×)

*불용액 : 이미 편성한 예산이나 기금을 집행하지 않은 금액

〈자료 3〉

예산대비 세수 실적 (자료: 기획재정부, 단위: 원, ※세수는 국세 수입)

연도	2009	2010	2011	2012	2013	2014년
금액	5천억	7조 3천억	4조 7천억	-2조 8천억	-8조 5천억	-10조 9천억

(2012~2014년: 세수부족)

주요 세목별 세수 부족 현황

(자료 : 기획재정부. 2015)

세목	국세수입 예상액	실제 국세수입액	세수부족액
법인세	46조 원	42조7천억 원	3조3천억 원
소득세	54조2천억 원	53조1천억 원	1조1천억 원
부가가치세	60조8천억 원	59조4천억 원	1조4천억 원
관세	10조6천억 원	8조7천억 원	1조9천억 원

※ 세목별 세수 부족 원인
- 법인세 → 기업경영 실적 악화
- 소득세 → 경기침체에 따른 종합소득세 및 이자소득의 감소
- 부가가치세 → 민간소비침체와 저물가
- 관세 → 원화 강세에 따른 원-달러 환율 하락

제 4 회 실용글쓰기 검정 기출문제

01 다음 문장을 조건에 따라 올바르게 고쳐 쓰시오. [20점]

조건
1. 두 문장의 공통된 오류를 찾아 수정할 것.
2. 수정한 부분만 나열하거나, 불필요한 수정을 하면 감점 있음.

보기
　그 사원에 대한 평가는 다시 재론할 필요가 있습니다. 그의 장점은 회의 흐름을 잘 읽고, 다른 팀원들에게 참신한 아이디어를 준다는 것이 큰 장점입니다.

02 다음은 연수회 계획을 구두 보고하기 위한 글과 평가이다. 〈평가〉를 반영하여 밑줄 친 부분을 고쳐 쓰시오. [20점]

조건
1. 밑줄 친 부분의 각 기호를 쓰고, 고쳐 쓴 내용만 쓸 것.
2. 불필요한 내용 없이 간결하게 쓸 것.

〈구두 보고를 위한 글의 일부〉

　경제 불황 가운데 있는 오늘, 기업을 둘러싼 경영환경은 아주 ㉠<u>심각해졌으며</u> 우리 회사에서도 기존의 틀을 뛰어 넘는 새로운 비즈니스 기회를 만들어 낼 인재가 ㉡<u>필요하기 때문에</u> 이번에 신입 관리사원을 대상으로 하는 연수회를 계획하고자 합니다.

〈보고서에 대한 평가〉
※ 읽기 불편하므로 밑줄 친 부분을 문장을 끊어 마치고 다음 사항을 반영할 것.
㉠은 '이러한 불황 속에서'라는 말을 덧붙여서 연결한다.
㉡은 뒤에 적절한 접속어(3글자)로 연결한다.

03 다음은 기사문을 읽고 나눈 대화이다. 대화의 흐름 상 빈칸에 들어갈 말을 쓰시오. [20점]

> **조건**
> 1. 기사문을 바탕으로 3어절 이내 1문장으로 쓸 것.
> 2. 기사문의 핵심단어 2가지가 들어가도록 쓸 것.

프랑스 리옹에 본부를 둔 WHO 산하 국제암연구소(IARC)는 이날 10개국 22명의 전문가가 참가해 육류 섭취와 암의 상관관계에 대한 800여 건의 연구조사를 검토한 결과 소시지나 햄 등 일정한 공정을 거친 육류나 붉은 고기를 섭취하는 것이 직장암이나 대장암을 유발할 가능성이 있다는 보고서를 발표했다며 햄이 발암물질이라고 밝혔다.

WHO 소시지 햄 보고서에 따르면 전문가들은 기존 연구들에서 가공육의 섭취가 직장암을 유발한다는 충분한 증거가 제시됨에 따라 가공육을 1군 발암물질로 분류하면서 매일 50g의 가공육을 먹으면 직장암에 걸릴 위험이 18%로 높아진다고 지적했다.

가공육은 소금에 절이거나 발효·훈제하는 등 조리에 따라 여러 종류가 있으며 대표적으로 핫도그, 소시지, 쇠고기 통조림, 말린 고기 등이 있다. 이들 가공육을 섭취하면 직장암을 유발한다는 충분한 증거가 있지만, 위암을 유발하는지에 대한 증거는 충분하지 않다고 이 보고서는 설명했다.

WHO 소시지 햄 보고서의 책임자인 IARC 쿠르트 스트라이프 박사는 "가공육을 적게 섭취하면 직장암이 발생할 위험이 통계적으로 그리 높지 않다. 하지만 많은 사람이 가공육을 섭취하고 있어 공중 보건 차원에서 암의 충격에 대비하는 것이 중요하다."고 조언했다.

김○○ : 가공육과 붉은 고기는 섭취하지 말아야겠어.
이○○ : 하지만 붉은 고기는 영양학적으로 매우 중요한 단백질과 영양소 공급원이고 가공육 역시 야외생활에서 널리 쓰이는 식량 공급원인데.
김○○ : 하지만 (㉠)
이○○ : 맞아. 연구에서 그것뿐만 아니라 붉은 고기의 섭취가 암을 유발할 가능성이 있다고 했으니까 주의하고 적당량을 섭취해야 할 것 같아.

04 (가)와 (나)를 참고하여 ㉠과 ㉡에 들어갈 말을 조건에 따라 서술하시오. [20점]

> **조건**
> 1. ㉠과 ㉡에 들어갈 말을 쓸 때는 반드시 기호와 함께 쓸 것.
> 2. ㉠은 반드시 (나)에 쓰인 단어를 활용하여 1어절의 한 단어로 쓸 것
> 3. ㉡은 (가)를 참고하여 3어절로 쓸 것.

(가) 칩 생산자들은 청각적으로 만족스러운 결과를 위해 다각도의 전략을 구사했다. 첫 번째 장치는 그중에서도 가장 근사한 아이디어다. 감자 칩은 한입에 넣기에는 지나치게 (㉠). 단순하지만 실로 대단한 발상이다. 칩을 입에 넣기 위해서는 앞니를 사용해 작은 조각으로 베어내야 하는 것이다. 통째로 욱여넣으면 우스꽝스러울 정도로 커다랗게 입을 벌려야 한다. 그야말로 천재적인 작품이라 할만하지 않은가? 입안에서 씹히는 음식의 고주파 소음을 듣기 위해서는 씹는 사람의 입이 벌어져 있어야 한다. 그래야 음파가 아무 방해도 받지 않고 입 밖으로 나와 얼굴을 지나 귀로 들어갈 수 있다.

(나)

칩 생산자의 문제 제기	칩을 만들 때 (㉡) 얻을 방법은 무엇일까?
해결방안을 찾은 방법	씹는 사람의 입이 벌어져 있어야 음파가 방해를 받지 않고 입 밖으로 나와 귀로 들어갈 수 있다.
제품개발전략	입을 크게 벌려 먹게 한다. 한입에 넣기에는 지나치게 크게 만든다.

05 다음 선언문의 요지를 조건에 따라 쓰시오. [20점]

> **보기**
> 1. '~를 위하여 ~을 확산하자.'의 문장 형식으로 쓸 것.
> 2. 본문 일부를 인용하여 7어절 이내로 쓸 것.

문명의 이름으로 기계의 발명이 이루어진 후 우리는 기계를 생활의 모델로 삼기 시작했다. 편리함을 내세운 기계가 가져온 즉석식을 먹으며 우리는 속도의 노예가 되었고 우리의 습관은 망가져 갔다. 우리를 몰고 가는 어리석고도 빠른 생활을 거스르는 유일한 방법은 효율성에 대한 흥분을 가라앉히는 것이다.

즉석식에 대항하는 우리의 방어는 여유식 식탁에서 시작되어야 한다. 우리는 지역 요리의 다양한 맛과 향을 다시 발견하고, 저급한 즉석식을 추방해야 한다. 생산성 향상의 이름으로, 빠른 생활이 우리를 위협하고 있다. 그러므로 지금 유일하면서도 진정한 해답은 여유식이다.

진정한 문화는 미각을 낮추기보다는 미각을 발전시켜야 한다. 이렇게 하는 데는 경험, 지식, 프로젝트의 국제적인 교류가 가장 좋은 방법이다. 여유식은 더 나은 미래를 보장한다. 그것이 우리가 여유식의 상징인 작은 달팽이와 함께 이 운동을 세계로 확산하는데 도울 능력을 갖춘 다수의 지지자를 필요로 하는 이유이다.

06 다음 〈자료 1〉을 바탕으로 〈자료 2〉의 안내문을 완성하시오. [50점]

조건
1. 안내문에 〈자료 1〉의 내용 외에 다른 것을 쓰지 말 것.
2. 간결하게 안내문을 쓰되 〈자료 2〉의 제목을 제외하고 ㉠~㉥의 내용만 모두 쓸 것.

〈자료 1〉 사례

다음 달 4월 12일(목) 오후 5시 반부터 7시까지 제3회의실에서 홍길동님(비즈니스 스쿨 강사)의 「비즈니스 문서작성 방법에 관한 강좌」를 개최한다. 참가비용은 무료이다. 수강희망자는 이번 달 20일까지 접수처인 총무부의 이순신(내선 234)에게 신청해 주십시오.

〈자료 2〉 안내문

세미나 개최 알림

일 시 : 4월 12일(목) 17:30~19:00
장　　소 : (　　㉠　　)
강　　사 : (　　㉡　　)
내　　용 : (　　㉢　　)
비　　용 : (　　㉣　　)
신청기한 : (　　㉤　　)
(　㉥　) : 총무부, 이순신(내선 234)

07
○○전자 고객서비스팀에서는 인터넷 전화기 설치 설명서를 작성 중이다. 다음 그림을 보고 〈조건〉에 맞게 서술하시오. [50점]

조건
1. 인터넷 전화기 설치 과정(연결 과정 ①~⑤)을 쓰시오.
2. 각 단계별로 번호를 쓰고, 각각 35자 이내의 개조식 문장으로 쓰시오.

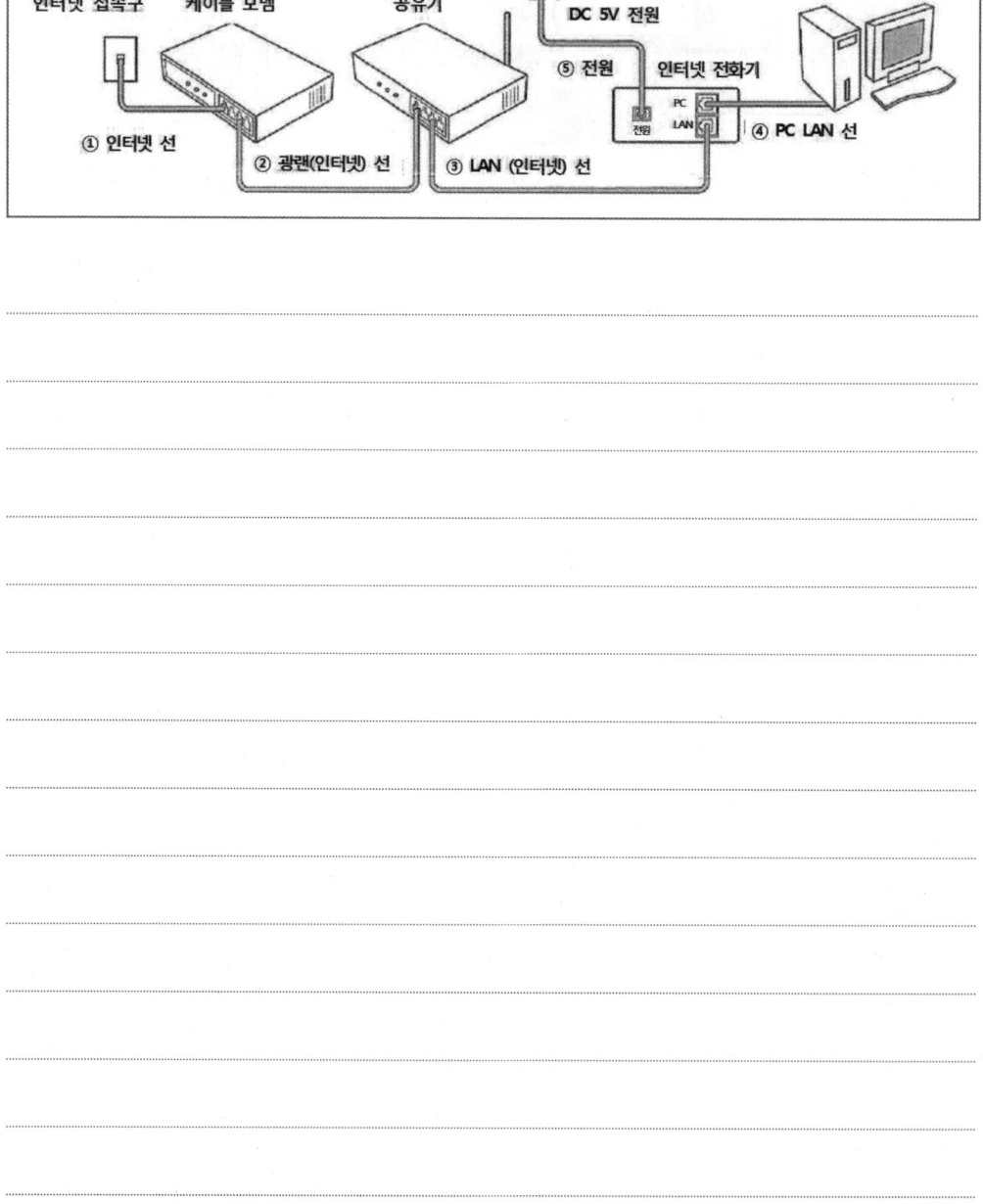

08 (나)를 참고하여 (가)의 민준이 쓰고 있는 모자의 색을 추론하는 과정을 조건에 따라 서술하시오. [100점]

> **조건**
> 1. (나)의 '추론과정'으로 제시된 내용 중 3~7번을 모두 활용할 것.
> 2. (나)의 '추론과정' 중 괄호 안의 단어도 반드시 유추하여 답안에 포함하여 쓸 것.
> 3. 답안으로 제시된 세 문장은 옮겨 쓰지 말고 네 번째 문장부터 이어서 답안지에 서술할 것.

(가) 보지 않고도 알 수 있을까?

　평소 논리를 활용한 문제에 관심이 많은 선생님이 민준, 영준, 호준의 3명의 학생에게 모자의 색을 맞춰보라는 퀴즈를 제시하였다. 학생 3명은 민준, 영준, 호준의 순으로 일렬로 서 있고, 각 학생은 자신의 앞쪽에 있는 학생의 머리만 볼 수 있고, 자신이나 뒤쪽 학생의 머리는 볼 수 없다고 한다. 선생님이 준비한 흰색 모자 3개와 검은색 모자 2개를 학생들에게 보여준 다음 학생들의 눈을 감도록 지시했다. 준비된 5개의 모자 중에서 임의로 선택하여 3명의 학생에게 각각 모자 1개씩을 씌어준 다음 2개의 모자는 학생들이 볼 수 없는 곳에 감추어 두고 학생들의 눈을 뜨게 하였다. 가장 뒤에 서 있는 호준부터 자신의 머리 위에 있는 모자의 색을 추론해보라는 질문에 호준과 영준은 다음과 같이 대답하였다.

　호준 : 제 머리 위에 있는 모자의 색을 확실하게 알 수는 없습니다.
　영준 : 제 머리 위에 있는 모자의 색을 확실하게 알 수는 없습니다.
　모자를 전혀 볼 수 없는 민준은 자기보다 뒤쪽에 서 있는 호준과 영준의 대답을 듣고 자신이 쓰고 있는 모자의 색을 알 수 있었다. 민준이 쓰고 있는 모자의 색은 무엇일까?

	판단근거	모자의 종류와 개수, 호준과 영준의 대답
(나)	추론과정	1. 세 사람이 흰색 모자 3개와 검은색 모자 2개, 총 5개의 모자 중 하나를 쓰고 일렬로 서 있음. 2. 앞의 두 명의 모자 색을 본 호준이가 자신이 쓴 모자의 색을 확실하게 알 수 없다고 함. 3. 민준과 영준이 모두 (　)색 모자를 쓰고 있는 것은 아니라는 것을 알 수 있음. 만약 그렇다면 호준은 자신이 (　)색 모자를 쓰고 있다는 것을 알 수 있음. 4. 앞의 두 명의 모자의 색으로 가능한 경우의 수가 3개 나옴. 　(흰, 흰), (　, 　), (　, 　). 5. 민준이의 모자를 본 영준이도 자신이 쓴 모자의 색을 확실하게 알 수 없다고 함. 6. 민준이가 쓴 모자의 색 추론 가능. 7. 민준이가 (　)색 모자를 쓰고 있다면 영준은 자신이 흰색 모자를 썼음을 알 수 있음.

제4회 검정 기출문제　253

➪민준이가 쓰고 있는 모자의 색은 흰색이다. 이렇게 판단할 수 있는 근거는 모자의 종류와 개수, 호준이와 영준이의 대답이다. 세 사람이 흰색 모자 3개, 검은색 모자 2개, 총 5개의 모자 중 하나를 쓰고 일렬로 서 있는데 가장 뒤에 서 있는 호준이 앞의 두 명의 모자 색을 본 후 자신이 쓰고 있는 모자의 색을 확실하게 알 수 없다고 대답했다.

➪

09 (주)○○제약에 총무과 송은미 씨는 직원 직무교육에 사용할 직업윤리의 의의에 관한 프레젠테이션을 작성하기 위해 내용을 요약 중이다. 다음 글을 읽고 〈조건〉에 맞게 글을 쓰시오. [100점]

> **조건**
> 1. 글의 내용을 직업윤리의 의의, 유기체적 직업윤리, 금욕적 직업윤리 등 3부분으로 나누어 요약하시오.
> 2. 요약문은 400자 이내로 작성하시오.

　직업윤리는 실천윤리학의 한 유형으로 일반윤리에 기초한 하위의 가치체계로 일반윤리의 원칙에 기초하여 직업의 특수성을 찾아야 할 당위성을 지닌다. 즉, 직업윤리는 직업과 관련한 인간의 사회적 역할 수행의 과정에서 지켜야 할 내·외적 행위규범이다. 이러한 직업윤리는 직업일반의 윤리와 직업별 윤리로 구분할 수 있다. 직업일반의 윤리는 모든 직업에서 공통적으로 요구되는 것으로, 기능적 차원에서 일에 대한 존중을 바탕으로 하는 근면, 성실, 봉사, 책임, 협동 등의 공동체 윤리가 있다. 직업별 윤리는 직업일반의 윤리 기초위에 각 직업의 특성을 고려한 전문 직능윤리를 부가한 것으로, 예를 들면 근로자의 윤리, 의사의 윤리, 교직의 윤리 등이 있다.

　직업윤리는 직업관에 따라 유기체적 직업윤리와 금욕적 직업윤리가 있다. 유기체적 직업윤리는 전통사회에서 널리 공유되는 직업윤리로, 개인보다는 사회의 유기체적 질서체계를 강조하고 전체에 대한 부분의 가치의식을 선으로 삼는다. 이러한 윤리에서는 개인의 개성이나 능력의 자발적인 발휘가 기대되지 않으며, 직무에 대한 권태나 의욕상실과 같은 각종 병리 현상이 만연하게 된다. 금욕적 직업윤리는 일정한 직업을 천직으로 알고 개인의 향락이나 명예를 배제하면서 엄격한 규율과 조직 밑에서 주어진 직책에 헌신적으로 충실히 하는 것을 의미한다. 베버는 근대 프로테스탄트들의 경제적 성공이 금욕적 윤리를 통해 자기 직업에 충실함으로써 일어날 수 있었다고 주장했다. 금욕적 직업윤리는 일에 대한 헌신이 자발적이라는 점, 사회와 개인 간의 관계를 전체와 개체라는 고정된 관점으로 파악하지 않고 개인의 직업선택 자유를 존중하여서 일 자체를 통한 자아실현을 가능하게 한다는 점에서 유기체적 윤리와는 차이를 보인다.

10 다음 자료를 활용하여 '1인 가구의 증가에 따른 문제'를 주제로 조건에 따라 글을 쓰시오. [200점]

> **조건**
> 1. 700(±50)자로 쓸 것.
> 2. 네 개의 문단으로 쓸 것.
> 3. 글을 쓰기 위해 메모한 〈글쓰기 계획〉를 참고하여 각 항목을 모두 글에 반영할 것.

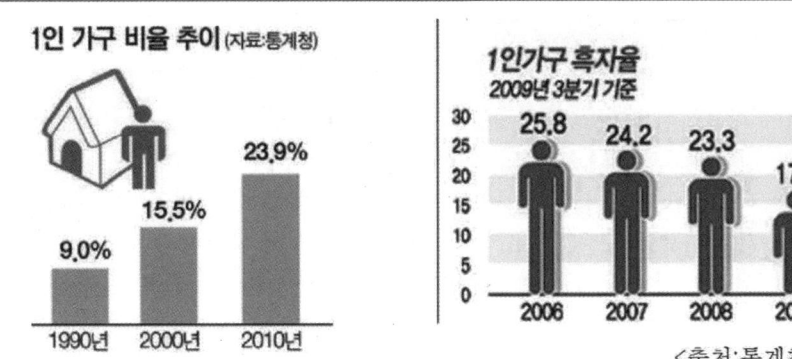

〈자료 1〉
* 1인 가구 비율 추이 : 1990년~2010년 14.9%포인트가 오름.
* 1인 가구 흑자율 : 2006년~2009년 8.2% 포인트가 떨어짐.

〈자료 2〉
　65세 이상 1인 가구가 빠르게 증가하고 있는데 이러한 현상은 인구의 고령화와 함께 만혼 및 황혼 이혼 증가 때문이다. 1인 가구는 주거비 등 필수 소비지출 비중이 높아 소득여건 악화에 맞춰 소비를 줄이기 어려워 가계경제가 지속하여 악화하고 있다. 특히 우리 사회의 홀몸노인 중 상당수가 각종 노인성 질환으로 고통받고 있다. 하지만 이들은 복지 사각지대에 놓여 있어서 의료 혜택을 거의 받지 못하는 경우가 많다.　　　　　　　　　－ 실용신문

〈자료 3〉
* 저임금, 임시직으로 장시간 노동을 해야 하는 일자리 외에는 일자리 구하기가 힘들어 청년실업자가 증가하고 취업문제가 해결 안 되니 결혼과 출산, 가족 구성은 엄두도 못 내는 게 현실
* 저출산 현상이 계속되고 이혼, 기러기 가족 등이 늘어나는 것은 결국 고용불안, 고물가, 경쟁이 심화되는 교육환경 등이 종합적으로 작용한 결과
* 1인 가구는 예전부터 문제가 되어온 사회현상이 정책적으로 해결 되지 않아 복합적으로 발생

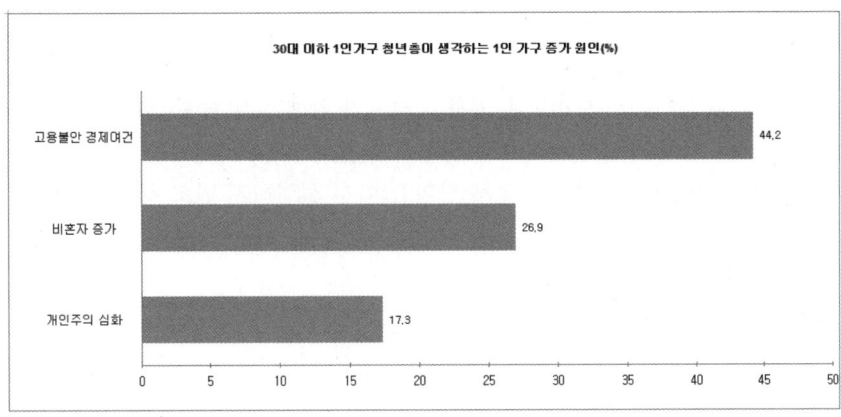

<출처 : 국민권익위원회 보고서>

* 비혼자 : 혼인 상태에 있지 않은 사람을 통틀어 일컫는 말로서 결혼을 필수 사항으로 전제하고 있는 미혼자

〈자료 4〉
* 국내총생산(GDP) – 한 나라의 경제적 성과를 측정하는 대표적 양적 지표. 국민행복은 GDP 순이 아닐뿐더러 GDP 증가가 오히려 국민 행복을 떨어뜨린다는 역설을 품고 있음.
* 한국의 경제정책– '경제민주화'를 약속했으나 비정규직 양산과 월급 삭감을 경제 일으키기 방안으로 내세우며 여전히 경제성장률과 국민소득 증가 등 양적 성장지표를 내세우고 있음. 소득 불평등과 복지의 사각지대는 해소되지 않음.
* 미국의 경제정책 – 성장률이 최고의 목표가 아님. 지난해 신년연설에서 미 대통령이 가장 강조한 국정 목표는 '소득 불평등 완화. 최저 임금 인상과 저소득층 교육 지원 약속. 올해 신년연설에서는 "부자에게 세금을 더 걷어 중산층을 지원하겠다."며 '부자증세'를 천명함.
<출처 : 경제연구소 분석 자료>

〈 글쓰기 계획 〉

• 첫 번째 문단
  – 〈자료 1〉의 표 2개를 모두 인용하되 구체적인 수치를 밝혀 작성함.
  – '~에 의하면 ~가 오른 데 비해 ~나 떨어졌다.'로 씀.

• 두 번째 문단
  – 첫 번째 문장은 1인 가구 증가에 따른 문제점을 〈자료 1〉을 토대로 씀.
  – 65세 이상 1인 가구의 문제점을 〈자료 2〉를 토대로 중요한 내용만 간추려 간결하게 씀.

• 세 번째 문단
  – 〈자료 3〉을 토대로 30대 이하 청년층이 생각하는 1인 가구 증가 원인과 해결해야 할 사회 현상 3가지를 씀.
  – 표를 인용할 때는 구체적인 수치를 밝혀 씀.

- 네 번째 문단
  - 〈자료 4〉에 나오는 용어를 활용하여 씀.
  - 세 번째 문단에서 드러난 문제를 해결하기 위해 정부 차원에서 해야 할 노력을 용어 중심으로 찾아 자신의 문장으로 간결하게 씀.
  - 글을 끝맺는 문단이므로 문제 상황을 다시 설명하지 말고 해결방안 중심으로 간결하게 씀.
  - 150자 내외로 간략하게 씀.

* 주의사항
  ① 숫자는 한 칸에 두 자씩 쓸 것.
  ② 문단 나누기는 시작할 때 한 칸 들여쓰기로만 할 것
     (줄을 띄거나 두 칸 이상 띄지 않음).
  ③ 불필요한 교정부호를 써서 어지럽게 만들지 않도록 할 것.
  ④ 자료를 인용할 때는 출처를 밝혀 쓸 것.

PART 05

실용글쓰기
〈검정 기출문제 정답 및 해설〉

01 객관식 영역
02 주관식 영역

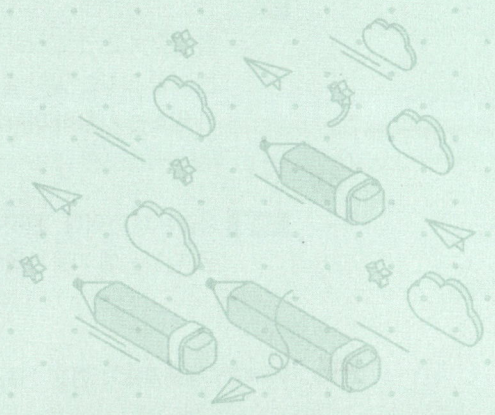

01 객관식 영역

제1회 검정 기출문제

01	02	03	04	05	06	07	08	09	10
④	③	①	③	①	③	②	①	③	③
11	12	13	14	15	16	17	18	19	20
⑤	④	②	①	④	②	⑤	④	⑤	④
21	22	23	24	25	26	27	28	29	30
③	④	②	⑤	③	③	⑤	①	⑤	④
31	32	33	34	35	36	37	38	39	40
③	①	④	⑤	⑤	④	④	④	②	④
41	42	43	44	45	46	47	48	49	50
①	④	⑤	⑤	②	②	②	④	⑤	②

01 ④

해설 정답은 ④번이다. 분석값은 연봉탐색기에서 사용하는 값이지 입력하는 값이 아니다.

02 ③

해설 정답은 ③번이다. 글에 대해 긍정적이거나 부정적인 반응 모두 가능하다. 하지만 ③번은 발표 내용의 '연봉탐색기의 분석값과 연봉 순위에 사용된 데이터는 올해 국정감사에서 나온 연말정산을 한 근로자 1,668만명에 대한 290구간 자료이다.'을 제대로 인지하지 못한 반응이다.

03 ①

해설 정답은 ①번이다. 글을 보면 '금리를 인하하면 시중에 돈이 많이 풀리면서 기대 인플레이션을 자극해 물가가 오를 수 있다.'고 나와 있으므로, 이 글을 쓰기 위해 '① 금리를 인하하면 물가가 내려간다.'는 정보를 수집하지는 않았을 것이다.

04 ③

해설 도표를 삽입할 때 주의할 점 중 틀린 것은 ③이다. 설명문은 도표의 아래에 배치해야 하며 이 외에 인용했을 경우에는 반드시 출처를 적도록 한다.

05 ①

해설 정답은 ①번이다. ㉠에는 내용 전환을 이끄는 말이 필요하므로, '그런데' ㉡ 다음에는 '이중피동'을 설명하고 있으므로, '이중피동', ㉢은 앞의 '아직은 능동 표현이 자연스럽다는 문장'을 설명하는 예를 이끄는 말이 필요하므로 '예를 들어', ㉣은 미용실에서 머리를 깎아 준 사람은 미용사이지 말하는 사람이 아니므로 '피동'이 필요하다.

06 ③

해설 정답은 ③번이다. '편지에 담긴 진실'이라고 해야 한다. '담다'의 피동형은 '담기다'이다. '담겨진'은 '담기-'에 피동형을 만드는 어미 '-어지'를 써서 이중피동이 된 경우이다.

07 ②

해설 주어진 자료를 보고 자료에 제시된 핵심 역량에 따른 설명 내용을 쓰는 능력을 알아보고자 한다. 신뢰 – 자신의 역할을 다하며 서로 믿고 존중한다. / 유연 – 열린 사고와 행동으로 다양성을 추구한다. / 도전 – 높은 목표를 설정하고 과감하게 시도한다. / 선제행동 – 먼저 생각하고 앞서 실행한다. / 상호협력 – 대내외 자원과 역량을 결집한다. / 성과 창출 – 가시적인 성과를 창출한다.

08 ①

해설 정답 ①번. ㉠은 (라) 문단의 두 번째 문장으로 적절하다. ②번, ㉡은 (가) 문단의 세 번째 문장으로 적절하다. ③번, ㉢은 (마) 문단의 네 번째 문장으로 적절하다. ④번, ㉣은 (다) 문단의 세 번째 문장으로 적절하다. ⑤번, ㉤은 (나) 문단의 세 번째 문장으로 적절하다.

09 ③

해설 정답은 ③번이다. (가)는 자소서란 채용담당자를 설득하는 서류로서 자소서 안에 쓰인 내용은 그 자체로 의미가 없다고 주장한다. 그러므로 (나)에서 자소서를 '자소설'이라고 할 수 있다. 다음 문단은 '자소설'이라고 부르는 또 다른 이유를 서술하고 있는 (마) 문단이다. '자소서'에서 요구하는 가치에 따라 대학 생활을 하므로 자소서는 (라) 문단에서 말한 바와 같이, 기업이 요구하는 가치에 따라 자기 인생을 조직하는 기능을 수행한다. 결국 (다) 문단에서 자본에 구속된 인간으로 자신을 관리하게 된다.

10 ③

해설 정답은 ③이다. 개인적인 안부를 물었다는 내용이 글의 첫 문단에 있고 신입사원 최○○ 씨는 그 후 컨설팅 업무 계약 취소 통보를 받았다는 내용으로 보아 ③번의 문장이 적절하다.

11 ⑤

해설 정답은 ⑤이다. 공식적인 이메일을 발송할 경우 가벼운 인사를 제외한 사적인 이야기는 배제해야 한다. 다른 답지는 이 글만으로 확인할 수 없는 내용이다.

12 ④

해설 정답은 ④번이다. ①번은 '그가 나를 우선하는 것보다 회사 일을 우선한다.' 또는 '내가 회사 일을 우선하는 것보다 그가 더 회사 일을 우선한다.'로 해석할 수 있다. ②번은 '재고'에 '다시'라는 뜻이 들어 있다. ③번은 성실한사람이 '그'인지 '상사'인지 불분명하다. ⑤번은 '근절'이 뿌리 뽑는다는 뜻이므로 불필요하게 말을 반복한 문장이다.

13 ②

해설 정답은 ②번이다. 패럴 기자가 반발하는 이유를 설명할 수 있는 문장이 필요한 부분이다.
①번의 내용은 바꿀 필요 없는 문장이다. ③번에서 '바람'은 뒷말의 근거나 원인을 나타내는 말로 쓰였다. '덕'은 긍정적인 도움을 가리킬 때 쓰는 말로 적절하지 않다. ④번은 '그러므로'가 아니라 '그러나'가 적절하다. ⑤번의 ㉥문장은 글의 흐름상 적절하다. 굳이 빼야 할 이유 없다.

14 ①

해설 정답은 ①이다. 부상(浮上)은 '물 위에 떠오른다.'는 뜻이다. 빙산은 '바다 위를 떠다닌다.'라고 해야 적절하므로 한자어로는 '부유'가 적절하다.

15 ④

해설 정답은 ④번이다. 공문서 작성 시 일상적 용어의 중의적 해석을 방지하기 위해서 한자어를 병기하지만 의미전달을 위해서 어려운 한자어를 쓸 필요는 없다.

16 ②

해설 정답 ②번이다. 이 채용공고문은 국외 진출 기업의 국내 복귀를 돕는 업무를 수행할 사람을 구하고 있다.

17 ⑤

해설 정답은 ⑤이다. 다음 항목을 보면 '회계사 자격증 소유자 또는 해당 분야에서의 연구·조사, 전략 수립 등 업무 수행 참여 경력'이 직무 관련 경력, 경험으로 나와 있다.

18 ④

해설 정답은 ④이다. 자격사항에는 반드시 해당 직무와 관련 있는 자격만 명시해야 한다.

19 ⑤

해설 품의서는 무엇을 결재받기 위한 문서인지 제목을 통해 명확하게 전달할 수 있도록 쓰는 것이 원칙이다. 그러므로 정답은 ⑤번이다.

20 ④

해설 정답 ④번이다. 집행 관련 근거와 관련이 없는 것을 찾으면 된다. 업무용 복합기 장기대여 관련 품의서에 총무팀 업무량 증가 추이를 첨부할 필요는 없다.

21 ③

해설 해당 글의 기획서 초안이라고 제시되어 있으므로 정답은 ③번이다. ①번은 제안서, ②번과 ④번은 보고서 (②번은 업무보고서), ⑤번은 제안서 작성 요령에 대한 설명이다.

22 ④

해설 정답은 ④번이다. 본 광고 기획의 핵심은 광고 전략과 실행 기획에 있다. 따라서 광고 실행에 대한 세부사항을 본문에 쓸 필요는 없다.

23 ②

해설 정답은 ②이다. 위 광고는 저출산 고령사회에 대한 위험성을 알리는 광고이므로 광고 기획서의 제작 배경에는 이와 관련된 근거 자료가 제시되어야 한다. 그러므로 '출산율 변화 추이'가 가장 적절하다. 나머지는 저출산 고령사회에 대한 대책과 관련된 자료들이다.

24 ⑤

해설 정답은 ⑤이다. 위 광고는 저출산 고령화 국가의 모습을 보여주는 것으로 지하철에서 경로석이 일반석보다 더 많아진 모습을 보여준 것이므로 이와 관련 없는 문구를 선택하면 된다.

25 ③

해설 정답은 ③번이다. ①번은 협의 문서, ②번은 배포 문서, ④번은 시행문서, ⑤번은 접수 문서에 대한 설명으로 ①~⑤번은 모두 처리 단계에 따라 공문서를 분류한 것이다.

26 ③

해설 정답 ③번이다.
①번은 공급자와 구매자의 의무를 함께 표현해야 하므로 '납품 및 검수'로 적어야 한다. ②번은 다른 항목의 서술 방식과 일관성 있게 '품질 보증'으로 써야 한다. ④번은 '교육 및 조언의 의무'가 적절하고, ⑤번은 '권리, 의무 양도 금지'가 적절하다.

27 ⑤

해설 정답은 ⑤번이다. 준공검사요청을 한 10월 15일은 계약 기간 내이므로 (가)에 해당한다. 그리고 불합격 판정을 받은 후 보완지시를 받은 10월 25일은 계약 기간 내이므로 b에 해당한다. 따라서 계약 기간 다음날(11월 5일)부터 최종검사에 합격한 날(11월 19일)까지가 지체 기간이다.

28 ①

해설 정답은 ①번이다. 위 내용은 상위 항목을 이루기 위해 하부 4개의 항목이 동일선상에서 이루어져야 하기 때문이다.

29 ⑤

해설 정답은 ⑤번이다. 해당 글은 보도문으로 ⑤번은 광고문 작성요령에 대한 설명이다. 보도 자료를 쓰면서 감각적인 어휘를 사용할 필요는 없다.

30 ④

해설 정답은 ④번이다. ①번은 본문에 없는 내용이고, ②번은 최근 3년간의 내용이라는 말이 없어 부정확하다. ③번은 판단할 수 없는 내용이고, ⑤번의 '지역 차 심해' 등의 표현도 본문의 내용을 드러내기에 명확하지 않다.

31 ③

해설 정답은 ③번이다. 보고서의 내용으로 미루어볼 때 '비고에는 그날의 영업 실적뿐만 아니라 이후의 과제나 상사가 판단해야 하는 것을 적습니다.'라고 조언했으리라는 것을 유추할 수 있다.

32 ①

해설 경영진 및 조직 전반의 분위기가 혁신활동을 후원하고 장려하는 내용이다.

33 ④

해설 역할별로 필요한 자질과 능력에서 추가할 내용은 다음과 같다. ① 아이디어 창안 - 새로운 분야의 일을 즐김 ② 챔피언 - 아이디어의 응용에 관심 ③ 프로젝트 관리 - 업무 수행 방법에 대한 지식 ④ 정보 수문장 - 원만한 대인 관계 능력 ⑤ 후원 - 추가할 내용 없음

34 ⑤

해설 주어진 매뉴얼을 확인하면 건조한 날씨가 계속 될 때 정전기가 발생하여 적외선 감지센서가 오류를 일으킬 수 있다고 안내하고 있으며 이런 오류를 방지하기 위해 전원을 끄신 후 세단기 내부를 섬유탈취제나 섬유유연제를 이용하여 젖은 걸레로 닦아주시면 좋다라고 안내하고 있다.

35 ⑤

해설 1~4항에 대한 구체적인 설명 내용을 정리하면 다음과 같다. 1. 전기조심: 물이 묻은 손으로 전원 플러그를 만지지 마세요. 감전 및 고장의 우려가 있습니다. 2. 어린이 접근 금지: 어린이의 사

용은 위험합니다. 감전 및 화상 등 부상의 위험이 있습니다. 3. 옷 끼임 주의: 넥타이나 볼펜, 손, 머리카락 등이 세단기 투입구에 끼지 않게 주의하세요. 4. 세단 매수 준수: 세단기에 따라 정해진 세단매수를 지켜주세요. 세단 매수 초과시 세단기의 수명이 짧아집니다.

36 ④
해설 정답 ④번이다.
①, ②, ③, ⑤번은 '고안의 구성 및 작용'에 쓸 내용이다.

37 ④
해설 정답 ④번. 2인이 한 개 조를 이룬 상태에서 특정 영역에서 강점을 지닌 한 사람이 다른 사람을 지도하는 과정을 통해 리더로서 능력을 발휘할 기회를 주고 있음을 파악할 수 있다. ①, ②번, (가)의 팀은 유연하고 창조적으로 사고하고 행동하게 하는 팀이다. ③번, (나)의 팀에 규약, 절차 등이 잘 갖추어졌는지 알 수 없다. ⑤번, (가), (나) 모두 성과와 결과를 중시하는 팀인지 알 수 없다.

38 ④
해설 정답 ④번이다. 을이 제안을 하자마자 그 근거를 듣기도 전에 말을 끊고 '말도 안 되는 소리'라고 반박한다는 점에서 정답이 ④번임을 알 수 있다.

39 ②
해설 정답 ②번이다. 제시한 업무수행시트는 워크플로 시트(work flow sheet)이다. 조직 내에서 발생하는 정보, 문서, 인간의 움직임에 대해 문제해결을 위하여 나타내는 흐름도를 말한다. 일의 흐름을 동적으로 보여주는데 효과적이다. ①, ③, ⑤번은 체크리스트에 대한 설명이다. ④번은 간트 차트에 대한 설명이다.

40 ④
해설 기업의 경쟁 원천에는 무형자산과 유형자산이 있으나 현대 사회에서는 무형자산에 더 높은 가치를 두고 있다.

41 ①
해설 위 사례는 거만형 고객에 대한 예이다.

42 ④
해설 거만형 고객의 대응 방법은 ㉠, ㉡, ㉣이다. ㉢은 의심형 고객의 대응 방법이다.

43 ⑤
해설 예산을 책정할 때는 예산 지출 규모를 확인하고 소요될 것으로 예상하는 항목을 정리한 후, 예산을 우선 책정해야 하는 항목을 도출한다. 그리고 우선순위가 높은 활동부터 적절하게 예산을 배정하고 예산을 사용하는 것이 좋다. 그러므로 정답은 ⑤번이다. 배정된 예산으로 모든 업무를 수행할 수는 없으므로 우선순위를 배정하여 예산이 우선으로 들어갈 활동을 도출하는 것이 좋다.

44 ⑤

> **해설** 정답 ⑤번. ①, ②번은 탐색형 문제 유형이다. ③번, 원인 지향적인 유형은 발생형 문제이다. 이미 문제가 발생한 경우에는 원인이 내재되어 있으므로 그 원인을 찾는 일이 문제 해결의 출발점이 된다. ④번은 탐색형문제 유형이다.

45 ②

> **해설** 정답 ②번. ①번은 발생형, ③, ⑤번은 설정형, ④번은 탐색형이다.

46 ②

> **해설** 정답은 ②번이다. 본문의 일과를 보면 길○○ 사원은 경영기획팀 소속이라는 것을 알 수 있다. ①번과 ④번은 총무팀, ③번은 마케팅 기획팀, ⑤번은 인사기획팀의 업무에 대한 내용이다.

47 ②

> **해설** 정답은 ②번이다. 김○○ 사원의 직무 수행을 방해하는 요소는 이메일, 인터넷, 메신저 등이다. 이를 효과적으로 통제하기 위해서는 일정 시간을 정해두는 것이 좋다.

48 ④

> **해설** 창의적 문제를 해결하기 위해서 또한 다양한 아이디어를 확산하는 기법이다.

49 ⑤

> **해설** 정답 ⑤번. ⓒ 기업의 존재 이유는 이유 추구에 있어서, 기업 상호 간에는 자유롭고 공정한 기반으로 한선의의 경쟁을 유지해야 한다.

50 ②

> **해설** 정답 ②번이다. ㉠ 고객이 보기 편한 방향으로, ㉢ 묵례를 하며 가슴선과 허리선 사이에서 건넨다. ㉡ 양손으로 명함의 여백을 잡고 건네면서 소속과 이름을 정확하게 소개해야 한다. ㉢ 고객이 2인 이상인 경우 윗사람에게 먼저 건네야 한다.

제2회 검정 기출문제

01	02	03	04	05	06	07	08	09	10
①	①	⑤	③	②	②	①	④	④	③
11	12	13	14	15	16	17	18	19	20
④	①	②	③	④	④	⑤	④	③	②
21	22	23	24	25	26	27	28	29	30
④	③	③	④	⑤	④	②	⑤	④	③
31	32	33	34	35	36	37	38	39	40
⑤	④	①	⑤	③	②	③	④	④	③
41	42	43	44	45	46	47	48	49	50
③	⑤	③	②	③	②	⑤	④	④	⑤

01 ①
해설 해당 글은 특허청이 특허분석평가시스템의 정제된 데이터 일체를 민간에 개방한다는 내용이므로 정답은 ①번이다.

02 ①
해설 ㉠~㉢에 접속사가 없으면 문단이 유기적으로 연결되지 않는다. 그러므로 적절한 접속사를 사용하여 글의 응집성을 높여주는 것이 좋은데 ㉠에는 '어떤 것을 전제로 그 위에 더'를 의미하는 접속사, ㉡에는 앞에 제시된 내용에 따라, ㉢은 '동시에 함께'라는 뜻의 접속사가 들어가는 것이 자연스럽다. 그러므로 정답은 ①번이다.

03 ⑤
해설 요지를 기반으로 볼 때 첫 번째 문장의 내용인 권력과 금권이 판치는 한국의 사회적 현실이 서론, 그리고 마지막 문장인 한국의 정치인에 대한 내용이 결론에 오고 '그러나 ~ 모여들고'까지의 내용이 본론에 적합하다. 그러므로 ⑤의 내용은 결론에 적합하다.

04 ③
해설 정답은 ③번이다. ①번은 사후에 해결책을 구한다는 속담이고, ②번은 아쉬운 사람이 방법을 찾는다는 속담, ④번은 아무리 큰일도 작은 일부터 차례차례 해야 한다는 속담, ⑤번은 한번 놀라고 나면 그 비슷한 것만 보아도 놀랄 수 있다는 속담이다.

05 ②
해설 정답 ②번. '이라고'는 인용격조사로 이미 적절하게 쓰인 조사이므로 고쳐 쓸 필요가 없다.

06 ②
해설 '① 연수 보고서'는 본문에서 2문단 1줄에 있는 '목적을 있는 그대로 표현한다.'의 방법으로 쓴 제목이고, 나머지 선택 지문은 너무 길거나 추상적인 단어를 사용하였다. ㉠의 방법으로 쓰자면 다음과 같다. '③ 영업 연수회 참가 보고 ④ 원자재 구입을 위한 북경 출장 보고 ⑤ 휴대폰 이용 실태에 관한 조사 결과'로 써야한다. 따라서 '㉠구체적인 내용을 표현한다.'로 쓴 보고서 제목의 정답은 ②번이다.

07 ①

해설 정답 ①번이다. ②번, '-든지'는 '어느 것이 선택되어도 차이가 없는 둘 이상의 일을 나열함을 나타내는 보조사'이다. '막연한 의문이 있는 채로 그것을 뒤 절의 사실이나 판단과 관련시키는 데 쓰는 연결 어미'인 '-던지'라고 써야 한다. ③번, '-으로부터'는 영어 'from'을 직역한 말이다. '-에서'로 바꾸어야 자연스럽다. ④번, 직접 인용은 '-라고', 간접 인용은 '-고'라고 쓴다. '-고'라고 고쳐 써야 한다. ⑤번, '-(으)로서'는 자격을 지닐 때 쓴다. '여당은 ~'이라고 써야 한다.

08 ④

해설 주어진 글은 서사적 구조를 가진 글로서 본문에 제시된 연도의 순서에 따라 나열하면 된다.

09 ④

해설 정답은 ④번이다. (가)는 정치를 하는 사람에게는 특별한 도덕법이나 윤리의식이 있어야 한다는 뜻의 문장이다. 그러므로 '정치'에 대한 이야기를 한 후인 ④에 해당 문장이 들어가는 것이 가장 자연스럽다.

10 ③

해설 정답 ③번. ①번, '하찮아 보이는'을 '하찮게 여기는'으로 고친다. ②번, '해체해야 한다는 것이다.' ④번, '~살아가야 한다는 것입니다.' ⑤번, '대출을 잘 해주지 않던 은행들도'

11 ④

해설 윗글의 내용을 살펴보면 민본 정치에 대한 기술이 나와 있으므로 윗글의 주제로 가장 적절한 것은 ④이다.

12 ①

해설 ㉠은 민본 정치 정신을 계승한 민주주의에 대하여 이야기하고 있으므로 민본 정치를 나타내고 앞부분의 '자기 몸처럼'이라는 내용을 살펴보면 ①이 정답임을 알 수 있다.

13 ②

해설 정답은 ②이다. 주어진 문장에서는 '위하여'와 관련된 내용이 (나)의 앞 문장에서 나타나기 때문에 이와 관련된 해설이 뒤따라오는 것이 적절하다.

14 ③

해설 정답은 ③번이다.
'하다'와 결합하여 타동사가 되는 명사에 '시키다'를 붙일 이유가 없다.

15 ④

해설 정답 ④번이다. 위 문서는 작성 주체에 따라 구분할 때 사문서가 아닌 공문서이다. 공문서에 대한 설명이다. ①번, 처리 단계에 따른 분류에서 접수 문서에 대한 설명이다. ②번, 처리 단계에 따른 분류에서 공람 문서에 대한 설명이다. ③번, 성질에 따른 문서 분류에서 민원 문서에 대한 설명이다. 위 문서는 일반 문서이다. ⑤번, 수신 대상에 따른 분류에서 대내 문서, 즉 내부 결재 문서에 대한 설명이다, 위 문서는 대외 문서이다.

16 ④

해설 정답 ④번이다. '제출하고자 합니다.', '제출하려고 합니다.' 모두 내부결재 문서에 사용하는 표현이다. '제출합니다.'라고 고쳐 적어야 한다.

17 ⑤

해설 정답 ⑤번이다. ①, ②번은 자기개발능력, ③,④번은 문제해결능력을 평가하기 위한 문항이다.

18 ④

해설 정답 ④번이다. 경력사항은 경력직에 응시한 것이 아니라면 직무와 직접 1:1로 관련이 되지 않은 것을 써도 된다. 인사담당자도 신입직이라면 직접 직무 경험이 없거나 크게 부족하다는 사실을 잘 알고 있으므로 유사직무 경험을 인정하고 있기 때문이다.

19 ③

해설 정답은 ③번이다. 출장 인원은 부서원 3명과 기안자가 함께 가는 것이므로 4명이다.

20 ②

해설 정답 ②번이다. 유럽 각국의 축제 현황과 영국에서 유로화가 통용되는 지역은 기안서에 들어갈 필요 없는 내용이다.

21 ④

해설 ①번, '5월 20일'은 체육대회 개최일이다. ②번, '23주년'이 아니고 25주년이다. ③번, 해당 글은 안내장이 아니고 기안문의 초안이므로 잘못되었다. ⑤번, '축구, 족구, 발야구, 피구, 줄다리기'는 경기종목 등의 항목에 쓰는 것이 적절하고 팀 구성 내용에는 해당 부서와 인원 등을 쓰는 것이 적절하다. 그러므로 정답은 ④번이다.

22 ③

해설 정답은 ③번이다. 정확한 정보를 전달하는 것이 우선이므로 정확하고 구체적으로 써야 한다.

23 ③

해설 정답은 ③번이다. 전시회에 대한 관람 안내문이므로 관람할 수 있는 기간, 시간, 장소를 반드시 안내해야 한다. 기간과 장소는 나와 있으나 시간은 전시 설명에 대한 시간만 나와 있지 관람 시간은 나와 있지 않다.

24 ④

해설 정답은 ④번이다. ㉢ 글에서는 회사가 발표 방식을 정해주는 것이 대부분이지만 자신이 결정해야 하는 경우가 많으니 자신의 장점과 상황을 고려하여 결정해야 함을 강조하고 있다.

25 ⑤

해설 정답은 ⑤번이다. ㉮항목에 넣을 수 있는 내용이다. 전체 내용을 포괄하는 항목이라면 어느 한 항목에 국한되지 않고 ㉮, ㉯, ㉰의 내용을 모두 아우를 수 있는 내용이 와야 한다.

26 ④

해설 정답은 ④번이다. ④의 경우 (다)조항을 충실히 지켰으므로 계약위반이 아니다. ①은 (마)조항을 위반하였다. 1/4분기의 청구는 종료일 즉 3월 31일 후 10일(4월 10일) 이내에 이루어져야 한다.

②는 (라)조항 위반이다. ③은 1월 25일에 청구했으므로 14일 이내인 2월 7일 이내에 지급해야 한다. ⑤을은 (마)조항을 준수하였으나 갑은 (바)조항을 위배하였다.

27 ②

해설 ①번은 인터뷰 기사문에 대한 설명이다. ③번, 안내문과 같은 공지글에 대한 설명이다. ④번, 설명서에 대한 설명이다. ⑤번, 윗글은 역피라미드형이다. 독자가 전체를 다 읽지 않고 요약 부분만 읽어도 전체 내용을 충분히 파악할 수 있도록 하는 구조이다.

28 ⑤

해설 ㄱ. 부제는 표제보다 더 구체적인 내용을 제시해야 한다. ㄴ. 전문은 보통 한 문장으로 쓰긴 하지만 필요한 경우 문장 수를 늘릴 수 있다.

29 ④

해설 ㉠과 ㉢은 부제로 적절한 내용이므로 모두 (나)에 쓰는 것이 적절하다. ㉡은 표제로 적절하다. (가)에 써야 한다. ㉣은 전문으로서 윗글의 첫 문단에 써야 한다.

30 ③

해설 하나의 기획서에 여러 가지 목적이 있으면 기획 내용을 이해하기 어려워지므로 기획 의도가 상대방에게 제대로 전달되지 못한다. 하나의 목적에 집중해 기획서를 작성해야 한다.

31 ⑤

해설 ㄱ. 기획서는 상대방을 설득하고 그에 대한 결정을 내리도록 만드는 글이지 상대방에게 정보를 제공하기 위한 글이 아니다. 따라서 지나치게 많은 정보를 담아 길게 쓸 필요가 없다. 읽는 사람의 시간을 배려해 가능하면 한 장으로 끝내는 것이 좋다.

32 ④

해설 ①번은 기안문, ②번은 감상문, ③번은 비평문, ⑤번은 안내문이나 공지문의 서술 방법을 설명하고 있다.

33 ①

해설 ㉡-용량과 함께 용법도 제시되어 있으므로 '용법·용량'으로 적어야 한다. ㉢ - '저장 방법'이라고 적어야 한다. ㉣ - '포장 단위'라고 적어야 한다. ㉤ - '판매원'으로 적어야 한다.

34 ⑤

해설 ㉢은 '저장 시 주의 사항'에 써야 할 내용이다.

35 ③

해설 현상의 원인을 정리하고 있으므로 결론에 쓸 수 있는 내용이다. ①번, '~참조해보기로 하자.'는 서술어로 볼 때 본론에 쓸 수 있는 내용이다. ②, ④번, 서론의 '연구 목적' 부분에 쓸 내용이다. ⑤번, 서론의 '연구 방법' 부분에 쓸 내용이다.

36 ②

해설 요약 부분의 내용을 읽어보면 본 특허 명세서의 고안 명칭은 '흡입형 전동 지우개'임을 알 수 있다.

37 ③

해설 '성공의 기준'이라는 항목에 어울리는 내용이면서, '전략적 강조'에서 낮은 점수를 받은 내용과 관계가 있으므로 가장 적절한 내용이다. ①, ④번은 '성공의 기준'이라는 항목에 맞지 않는 내용이다. ②, ⑤번은 '가' 내용과 중복될 뿐만 아니라 '전략적 강조' 항목의 점수를 고려할 때 높은 점수를 받을 만한 내용이다.

38 ④

해설 인적자원개발, 신뢰, 개방성, 참여를 강조하면서 이를 기준으로 성공을 평가한다는 데 높은 점수를 받았다는 점에서 ○○기업의 문화가 관계지향적이며 인간애를 중시하며 조직 내부의 통합과 유연한 인간관계를 중시함을 알 수 있다.

39 ④

해설 정답은 ④번이다. 선박의 길이를 $x(m)$라고 하면 이동 거리는 각각 $1000+x(m)$, $2000+x(m)$이고 속력은 일정하므로
$\frac{1000+x}{28} = \frac{2000+x}{53}$, $x = 120(m)$이다.

40 ③

해설 정답은 ③번이다. 하찮은 일, 우편물, 소모적인 일은 긴급하지 않고 중요하지 않은 일이다.

41 ③

해설 정답은 ③번이다. ①번은 적재적소 배치의 원칙, ②번은 공정 인사의 원칙, ④번은 공정 인사의 원칙, ⑤번은 창의력 계발의 원칙이다.

42 ⑤

해설 정답은 ⑤이다. 주어진 자료를 보면 2015년 대졸자가 2005년과 다르게 늘어났고, 월세 가구와 전세 가구를 비교해보면 월세 가구가 전세 가구를 앞질렀다. 그리고 미혼 인구 비율은 점점 늘어나고 있으며 미혼여성의 결혼 비율을 보면 학력이 높을수록 미혼자 비율이 높았다.

43 ③

해설 정답은 ③이다. 주어진 자료에는 전체 1인가구 수만 제시되어 있고, 항목별 수는 제시되어 있지 않고 2015년 기준 비율만 제시되어 있다.

44 ②

해설 정답은 ②번이다. 서류를 정리하기 위해 천천히 하나하나 숙독하는 것은 올바른 시간 관리 방법이 아니다.

45 ③

해설 정답 ③번. 수식대로 풀어보면 x= 40이 나온다. 따라서 평소 걸린 시간은 40분, 거리는 40km 임(시속 60km로 한 시간을 간다면 거리는 60km이므로)을 알 수 있다. 김○○ 대리는 식을 바르게 세워 계산을 다했지만 위 문제의 메모는 중간 부분을 잘못 옮겨 쓴 것이다.

46 ②

해설 정답은 ②번이다. ①번, 상품 ㉠의 연간 판매량은 260, 상품 ㉡의 연간 판매량은 285으로 25의 차가 있다. ③번, 상품 ㉠와 상품 ㉡의 판매량의 차가 가장 큰 계절은 봄으로 50이고 여름은 40이다. ④번, 상품 ㉠와 상품 ㉡의 판매량의 합이 가장 적은 계절은 봄으로 110이고 겨울은 155이다. ⑤번, 상품 ㉡의 봄과 여름의 차가 60으로 상품 ㉠의 30보다 더 크다.

47 ⑤

해설 임의가입자 수가 아니라 임의가입자율이 전년 대비 가장 많이 증가하였다.

48 ④

해설 정답은 ④번이다. 해당 설명은 경영참가제도에 대한 것으로 경영참가제도를 통해 분배 문제를 해결함으로써 노동조합의 단체교섭 기능이 약화할 수 있다.

49 ④

해설 정답은 ④번이다. (가)에는 기업의 중요 정보가 유출되는 것을 예방해주는 보안 USB에 대한 내용이 들어가야 한다. 그러나 ④번에는 보안 USB가 있어도 결국의 기본 보안 수칙을 잘 지키는 것이 중요하다는 내용이 있는데 이는 (가) 문단 이후에 언급되는 내용이므로 (가)에 들어가는 것은 적절하지 않다.

50 ⑤

해설 정답은 ⑤번이다. 위와 같은 상황에서는 먼저 사실관계를 확인하고 생각한 후 행동의 방향을 결정하는 것이 적절하다.

제3회 검정 기출문제

01	02	03	04	05	06	07	08	09	10
③	①	②	⑤	⑤	④	⑤	⑤	③	⑤
11	12	13	14	15	16	17	18	19	20
①	②	③	①	①	①	②	④	③	⑤
21	22	23	24	25	26	27	28	29	30
④	④	③	④	①	④	①	④	④	①
31	32	33	34	35	36	37	38	39	40
⑤	②	②	④	①	④	①	③	④	②
41	42	43	44	45	46	47	48	49	50
④	②	①	④	④	①	②	④	①	②

01 ③

해설 각종 매체에서 흔히 잘못 쓴 표현에 대한 바른 이해를 묻는 문항이다. ②번 '얻다 대고'는 '어디에다 대고'의 준말 ③번 널빤지는 판판하고 넓게 켠 나무조각으로 나무판자, 널판자, 널판장, 널판 등으로도 쓰나 널판지는 쓰지 않는다. ④ 사이시옷은 된소리와 거센소리 앞에서는 쓰지 않는다. ⑤ 접사 '설'은 '덜 된, 어설픈, 서투른'의 뜻을 가진 말로 '섣'으로 바뀌어 쓰이기도 한다.

02 ①

해설 평행구조의 문장을 쓸 때 흔히 발생하는 오류이다. 제시된 문장은 '졸음운전을 하도록 조심해야 한다.'는 뜻으로 해석할 수 있다. '졸음운전을 하지 않도록'이라는 해석이 나오도록 '봄날에 운전할 때는 특히 졸음운전이나 과속을 하지 않도록 조심해야 한다.'로 써야 한다.

03 ②

해설 ① 메시지로 적는다. ③ 외래어 표기에서 받침에 쓰인 't'는 'ㅅ'으로 적어야 하므로 아웃렛이 맞다. ④ 플래카드로 적는다. ⑤ 액세서리로 적는다.

04 ⑤

해설 ① 이심전심: 마음에서 마음으로 뜻이 통함. ② 동상이몽: 같은 처지에 있는듯하면서도 서로 생각이 다름. ③ 순망치한: 가까운 사람이 망하면 다른 사람도 영향을 받음. ④ 역지사지: 처지를 바꾸어 생각함. 문제의 예문에 '수많은 사슴이 말로 바뀐 한 해'라는 내용과 '남을 속이려고 옳고 그름을 바꾸는 것'이라는 뜻이 나와 있다. 이에 해당하는 것은 '지록위마'이다.

05 ⑤

해설 '먹이다'라는 사동사는 '밥을 제공하여 그 사람이 먹도록 하다'라는 뜻과 '밥과 반찬 등을 직접 떠먹여 주다'라는 뜻이 있으므로 상황을 주지 않으면 해석이 중의적이다.

06 ④

해설 ④는 평가영역 중 의사소통능력이 아닌 문제해결능력에 적합한 질문이다.

07 ⑤

해설 주어진 사례의 마지막 부분인 최 이사의 말에서 알 수 있듯이 지나친 과업 지향적 말투가 의사소통을 가로막는 저해요인이었다.

08 ⑤

해설 ① 말하기 과정 ② 경청과정에서 고객과 시선을 마주해야 한다. ③ 말하기 과정 ④ 경청과정에 적합하지 않은 태도

09 ③

해설 주어진 의사소통 상황에서 '③ 수취확인 문의전화'는 언어적인 의사소통이고 나머지는 모두 문서적인 의사소통이다.

10 ⑤

해설 주어진 자료는 원그래프로 개개의 항목이 전체에서 차지하는 비율을 나타낼 수 있다.

11 ①

해설 주어진 자료에는 매출액이 없고 전체 매출액에서 자치하는 비율만 나타났기 때문에 각 점포의 매출액은 알 수 없다. 전체 매출액이 제시되어 있어야 점포의 매출액을 알 수 있다.

12 ②

해설 도표를 삽입할 때에는 간단명료하게 구성해야 한다.

13 ③

해설 주어진 자료를 참고로 할 때, ㉠은 "A 회사 홍보부장 김대한입니다." ㉡은 "현재 이민국홍보부장님은 출장 중이십니다." ㉣은 "그분께서도 잠시 외출하셨습니다." ㉤은 "제가 전화했다고 전해주세요."라고 해야 한다.

14 ①

해설 (가)의 주요 내용은 '① 산유국 자원 통제와 고생산 비용에 따른 투자여건 제약, 글로벌 석유기업들 간 M&A 및 투자거래 확산, 세계 석유수요 증가로 국제유가 강세 전망'이 가장 적절하다.

15 ①

해설 국내 석유생산시설 투자 확대, 해외 생산원유 트레이딩 역량 강화, 동북아오일허브 구축선도, 정부석유비축계획 적기 지원 등을 아우르는 전략목표는 '①석유산업역량 강화'이다.

16 ②

해설 연구 과정의 오류가 의심되는 상황이었고 과학자들은 빙하 코어가 손상되었을 거라고 단정 지었다. 그러므로 답은 ②번이다.

17 ③

해설 빙하 코어가 일부라도 훼손되면 연구 결과를 믿을 수 없다는 전제가 깔렸으므로 ④번은 정답이 아니다. ①, ②, ⑤번은 본문에서 확인할 수 있는 내용이지만 과학적 사실과 관련된 내용으로 윗글의 결론으로 볼 수 없다. 그러므로 정답은 ③번이다.

18 ④

해설 ⓒ얼마 전 AP통신의 기사가 큰 화제로 떠올랐는데 그 이유는 기사 내용 때문이 아니라 기사 작성 과정 때문이었다. ㉢그 기사는 작성 프로그램이 애플사의 보고서를 놓고 이와 관련된 수백 개의 리포트와 문서들을 참조해 단 30분 만에 내놓은 분석 기사였다. ㉡이는 분명히 컴퓨터 과학의 진보를 보여주는 사건이기도 하지만, 동시에 인간 정신노동의 쇠퇴를 보여주는 일이기도 하다. ㉠오늘날 우리가 정신노동이라고 부르는 일련의 작업이 총체적인 인간 이성의 복합적이고 미묘한 작업이라기보다는 사실상 컴퓨터 프로그램과 다름없이 일련의 알고리즘으로 이루어진 기계적 과정이 되어가고 있음을 보여주는 일이기 때문이다.

19 ③

해설 기사 작성 프로그램으로 인하여 정신노동의 쇠퇴를 볼 수 있다는 내용이 첫 문단에 나와 있다. 인공 지능이 인간을 대신할 수 있는 여지가 커질 수 있다는 걱정이 기우에 불과하다는 것은 논리의 흐름에 어긋난다.

20 ⑤

해설 '지금처럼 정신노동이 정형화되고 기계화되는 쇠퇴 과정이 계속된다면, 기자건 교수건 변호사이건 인간 활동의 모든 영역에서 벌어질 수 있는 일이다.'라는 문장에서 확인할 수 있다. 다른 문장은 윗글에서 확인할 수 없다.

21 ④

해설 하지 말라고 하면 이상하게 더 하고 싶어지는 심리에 대한 두 가지 예를 통해 호기심과 흥미를 유발하고(㉢과 ㉣), 그런 사람 마음에 대해 언급하는 ㉠이 나온 후 문제 제기에 해당하는 ㉡과 ㉢이 오는 것이 적절하다. 그리고 ㉡에 '그리고'가 있기 때문에 ㉡을 ㉢의 뒤로 보내어 '㉢-㉣-㉠-㉢-㉡'이 적절한 문장배치 순서가 된다. 그러므로 정답은 ④번이다.
'㉢-㉣'은 선후관계를 확정하기 쉽지 않기 때문에 문제를 풀 때는 '㉢-㉡' 순서가 제대로 되어 있는 것을 먼저 찾으면 되는데 그렇게 하면 문제가 쉽게 풀린다.

22 ④

해설 본문에 규칙을 잘 지키게 하기 위해서는 무조건적인 강압만으로는 불충분하고, 일방적인 강요보다는 규칙 자체의 필요성에 대한 설명을 들려주어 이해시켜야 한다는 내용이 있으므로 정답은 ④번이다.

23 ③

해설 ㉠, 느끼는 방식이 주관적이기 때문에 '주관적', ㉡, '절대시간' 개념은 '객관적' 시간이기 때문에 '객관적', ㉢, 의식 경험은 '주관적', ㉣, 시간의 길이를 '객관적'으로 측정.

24 ④

해설 두 번째 문단, "사람들이 어떻게 누구에게나 똑같이 흐르는 '절대 시간' 개념을 갖게 되었는지가 신기하다."는 문장을 근거로 할 때 윗글의 전체 논지는 ④번이 가장 적절하다. ⑤번 문장은 제시문을 잘못 이해하고 있다. '절대 시간' 개념은 외부 사물의 반복되는 패턴에 대한 인식에서 유래한 것이기 때문이다.

25 ①
　해설 '때문에'라는 표지를 찾으면 답을 쉽게 찾을 수 있다. 정답은 ①번이다.

26 ④
　해설 표본 오차는 조사 결과를 분석한 후에 파악할 수 있다.

27 ①
　해설 40, 50대는 20, 30대보다 만족도가 낮다. 따라서 연령대가 높을수록 만족도가 높다고 할 수 없다.

28 ④
　해설 석유에너지의 발전량은 2007년 이후 오르락내리락하고 있다.

29 ④
　해설 기관 A의 만족 비율=(76÷108)×100=70%, 기관 B의 만족 비율=(45÷75)×100=60% 기관 C의 만족 비율=(62÷84)×100=74%, 기관 D의 만족 비율=(52÷76)×100=68% 위의 결과를 토대로 만족비율이 높은 기관에서 낮은 기관 순으로 정렬하면, 기관 C, 기관 A, 기관 D, 기관 B이다.

30 ①
　해설 제시된 글은 신사업을 추진을 위한 기획회의 보고서이다. 회의의 목적을 보면 이후의 절차가 제시되어 있다.

31 ⑤
　해설 ①번과 ④번은 회의의 목적에 나와 있으므로 회의 내용에 들어 있어야 한다. ②번은 회의 내용의 소제목에 들어 있으나 구체적 내용이 제시되지 않았으므로 써넣어야 한다. ③번은 보고서에 기본적으로 들어가야 할 내용이므로 써넣어야 한다.

32 ②
　해설 윗 글은 NCS 능력중심 채용공고문의 일부이다. 그러므로 채용공고문을 쓰는 이유는 직원을 채용하기 위해서이고, 능력중심 채용공고문의 일부이기 때문에 학력중심의 채용을 위해서는 틀린 것이다.

33 ②
　해설 위 채용공고문의 내용을 살펴보면 가장 적절한 채용분야는 '행정'이다.
채용공고문에는 영업, 사회복지, 정보통신, 출제연구 분야에 대한 직무수행내용이 없다.

34 ④
　해설 ⓒ은 사무행정과 관련된 직무수행내용이 들어가야 하므로, '문서관리, 문서작성, 데이터관리, 사무자동화 관리운용'은 적절하다. 하지만 '상담서비스 제공'은 고객상담과 관련된 직무수행내용으로 일반적인 사무행정과는 관련이 없다.

35 ①

해설 각각 밑줄 친 대로 고쳐야 한다. ⓒ은 '그리고 당일에 금 4,500,000원(금 사백오십만원)을 지급하였습니다.' ⓒ은 '그로부터 16일 후인 2015년 7월 31일에 귀사의 물품이 당사에 납품되었으나, 수령 후 확인 결과 모든 제품이 중대한 하자로 인하여 작동할 수 없는 상태에 있었습니다.' ⓔ이에 당사는 2015년 8월 15일까지 구매한 물건의 교환을 청구합니다. ⓜ해당기일까지 교환이 이루어지지 않을 시는 당사에서 지급한 물품대금인 금 4,500,000원(금 사백오십만 원)을 반환하여 주실 것을 청구합니다.

36 ④

해설 성 불평등 지수가 하락한 요인은 다른 조사 대상 국가의 지수가 올라갔기 때문일 수도 있지만, 청소년 출산율이 크게 떨어진 것이 주된 요인이다. 경제활동 참가율 증가는 남성과 여성 모두 증가하기는 하였지만, 여성 0.7, 남성 0.6으로 그 차이가 청소년 출산율에 비해 적다.

37 ①

해설 제시된 글은 출시 예정인 가정용 생활용품의 판매와 관련된 마케팅 기획서이다. 그러므로 정답은 ①번이다.

38 ③

해설 기획서에는 기획의도와 예상효과가 명확하게 제시되는 것이 좋다. ①번도 필수 항목이지만 이미 제시되어 있다. 그러므로 정답은 ③번이다.

39 ④

해설 보도 자료는 난해하고 전문적인 어휘보다는 쉽고 친근한 어휘를 사용하여 작성하는 것이 좋으며, 객관성과 신뢰성, 공정성을 고려하고 작성한다. 분량은 A4 용지 1매 이내로 간결하고 명확하게 작성하고, 인용한 자료는 정확한 출처를 밝혀야 한다. 그러므로 정답은 ④번이다.

40 ②

해설 보도 자료의 제목은 보도 내용의 핵심이 간결하게 집약된 형태가 적합하다.

41 ④

해설 인터넷 조사 참여 번호를 분실하면 인구주택 총조사 홈페이지에서 주소를 입력하면 쉽게 조회할 수 있고 다시 인터넷 조사에 참여하면 된다.

42 ②

해설 해당 직무와 관련 자격, 직무와 관련된 일이나 경험 평가, 성명, 생년월일, 연락처 등의 인적사항, 직무 수행에 필요한 지식, 기술 태도를 알아보는 평가항목은 필요하나 불필요한 스펙을 쌓게 하는 어학 점수나 수상경력 등을 나열하는 것은 지양한다. 그리고 가족관계도 불필요하다. 그러므로 정답은 ②번이다.

43 ①

해설 어떻게 주어진 여건 내에서 브랜드를 키우고 확장해 나갈 것인가에 대한 글이다.

44 ④

해설 A는 카테고리 확장, B는 프랜차이징을 통한 확장, C는 라인 확장, D는 라이선싱과 관련된 확장이다. 그러므로 정답은 ④번이다.

45 ④

해설 구체적으로 작성해야 하고 재미있게 에피소드와 이야기를 곁들어서 작성한다.

46 ①

해설 (가)는 자신이 기울인 노력과 그 계획을 서술하라는 요구이기 때문에 [자기개발능력]을 묻는 문항이다. (나)는 지원 동기와 입사 후 실천하고자 하는 목표가 무엇인지를 파악함으로써 지원자가 입사하고자 하는 조직에 대해 얼마나 제대로 이해하는지를 파악하고자 하는 의도가 담겨 있으므로 [조직이해능력]을 묻는 문항이다.

47 ②

해설 〈보기〉의 내용은 [문제해결능력] 항목에 있는 문항에 대한 답변으로 가장 적절하다.

48 ④

해설 주어진 공문서의 핵심내용을 항목 3에 나타나는데 부패방지평가보고대회를 개최하므로 원활한 진행을 위해 협조 사항을 확인하고 협조해달라는 내용이다.

49 ①

해설 ① 문서 번호는 '2015-276'로 기입되어 있으므로 다시 기입할 필요는 없다. ② 연월일표기: '20○○. 9. 3.'으로 수정해야 한다. ③ 회신받을 담당자가 없으므로 표기해야 한다. ④ 붙임 1의 문서명: "20○○년 부패방지평가보고대회"로 수정해야 한다. ⑤ 맞춤법 표기: '원할 → 원활'로 수정해야 한다.

50 ②

해설 주어진 문서의 내용을 보면 붙임 2는 행사준비 관련 협조사항임을 알 수 있다.

제4회 검정 기출문제

01	02	03	04	05	06	07	08	09	10
④	④	④	②	③	⑤	①	③	④	④
11	12	13	14	15	16	17	18	19	20
③	③	③	③	④	③	③	⑤	⑤	⑤
21	22	23	24	25	26	27	28	29	30
②	②	②	⑤	③	④	④	③	④	④
31	32	33	34	35	36	37	38	39	40
③	④	⑤	②	④	④	④	①	④	⑤
41	42	43	44	45	46	47	48	49	50
⑤	④	③	④	③	④	②	⑤	②	⑤

01 ④

해설 번역 투의 문장은 대개 과도한 피동이나 사동 표현을 쓰는 경우가 많다. ④번은 원래 문장이 능동문으로 우리말다운 표현이다. ①번과 ⑤번은 영어 문장을 직역한 것과 같은 투의 문장이고 ②번과 ③번은 일본어 번역 투의 문장이다.

02 ④

해설 〈보기〉 본론 2. 1 "확인되지 않은 '캣맘 혐오증'으로 도배한 언론들의 행태는 충분히 질책받을 만하다."의 내용은 필자의 견해로 해석된다.

03 ④

해설 다시 말해 관계없는 두 변수에 대해 서로 인과관계를 성립한다고 착각한 보도이다.
→ 다시 말해 언론은 관계없는 두 변수에 대해 서로 인과관계가 성립한다고 착각한 보도이다.
즉, 문장 주어(언론은)가 생략되었고, 목적어(인과관계를)가 잘못 사용되었다.

04 ②

해설 〈보기〉 칼럼의 주제는 상관착각으로 '캣맘' 사망 사건을 잘못 보도한 언론에 대한 비판이다.

05 ③

해설 ③번 '한번'은 어떤 일을 시험 삼아 시도함을 나타내는 말로 그 자체가 하나의 단어이다. 그래서 붙여 쓴 것이지 '번'이 차례를 나타내는 말이어서 붙여 쓴 것이 아니다.

06 ⑤

해설 대화의 원리 중 협력의 원리인 관련성 격률을 깨뜨린, 숨은 의미를 담은 대화함축의 내용이다. 예의 바른 태도를 중시하는 공손성의 원리와는 관계가 적다.

07 ①

해설 윗글은 안내문이고, 안내문의 작성법은 다음과 같다.
• 안내문 문서는 전달하려는 내용을 간결하면서도 명확하게 작성해야 한다.

- 다양한 안내 문구를 통하여 안내문을 작성할 때 유연하게 작성하고 여러 사람이 보는 문서이므로 간결하게 작성하여 쉽게 내용 파악을 할 수 있게 끔 하는 것이 좋다.
- 안내문의 문장은 예의에 벗어나지 않도록 정중하게 표현되어야 한다.

08 ③

해설 정답인 ③은 작업자가 아닌 작업감독자의 의무라고 볼 수 있고, 나머지는 작업자의 의무라고 볼 수 있다.

09 ④

해설 만들어야 할 프레젠테이션의 내용이 지난 4년간 연도별 매출 상승 상황이므로 이에 가장 적합한 레이아웃은 상승의 느낌이 살아 있는 ④이다.

10 ④

설득해야 할 대상에 대하여 철저히 연구하고 요구를 파악해야 한다.

11 ③

해설 ㉠뒤에서는 발표할 대상의 개념과 범위를 밝히고 있다. 그러므로 정답은 ③번이다.

12 ③

해설 우리나라 게임 산업의 풍토가 어느 나라에서 전래하였는지를 밝히는 것은 글의 전체적인 내용과 동떨어진다. 윤주의 발언은 자료의 활용이 잘못된 예라고 할 수 있으므로 정답은 ③번이다.

13 ③

해설 문제의 원인이 호기심, 영웅 심리, 자제력 결핍이라는 것을 보아 정답이 ③번이라는 것을 알 수 있다.

14 ③

해설 시청자는 다양한 계층이 모인 사람들로서 불특정 다수이다. 그러므로 방송 출연자들은 시청자들을 항상 윗사람으로 생각하고 말을 해야 한다. 이 경우 "아무개 씨를 소개하겠습니다."라고 말해야 한다.

15 ④

해설 ①번은 "체납세가 있습니다." ②번은 "팥빙수가 나왔습니다." ③번은 "거스름돈 800원입니다." ⑤번은 "손님께 맞는 치수가 없습니다."

16 ③

해설 도구 지향적 리더십은 자기 지향적, 관계 지향적 리더십에서 나타나는 다양성과 상호의존성이라는 모순적인 힘을 조화시키는 윤리적인 면에 뿌리를 둔 행동을 보여 준다.

17 ③

해설 〈보기〉의 글은 구체적인 사례를 들어 설명하고 있지 않다.

18 ⑤

해설 대부분 사람들이 '우리 것은 좋은 것'이라고 말하지만, 사실은 우리 것에 대한 동정에 가까운 마음 때문에 과장된 사랑의 언어를 쏟아낸다. '몸은 딴 데가 있으면서도 입으로만 떠드는' 것은 실제로는 남의 것을 추구하기도 하고 쓰기도 하지만 겉으로는 우리 것이 좋은 것이라고 말하고 다니는 모습을 말한다. 그러므로 정답은 ⑤번이다. ①번과 ④번은 저자의 생각과 일치하는 내용이지만 ㉠에 대한 설명으로 볼 수는 없다.

19 ⑤

해설 '우리 것 사랑'을 제재로 쓴 글로 궁극적으로 저자가 하고 싶은 말은 우리 것에 대한 사랑을 강요할 필요 없다는 것이지 위선의 문제점을 꼬집는 글이 아니다. 그러므로 정답은 ⑤번이다.

20 ⑤

해설 (다)의 소제목으로는 '연민이 발현되기 위한 네 가지 조건'이 적절하다.

21 ②

해설 연민이 국경을 넘지 못하는 현실을 보여주는 내용은 (나) 문단에 있기 때문에 〈보기〉의 내용은 (나) 문단에 서술하는 것이 가장 적절하다.

22 ②

해설 새로운 문단의 시작은 ㉠과 같이 문제를 제기하는 문장으로 서술한다. 맥락상 ㉡의 '이 상태'란 ㉠의 '~공정함은 더구나 없는 상태'를 가리키기보다는 ㉢의 '자연상태'를 뜻한다. 따라서 ㉠의 다음으로 쓸 수 있는 문장은 ㉢이다.

23 ②

해설 (가)의 앞 문단이 모래 아래에서 알을 깨기 시작하는 과정을 담고 있고 (가)의 다음 문단에서는 새끼 거북이가 바다에 입수하기 시작하는 과정이 쓰여 있으므로 (가)에는 이것들의 중간 과정을 쓸 수 있다. ②번은 바다에 입수한 후에 새끼 거북이의 행태를 쓰고 있으므로 (가)에 쓰기가 적절하지 않다.

24 ⑤

해설 ㉠ 경계에 서 있다. ㉥ 다음 단계로 진입한다. 굳어진 세계관을 깬다. ㉣ 무덤이 될 수도있기 때문이다. ㉢ 그것이 알이라고 인식하는 순간 임시 치아가 만들어진다. ㉤ 임시 치아는 깨달음의 결과이다. ㉡ 이제 편견, 상식 등을 깨야겠다.

25 ③

해설 첫 문단에서 '바다를 향해 단호하고도 후회 없이 힘차게 나아간다', 두 번째 문단에 '매순간 죽음과의 투쟁', 세 번째 문단에 '자신이 해야 할 일을 한 뒤 후회 없이 바다로 가는 것', 네 번째 문단에 '자신을 억누르고 규정하고 정의하는 환경이'라는 표현에서 보듯 작가의 독특한 의미가 거북이의 행태를 서술하는 데 담겨 있다. 건조한 문투와 객관성을 유지하려는 글로 볼 수 없다.

26 ④

해설 제품 사용설명서란 제품의 사용 방법을 설명하는 글이다. 소비자가 제품을 바르게 알고 사용할 수 있게 제품의 기능과 조작방법, 유의사항 등을 안내하는 지침서이다. ㉠은 기사문 작성 원칙이고 ㉢은 광고문 작성 원칙이다.

27 ④

해설 제목은 중요 내용을 간단명료하게 알리되 너무 두루뭉술하지 않은 것이 좋다.

28 ③

해설 공문에서 연도를 생략해서 쓸 수 있고, 쓸 때는 작은따옴표 뒤에 있는 것을 사용하므로 '15를 '15로 수정해야 한다.

29 ④

해설 품의서와 같은 결재 문서의 문구를 작성할 때는 간단명료하게, 경어체로, 핵심적인 내용을 포함하여, 한 문장으로 작성한다.

30 ④

해설 ①번은 다 번 항목에 이미 서술함. ②번, '교환 이유' 항목에 서술할 필요 없음, 별도 항목에 밝혀야 함. ③, ⑤번, 교환 이유를 지나치게, 그리고 불필요할 정도로 장황하게 서술하는 내용이 됨. 꼭 필요하다면 별도 항목으로 서술하도록 지시할 수는 있음.

31 ③

해설 위 문서는 품의서이다. 품의서는 하위자가 결재권이 있는 상위자에게 의사결정을 요청할때 작성하는 기안 문서이다.

32 ④

해설 인사 관련 품의서는 정규직, 비정규직, 임시직 채용에 대하여 결재를 얻기 위해 작성하는 사내 문서로서 인사부의 책임자가 임원 회의에 제출하는 서류이다. 적정 인원을 산정하기 위해서는 인건비의 증가, 업무량의 증가 등을 검토할 필요가 있다.

33 ⑤

해설 ①번은 보고서, ②번은 출장보고서, ③번은 조회문, ④번은 확인서이다.

34 ②

해설 ②번은 이 제안서가 실현된 이후 또 다른 제안은 될 수 있겠지만, 이 제안서는 홀몸 노인을 후원하는 것으로 회사 이미지를 홍보하기 위한 것이므로 가장 거리가 먼 제안이다.

35 ④

해설 정답은 ④번. 비슷한 말을 문맥과 관습에 따라 적절하게 골라 쓸 수 있어야 한다.
전진: 목적하는 것이나 좀 더 나은 상태를 지향하여 감. / 진입: 이르러 다다르다. / 진행: 처리되어 나가게 되다. / 증가: 양이나 수가 이전보다 더 늘어나거나 많아지게 되다. / 향상: 무엇의 수준이 이전보다 더 나아지거나 높아짐. / 심화: 차차 깊어지다.

36 ④

해설 보고서는 논리적으로 써야 하며, 논리적으로 쓰려는 방법은 ①, ②, ③, ⑤와 같다. 그리고 ④와 관련하여 살펴보면 논리적으로 모순이 있는 보고서를 읽을 때 주장하고 있는 내용에 반감을 느끼거나 의문을 갖게 된다.

37 ④

해설 위 월간보고서는 영업부서의 월간보고서이다. 그러므로 주요활동계획에 들어갈 적절한내용은 영업과 관련된 '④ ㅇㅇ동 지역의 신규 거래처를 중심으로 판촉 방문'이다.

38 ①

해설 자기소개서 항목 중 ②은 자기개발능력, ③은 조직이해능력, ④는 문제해결능력, ⑤는 의사소통 능력에 대한 설명하는 지시문이다.

39 ④

'맡은 바 역할을 타인에게 전가하지 않고 적극적으로 수행했던 경험을 말씀해 주시기 바랍니다.'는 질문 은 직업윤리의 태도 '맡은 바 역할을 타인에게 전가하지 않는 행동'에 해당한다.

40 ⑤

해설 ①번, 남녀 간 참여율 격차가 가장 큰 영역은 '댓글 달기'이다. ②, ③번 '댓글 달기'는 20대보다 40대의 참여율이 더 높다. ④번, 10대의 공유활동 참여 순은 카페-퍼 나르기-블로그-UCC-댓글이지만, 30대의 공유활동 참여 순은 카페-퍼 나르기-블로그-댓글-UCC이다. 그러므로 활동순위는 동일하지 않다. 그러므로 정답은 ⑤번이다.

41 ⑤

해설 제안 제목은 간결하게 핵심을 담는 것이 좋다. 그러므로 정답은 ⑤번이다.

42 ④

해설 ④번을 제외하면 이미 제안서에 언급된 내용이다. 그리고 직장의 환경개선을 위한 제안은 사원의 의견을 포함하는 구체적인 제안을 제시하여 검토를 의뢰하는 것이 좋으며 기대효과도 명시하는 것이 좋다. 그러므로 정답은 ④번이다.

43 ③

해설 외국인 비경제활동인구는 여자가 남자보다 15만9천 명 많았고, 경제활동인구 중 실업자는 남자 가 여자보다 4천 명 많았다. ④번, 외국인 고용률(68.3%)은 '경제활동인구조사'의 고용률(60.9%)보다 7.4%p 높은 수준이다.

44 ④

해설 ①번은 경력기술서에 대한 설명이다. ②번, 입사지원서에 작성한 사항에 대해 구체적인 내용을 반드시 경험기술서와 경력기술서에 작성해야 한다. ③번, 입사지원서에 작성한 내용에 대해서만 기술한다. ⑤번, 경력기술서에는 지원하는 직무와 연관성이 있는 경력사항만 작성하는 것이 바람직하다.

45 ③

해설 위 입사지원서에 제시된 것처럼 경력은 금전적 보수를 받고 일정 기간 동안 일했던 이력을 의미 하므로 산학 연구, 재능기부, 연구회, 온라인 커뮤니티 등은 직무 관련 기타활동이라고 할 수 있다.

46 ④
해설 ㄴ. 홍보 기획 보조로서 수행한 직무를 구체적으로 서술해야 한다. '적극적', '성실하게' 등과 같은 용어로 두루뭉술하게 서술하지 말아야 한다. ㄹ. 자기소개서에 작성할 만한 내용이다.

47 ②
해설 ㉠에 들어갈 문서 이해의 구체적인 절차는 '3. 문서에 쓰인 정보를 밝혀내고 문서가 제시하고 있는 현안문제 파악하기 → 4. 문서를 통해 상대방의 욕구와 의도 및 내게 요구하는 행동에 관한 내용을 분석하기 → 5. 문서에서 이해한 목적 달성을 위해 취해야 할 행동이 무엇인지 생각하고 결정하기'이다.

48 ⑤
해설 메모는 다시 보고 활용하기 위해 기록하는 것이므로 다시 보지 않는다는 말은 틀렸다. 다시 보지 않는데 정리하는 것도 데이터베이스를 구축한다는 것도 앞뒤가 맞지 않는 말이다.

49 ②
해설 기사문의 전문은 기사문 전체를 포괄하는 핵심적인 내용이거나 기사문 중에서 가장 중심이 되는 내용을 짧게 표현하여 독자들의 관심을 최대한 끌어내야 한다.

50 ⑤
해설 기사문은 핵심 내용을 앞부분에 작성한다. 〈보기〉의 내용은 마지막 문단의 내용과 관련있는 것으로 ㉤에 쓰는 것이 가장 적절하다.

02 주관식 영역

제1회 검정 기출문제

01 ㉠ 개략, ㉡ 개괄, ㉢ 개론, ㉣ 쇠락, ㉤ 퇴보, ㉥ 퇴조, ㉦ 낙후

02 않읍니다. → 않습니다. / 사용해주시기 → 사용해 주시기 화장실은 → 화장실에서는(금연입니다. → 금연하는 곳이다.)

03 ㉠ 팀장이 출장을 가면 / ㉡ 팀장이 출장을 가지 않은 것이다.

04 1. 생각하는 습관 / 3. 상대 논리의 구조화

05 저작권법은 저작자의 권리를 보호할 뿐만 아니라 이용자가 공정한 이용을 할 수 있도록 한다.

06 ㉠ 고정 도르래 ㉡ 안전 발판 ㉢ 회전 도르래 ㉣ 본 고안은 안전 사다리에 관한 것으로, 더욱 상세하게는 안전 발판을 갖춘 안전 사다리에 관한 것이다.

07 ㉠ 사람 중심의 정책을 수립해야 한다. (펼쳐야 한다, 전개해야 한다, 집행해야 한다.) /안전과 생명을 정책의 중심에 둬야 한다. ㉡ 허위 과장 광고를 규제해야 한다. ㉢ 제품에 쓰이는 화학물질의 위해성 평가를 제대로(철저히) 해야 한다. ㉣ 중독센터를 만들어야 한다. (설립해야 한다, 설치해야 한다.)

08 귀사에서 발주하여 생산 중인 ○○제품의 가공임 거래 계약이 3년 전에 약정하여 오늘에 이르고 있습니다. 그러나 귀사에서도 알고 있는 바와 같이 최근 인력 부족으로 인해 인건비가 급격히 상승하였으며, 이제는 종전의 단가로는 적정 이윤을 맞출 수 없는 상황에 이르고 말았습니다. 이에 따라 귀사에서 발주할 제품의 납품 단가를 조정하여 생산하고자 합니다. 첨부된 새로운 단가표를 검토해 주시기 바라며, 당사의 입장을 양해해 주시기 바랍니다.

09 ㉠ '뮤지컬 관람의 날' 지정 제안서 ㉡ 우리 회사는 업무 특성상 직원의 창의적인 발상이 가장 중요하지만, 업무량이 과중하여 다양한 문화를 체험할 기회가 전혀 없는 실정입니다. 이에 직원의 기획력을 향상하게 할 방안으로 다음과 같은 내용의 제안서를 제출합니다. ㉢ 과중한 업무로 인한 피로감을 해소할 수 있으며 문화 행사를 직접 체험함으로써 상상력과 기획력을 높일 수 있을 것으로 봅니다. 또한, 전 직원이 함께 참여함으로써 서로의 친밀도가 향상되어 조직의 팀워크도 높일 수 있다고 생각합니다.

10 3학년 여름방학을 전국 화학공학 공정설계 경진대회에서 제시한 과제를 해결하면서 보냈습니다. 아세트산생산 설비를 설계하라는 과제를 해결하기 위해 4명이 한 팀이 되어 역할을 분담해서 최선의 노력을 다했지만, 아쉽게도 장려상을 받는 데 그쳤습니다. 이런 결과를 가져온 원인을 알아보기 위해 대상과 최우수상을 받은 팀이 작성한 보고서와 저희 팀의 보고서를 비교했습니다. 두 팀은 공정을 전체적인 시각에서 분석하여 결과를 출했는데, 저희 팀은 열역학방정식, 증류탑 등 세부적인 측면의 설계에 집중한 나머지 전체 공정을 살피지 못했다는 점을 확인했습니다. 저희가 화학 공정을 전체 맥락에서 설계하지 못했다는 점을 깨달았습니다. 특히 팀장이었던 저는 큰 책임을 느꼈습니다.

베르나르 베르베르는 소설 『제3 인류』에서, 한 곳에 지나치게 집중하다 보면, 그 자리에 대해 잘 알게 될지라도 결국은 전체를 놓치게 된다고 했습니다. 나무와 숲을 동시에 보려는 노력을 게을리 하지 말아야 한다는 것입니다. 전체와 부분을 함께 보기 위해 공정설계에 관련된 다양한 서적과 논문을 읽고 정리하면서 공정설계에 대한 통찰력을 길렀습니다. 이런 통찰력은 생산관리 엔지니어로 일는 데 큰 힘이 될 거라고 확신합니다. 생산관리 엔지니어 직무를 수행하는 과정에서 학부에서 배운 지식을 최대한 활용할 것입니다. 또한, 직무를 수행하면서 학부에서 배운 것보다 더 많은 것들을 배울 것입니다. 앞으로 한국화학기술공사에서 제가 습득한 지식을 창의적으로 응용하고 여러 가지를 새롭게 익히면서 최고의 생산관리 엔지니어가 되겠습니다.

〈원고지 쓰기〉

　　3학년 여름방학을 전국 화학공학 공정설계 경진대회에서 제시한 과제를 해결하면서 보냈습니다. 아세트산 생산 설비를 설계하라는 과제를 해결하기 위해 4명이 한 팀이 되어 역할을 분담해서 최선의 노력을 다했지만, 아쉽게도 장려상을 받는 데 그쳤습니다.
　　이런 결과를 가져온 원인을 알아보기 위해 대상과 최우수상을 받은 팀이 작성한 보고서와 저희 팀의 보고서를 비교했습니다. 두 팀은 공정을 전체적인 시각에서 분석하여 결과를 도출했는데, 저희 팀은 열역학방정식, 증류탑 등 세부적인 측면의 설계에 집중한 나머지 전체 공정을 살피지 못했다는 점을 확인했습니다. 저희가 화학 공정을 전체 맥락에서 설계하지 못했다는 점을 깨달았습니다. 특히 팀장이었던 저는 큰 책임을 느꼈습니다.
　　베르나르 베르베르는 소설 『제3 인류』에서, 한 곳에 지나치게 집중하다 보면, 그 자리에 대해 잘 알게 될지라도 결국은 전체를 놓치게 된다고 했습니다. 나무와 숲을 동시에 보려는 노력을 게을리하지 말아야 한다는 것입니다. 전체와 부분을 함께 보기 위해 공정설계에 관련된 다양한 서적과 논문을 읽고 정리하면서 공정설계에 대한 통찰력을 길렀습니다. 이런 통찰력은 생산관리 엔지니어로 일하는 데 큰 힘이 될 거라고 확신합니다.
　　생산관리 엔지니어 직무를 수행하는 과정에서 학부에서 배운 지식을 최대한 활용할 것입니다. 또한, 직무를 수행하면서 학부에서 배운 것보다 더 많은 것들을 배울 것입니다. 앞으로 한국화학기술공사에서 제가 습득한 지식을 창의적으로 응용하고 여러 가지를 새롭게 익히면서 최고의 생산관리 엔지니어가 되겠습니다.

제2회 검정 기출문제

01 몇 일 → 며칠 / 결제 → 결재 / 지양점 → 지향점 / 뵙겠습니다. → 뵙겠습니다.

02 ㉠ 안내, ㉡ 일시, ㉢ 장소, ㉣ 대상, ㉤ 주관(또는 주최).

03 강사원은 헌신적이며, 스스로 생각하고 알아서 행동할 줄 안다는 점에서 모범형 팔로워라고 할 수 있다.

04 ㉠: 간단보고, ㉣: 실무보고, ㉥: 간단보고

05 ㉠ 위조, ㉡ 변조, ㉢ 표절, ㉣ 중복 게재 ㉤ 논문 저자 자격을 부여하는 행위를 말한다.

06 ㉠ 버튼을 누르거나 조이스틱을 상, 하, 좌, 우 움직여 미니빔 TV를 작동할 수 있습니다. ㉡ 전원 켜짐 / ㉢ 전원 꺼짐 / ㉣ 음량 조절 / ㉤ 채널 변경 / ㉥ 조이스틱 버튼을 누르고 움직일 경우 음량 조절 및 채널 변경이 안 될 수 있습니다.

07 지적재산권법을 배워서 회사의 실무에 응용하려고 했던 나에게 경험이 풍부한 변호사들의 강의는 아주 흥미로웠다. 게다가 이 법의 기본적인 개념이나 원칙을 알기 쉽게 설명해 주었기 때문에 지적재산권제도에 대한 이해의 폭이 한층 넓어졌다.

08 회사의 인지도를 높이고 싶은데, 제대로 된 홍보활동이 어렵다면 전화 한 통으로 홍보전문가와 함께 기업 홍보를 진행해보세요. 바로 1357콜센터에서 기업의 궁금증이나 애로사항을 전화 상담과 전문가 심층 상담을 통해 완벽 해결해 드립니다. 지금 전화하면 기업 이미지 제고로 매출이 증가할 수 있습니다.

09 (가) 유행성 독감이란 무엇일까.
(나) 유행성 독감을 예방하는 것입니다.
(다) 독감 예방주사는 해마다 맞습니다.
(라) 독감에 걸리지 않게 되는 것은 아닙니다.
(마) 독감 예방주사를 맞아야 하는 것은 아닙니다.

10 사상 최악의 고병원성 조류인플루엔자의 확산으로 도살 처분된 가금류 수가 3천만 마리를 넘어섰다. 농림축산식품부의 조류인플루엔자(AI) 발생 현황 자료에 따르면 최초 조류인플루엔자(AI) 의심 신고 이후 1월 4일 현재 전국적으로 도살 처분된 가금류 수는 3천 33만 마리로 집계됐다. 이는 국내 전체 가금류 사육 규모(1억 6,525만 마리)의 18%를 웃도는 수준으로 지난 2014~2015년에 517일간 1,937만 마리가 도살 처분된 것을 고려하면 이번 조류인플루엔자(AI) 사태는 역대 최악의 피해를 기록하고 있다.
다만 신규 의심 신고가 지난달 말부터 일주일 가까이 0~3건을 기록하고 있다는 점은 그나마 긍정적이다. 지난달 조류인플루엔자(AI)가 한창 퍼지던 시기에는 신고 건수가 10~14건에 달했으나 의심 신고가 점차 줄어들어 다소 진정국면에 접어든 것 아니냐는 분석이 나온다. 한편 정부는 달걀 가격의 폭등과 공급 부족 사태를 수습하기 위해 3일 국무회의에서 달걀과 달걀 가공품 관세율을 0%로 낮추는 긴급할당 관세 규정을 의결했다. 기획재정부에 따르면 관세율이 8~30%였던 신선란 등 8개 품목 9만 8,000t를 4일부터 무관세로 수입할 수 있다. 이번 긴급할당 관세 조치는 오는 6월까지 적용된다. 또한, 정부는 생산기반에 타격을 입은 산란계(알 낳는 닭)를 조기에 공급하기 위해 살아있는 병아리를 항공기로 수입하는 방안도 추진한다.

05

농림축산식품부 차관은 이날 정부청사에서 브리핑하고 "달걀의 국내 소비자 가격이 1개에 270원대인데 현재 가격 수준으로는 당장 수입이 어려울 것 같다. 가격이 폭등해 300원까지 올랐을 경우 항공료 50%를 지원하면 수입할 수 있다고 본다."라고 설명했다. 정부가 발표한 달걀값 안정책은 국내산 달걀값을 진정시키는 근본대책이라기보다 300원대 이상으로 가격이 급격히 오르지 못하게 묶어 놓으려는 고육지책으로 풀이된다.

〈원고지 쓰기〉

NO. 1

　사상 최악의 고병원성 조류인플루엔자의 확산으로 도살 처분된 가금류 수가 3천만 마리를 넘어섰다. 농림축산식품부의 조류인플루엔자(AI) 발생 현황 자료에 따르면 최초 조류인플루엔자(AI) 의심 신고 이후 1월 4일 현재 전국적으로 도살 처분된 가금류 수는 3천 33만 마리로 집계됐다. 이는 국내 전체 가금류 사육 규모(1억 6,525만 마리)의 18%를 웃도는 수준으로 지난 2014~2015년에 517일간 1,937만 마리가 도살 처분된 것을 고려하면 이번 조류인플루엔자(AI) 사태는 역대 최악의 피해를 기록하고 있다.
　다만 신규 의심 신고가 지난달 말부터 일주일 가까이 0~3건을 기록하고 있다는 점은 그나마 긍정적이다. 지난달 조류인플루엔자(AI)가 한창 퍼지던 시기에는 신고 건수가 10~14건에 달했으나 의심 신고가 점차 줄어들어 다소 진정국면에 접어든 것 아니냐는 분석이 나온다.
　한편 정부는 달걀 가격의 폭등과 공급 부족 사태를 수습하기 위해 3일 국무회의에서 달걀과 달걀 가공품 관세율을 0%로 낮추는 긴급할당 관세 규정을 의결했다. 기획재정부에 따르면 관세율이 8~30%였던 신선란 등 8개 품목 9만 8,000t을 4일부터 무관세로 수입할 수 있다. 이번 긴급할당 관세 조치는 오는 6월까지 적용된다. 또한, 정부는 생산기반에 타격을 입은 산란계(알 낳는 닭)를 조기에 공급하기 위해 살아있는 병아리를 항공기로 수입하는 방안도 추진한다. 농림축산식품부 차관은 이날 정부청사에서 브리핑하고 "달걀의 국내 소비자 가격이 1개에 270원대인데 현재 가격 수준으로는 당장 수입이 어려울 것 같다. 가격이 폭등해 300원까지 올랐을 경우 항공료 50%를 지원하면 수입할 수 있다고 본다."라고 설명했다. 정부가 발표한 달걀값 안정책은 국내산 달걀값을 진정시키는 근본대책이라기보다 300원대 이상으로 가격이 급격히 오르지 못하게 묶어 놓으려는 고육지책으로 풀이된다.

제3회 검정 기출문제

01 있음, 만듦, 바람, 베풂

02 식사비가 15% 할인되었고 술값이 15% 할인되었다고 하더라도 회식비용이 30% 할인된 것이 아니라 15% 할인된 것이다.

03 모든 구속과 억압은 이것만 사라지면 사람들이 자유로워질 것 같은 환상을 유포하고 자유로워지리라는 안이한 발상을 배양하기 때문에 사라져야 한다.

04 김사원, 항목별 금액을 알 수 없기 때문에 총 소비지출액은 알 수 없다. / 항목별 금액이 없기 때문에 총 소비지출액을 알 수 없다.

05 뉴스마다 아나운서의 자릿수가 다른 이유

06 1. 목표
  - 가사 공모를 통한 이별 노래의 발라드 음반 제작
 2. 추진 배경
  - 그룹, 듀엣의 발라드형 이별 노래가 유행함

07 작년의 매출액은 23억원 이었다. 전년보다 22% 상승했다. 이러한 상승세가 계속된다면 올해에는 매출액의 30%상승이 전망된다. 그 이유는 현재 판매되고 있는 제품의 특허등록으로 시장 점유 전망이 밝기 때문이다.

08 2010년 대비 2014년도 명목 GDP는 6.2% 감소(하락)한 반면, 가계부채 잔액은 246조 원 증가 하였다. 2010년 명목 GDP 증가율은 약 10.1%, 가계부채 증가율은 8.7%, 가계부채 잔액은843조 원이었고, 2012년 명목 GDP 증가율은 3.4%, 가계부채 증가율은 5.2%, 가계부채 잔액은 964조 원이었으며, 2014년도는 명목 GDP 증가율은 3.9%, 가계부채 증가율은 6.6%, 가계부채 잔액은 1,089조 원이다.

09 ㉠저가형 가정용 인터넷 공유기 개발을 기획하였습니다. 이미 통신사에서도 가정 내 공유기사용을 허용하고 있기 때문에 가정용 인터넷 공유기의 수요가 급증할 것입니다. 그동안 일반적으로 적용되었던 탁상형 ㉡디자인을 탑상형으로, 덮개의 소재를 티타늄으로 바꿉니다. ㉢티타늄 소재의 덮개 단가가 다소 높아서 납품업체와 단가 조정이 필요합니다.

10 1. 예산액 증가 대비 국세수입액의 감소 추이와 세수 부족액
  기획재정부가 발표한 2014년 회계연도 세입·세출 실적과 예산대비 세수 실적에 따르면 2012년도부터 2014년도까지 예산액은 증가했지만, 세수 실적은 적자를 기록했다. 2012년 부터 2014년까지의 예산액은 2012년 205조8천억 원, 2013년 210조4천억 원, 2014년 216조5천억 원으로 증가했다. 그러나 국세수입액은 2012년도 203조, 203년 201조9천억 원, 2014년 205조 6천억 원에 그쳤다. 예산대비 세수 실적(기획재정부 2015)에 따르면, 2012년에 2조8천억 원, 2013년 8조5천억 원, 2014년 10조9천억 원의 세수가 부족했다. 3년 동안의 부족한 세수 부족액은 총 22조2천억 원이다.

2. 세수가 부족한 세목

　기획재정부가 발표한 주요 세목별 세수 부족 현황(2015)에 따르면 기업경영 실적 악화로 법인세는 46조 원을 예상했지만, 실제 국세수입액은 42조7천억 원이 걷혀 3조3천억 원의 세수가 부족했다. 소득세는 54조2천억 원을 예상했지만, 경기침체에 따른 종합소득세 및 이자소득 감소로 53조1천억 원이 걷혀 1조1천억 원이 감소했다. 부가가치세는 60조8천억 원을 예상했지만, 민간소비침체와 저물가로 59조4천억 원이 걷혀 1조4천억 원이 부족했다. 관세는 10조6천억 원을 예상했지만, 원화 강세에 따른 원-달러 환율 하락으로 8조7천억 원이 걷혀 1조9천억 원이 부족했다.

3. 세수 부족 결과

　세부 부족의 결과는 먼저, 불용액이 증가하면 정부가 계획한 사업이 제대로 집행되지 않아 경기 침체 가능성이 커진다. 이에 따라 경기 침체로 인해 세수 부족 현상이 계속 이어지고, 그 결과 재정 지출이 감소하여 경기 부양이 어렵게 만든다. 또한 성장을 통해 증세를 해야 한다는 측과 복지를 확대해야 한다는 측의 논쟁(논란)을 발생시킨다. 그리고 이러한 구조가 순환되면서 장기적인 경제침체 현상을 유발할 수 있다.

〈원고지 쓰기〉

1. 예산액 증가 대비 국세수입액의 감소 추이와 세수 부족액

　기획재정부가 발표한 2014년 회계연도 세입·세출 실적과 예산대비 세수 실적에 따르면 2012년도부터 2014년도까지 예산액은 증가했지만, 세수 실적은 적자를 기록했다. 2012년부터 2014년까지의 예산액은 2012년 205조 8천억 원, 2013년 210조 4천억 원, 2014년 216조 5천억 원으로 증가했다. 그러나 국세수입액은 2012년도 203조, 2013년 201조 9천억 원, 2014년 205조 6천억 원에 그쳤다. 예산대비 세수 실적(기획재정부 2015)에 따르면, 2012년에 2조 8천억 원, 2013년 8조 5천억 원, 2014년 10조 9천억 원의 세수가 부족했다. 3년 동안의 부족한 세수 부족액은 총 22조 2천억 원이다.

2. 세수가 부족한 세목

　기획재정부가 발표한 주요 세목별 세수 부족 현황(2015)에 따르면 기업경영 실적 악화로 법인세는 46조 원을 예상했지만, 실제 국세수입액은 42조 7천억 원이 걷혀 3조 3천억 원의 세수가 부족했다. 소득세는 54조 2천억 원을 예상했지만, 경기침체에 따른 종합소득세 및 이자소득 감소로 53조 1천억 원이 걷혀 1조 1천억 원이 감소했다. 부가가치세는 60조 8천억 원을 예상했지만, 민간소비침체와 저물가로 59조 4천억 원이 걷혀 1조 4천억 원이 부족했다. 관세는 10조 6천억 원을 예상했지만, 원화 강세에 따른 원달러 환율 하락으로 8조 7천억 원이 걷혀 1조 9천억 원이 부족했다.

3. 세수 부족 결과

　세부 부족의 결과는 먼저, 불용액이 증가하면 정부가 계획한 사업이 제대로 집행되지 않아 경기 침체 가능성이 커진다. 이에 따라 경기 침체로 인해 세수 부족 현상이 계속 이어지고, 그 결과 재정 지출이 감소하여 경기 부양이 어렵게 만든다. 또한 성장을 통해 증세를 해야 한다는 측과 복지를 확대해야 한다는 측의 논쟁(논란)을 발생시킨다. 그리고 이러한 구조가 순환되면서 장기적인 경제침체 현상을 유발할 수 있다.

제4회 검정 기출문제

01 그 사원에 대한 평가는 재론할 필요가 있습니다. 그의 장점은 회의 흐름을 잘 읽고, 다른 팀원들에게 참신한 아이디어를 준다는 것입니다.

02 ㉠ 심각해졌습니다. 이러한 불황 속에서 / ㉡ 필요합니다. 그래서

03 가공육은 발암물질이라고 밝혀졌잖아.

04 ㉠: 크다 / ㉡: 청각적으로 만족스러운 소리를

05 더 나은 미래(진정한 문화)를 위하여 여유식 운동을 확산하자.

06 ㉠ 제 3회의실 / ㉡ 홍길동(비즈니스 스쿨 강사) / ㉢ 「비즈니스 문서작성 방법」 / ㉣ 무료 / ㉤ 3월 20일 / ㉥ 접수처

07 ① 케이블 모뎀의 인터넷 선을 인터넷 접속구에 연결
② 광랜(인터넷)선으로 케이블 모뎀과 공유기 연결
③ 인터넷 전화기와 공유기를 LAN선으로 연결
④ 인터넷 전화기와 PC를 PC LAN 선으로 연결
⑤ 인터넷 전화기와 DC 5V 전원 연결

08 이 대답으로 미루어 볼 때 앞의 두 명 모두 검은색 모자를 쓰고 있는 것은 아님을 알 수 있다. 앞의 두 명이 모두 검은색 모자를 쓰고 있었다면 호준은 자신이 흰색 모자를 쓰고 있다는 것을 알 수 있기 때문이다. 여기서 영준과 민준이 쓰고 있는 모자의 경우의 수가 나온다. (흰, 흰), (검, 흰), (흰, 검). 그런데 민준이 쓴 모자의 색을 본 영준이도 자신이 쓴 모자의 색을 확실하게 알 수 없다고 한다. 그러므로 민준이 쓴 모자의 색은 흰색이다. 민준이 검은색 모자를 쓰고 있었다면 영준은 자신이 흰색 모자를 쓰고 있다는 것을 알 수 있기 때문이다.

09 1. 직업윤리는 직업과 관련한 역할 수행의 내·외적 행위규범으로 모든 직업에서 공동적으로 요구하는 직업 일반윤리와 각 직업의 특성을 고려한 직업별 윤리(전문 직능 윤리)로 구분된다.
2. 유기체적 직업윤리는 전통사회의 직업윤리로, 개인보다는 사회의 유기체적 질서체계를 강조한다. 따라서 개인의 개성이나 능력의 발휘가 기대되지 않으며, 직무에 권태나 의욕상실과 같은 병리현상이 나타난다.
3. 금욕적 직업윤리는 직업을 천직으로 알고 개인의 향락이나 명예를 배제하고 엄격한 규율과 조직 밑에서 직책에 헌신적으로 충실 하는 것을 의미한다. 금욕적 직업윤리는 일에 대한 헌신이 자발적이고, 개인의 직업선택 자유를 존중하며 개인의 자아실현을 가능하게 한다.

10 통계청 자료에 의하면 우리나라 1인 가구 비율은 1990년 9.0%에서 2010년 23.9%로 14.9%포인트가 오른 데 비해 1인 가구 흑자율은 2006년 25.8%에서 2009년 17.6%로 불과 3년 만에 8.2%포인트나 떨어졌다. 1인 가구의 증가율 상승과 함께 나타난 문제는 1인 가구의 흑자율이 해가 갈수록 빠르게 떨어지고 있다는 것이다. 특히 65세 이상 1인 가구의 가계경제가 지속하여 악화하고 있어 각종 노인성 질환으로 고통받고 있는데도 복지 사각지대에 놓여 있어서 의료 혜택을 거의 받지 못하고 있다.

국민권익위원회의 보고서에 따르면 1인 가구의 증가 원인에 대해 30대 이하 1인 가구인 청년층의 44.2%가 '고용불안·경제여건 악화'를 꼽고 있다. 그리고 그 이유로 청년층의 취업문제가 어려워 결혼과 출산, 가족 구성이 힘들어진 것을 들고 있다. 또한, 저출산 현상이 계속되고 이혼, 기러기 가족 등이 늘어난 것도 1인 가족 증가의 원인인데 이것도 고용불안, 고물가, 경쟁이 심화하는 교육환경 등이 종합적으로 작용한 결과이다. 그런데도 정부의 정책은 이러한 현실과 동떨어져 있다. 1인 가구의 증가에 따른 문제를 정부 차원에서 해결하려면 무엇보다 복지의 사각지대를 없애야 한다. 그러기 위하여 정부는 최저임금 인상과 저소득층 교육 지원, 부자증세 등의 방법으로 소득 불평등을 완화하고 경제 민주화를 이룰 수 있는 정책을 실현해야 할 것이다.

〈원고지 쓰기〉

　　통계청 자료에 의하면 우리나라 1인 가구 비율은 1990년 9.0%에서 2010년 23.9%로 14.9% 포인트가 오른 데 비해 1인 가구 흑자율은 2006년 25.8%에서 2009년 17.6%로 불과 3년 만에 8.2%포인트나 떨어졌다.
　　1인 가구의 증가율 상승과 함께 나타난 문제는 1인 가구의 흑자율이 해가 갈수록 빠르게 떨어지고 있다는 것이다. 특히 65세 이상 1인 가구의 가계경제가 지속하여 악화하고 있어 각종 노인성 질환으로 고통받고 있는데도 복지 사각지대에 놓여 있어서 의료 혜택을 거의 받지 못하고 있다.
　　국민권익위원회의 보고서에 따르면 1인 가구의 증가 원인에 대해 30대 이하 1인 가구인 청년층의 44.2%가 고용불안·경제여건 악화를 꼽고 있다. 그리고 그 이유로 청년층의 취업문제가 어려워 결혼과 출산, 가족 구성이 힘들어진 것을 들고 있다. 또한, 저출산 현상이 계속되고 이혼, 기러기 가족 등이 늘어난 것도 1인 가족 증가의 원인인데 이것도 고용불안, 고물가, 경쟁이 심화하는 교육환경 등이 종합적으로 작용한 결과이다. 그런데도 정부의 정책은 이러한 현실과 동떨어져 있다.
　　1인 가구의 증가에 따른 문제를 정부 차원에서 해결하려면 무엇보다 복지의 사각지대를 없애야 한다. 그러기 위하여 정부는 최저임금 인상과 저소득층 교육 지원, 부자증세 등의 방법으로 소득 불평등을 완화하고 경제 민주화를 이룰 수 있는 정책을 실현해야 할 것이다.

저자 **김은수**

현) 대전 한국공무원학원
　　청주 한국공무원학원
　　울산 한국공무원학원
　　수원 공경단 학원
　　대전 중앙경찰학원 실용글쓰기
　　울산 중앙경찰학원 실용글쓰기
　　대구 한국경찰학원 실용글쓰기

하루만에 끝내는

김은수의 **한국실용글쓰기**

발행일 : 2020년 9월 20일
저　자 : 김은수
발행인 : 김진연
발행처 : (주)도서출판 참다움
등　록 : 제25100-2019-000010호
주　소 : 서울특별시 동작구 만양로 84, (노량진 삼익프라자) 1층 129호
Ｔ Ｅ Ｌ : 02) 6953-7038
Ｆ Ａ Ｘ : 02) 6953-7039

※ 본서의 무단 전재·복제행위는 저작권법 제136조에 의거 5년 이하의 징역 또는 5,000만원 이하의 벌금에 처하거나 이를 병과할 수 있습니다.

※ 파본은 구입처에서 교환하시기 바랍니다.

정가 **16,000원**